普通高等教育"十三五"规划教材
会计专业校企合作系列

税 法 实 务

（第二版）

高玉莲　　郭滨辉／主编

立信会计出版社
LIXIN ACCOUNTING PUBLISHING HOUSE

图书在版编目(CIP)数据

税法实务 / 高玉莲,郭滨辉主编. —2 版. —上海:
立信会计出版社,2019.8
普通高等教育"十三五"规划教材
ISBN 978 - 7 - 5429 - 6231 - 7

Ⅰ. ①税… Ⅱ. ①高… ②郭… Ⅲ. ①税法—中国—
高等学校—教材 Ⅳ. ①D922.22

中国版本图书馆 CIP 数据核字(2019)第 171083 号

策划编辑　　赵新民
责任编辑　　赵新民

税法实务(第二版)

出版发行	立信会计出版社		
地　　址	上海市中山西路 2230 号	邮政编码	200235
电　　话	(021)64411389	传　　真	(021)64411325
网　　址	www.lixinaph.com	电子邮箱	lixinaph2019@126.com
网上书店	http://lixin.jd.com	http://lxkjcbs.tmall.com	
经　　销	各地新华书店		

印　　刷	常熟市梅李印刷有限公司
开　　本	787 毫米×1092 毫米　　1/16
印　　张	16.25
字　　数	372 千字
版　　次	2019 年 8 月第 2 版
印　　次	2019 年 8 月第 1 次
印　　数	1—2100
书　　号	ISBN 978 - 7 - 5429 - 6231 - 7/D
定　　价	38.00 元

如有印订差错,请与本社联系调换

本书编委会

主　编　　高玉莲（广州工商学院）
　　　　　郭滨辉（广州商学院）

副主编　　聂秀萍（广州工商学院）
　　　　　利　雅（广州工商学院）
　　　　　张亚珍（广州工商学院）
　　　　　刘雅男（广州工商学院）
　　　　　刘　飞（广州工商学院）

参　编　　陈世文（广州市四柱清财务咨询有限公司）
　　　　　王景策（广州立信嘉州会计师事务所有限公司）
　　　　　文轶飞（广州市天河区文正税务师事务所）

前　　言

税法课程是财经类专业的核心课程,也是其他经管类专业的必设课程。近年来,国家进行了一系列重大的税制改革,税收政策的变化以及企业对税务工作的重视,对税法课程提出了新的要求和挑战。

本次教材改版以我国最新的税收法律、法规为主要依据,系统地介绍了税收法律、法规的基本理论与实务,并按照税法体系和税种进行了详细分析和阐述,具有系统性、全面性的特点。本教材按照高等院校教学的要求,尽可能地体现理论与实务的紧密结合,引进大量案例,突出实用性和可操作性,使学生在学习税收理论的同时,实践能力也得到加强。本教材不仅可以作为高等院校经济、管理、法学类专业学生的学习用书,亦可作为在职财会人员、税务人员等的学习参考用书。

与同类教材相比,本教材具有以下几个特点:一是新颖性。本教材吸收了最新的税法基础理论和税收法规内容,体现了我国税制改革的最新动态,与时俱进,内容新颖。本教材的编写体例亦有所创新。为寓教于乐,提高学生学习兴趣,本教材每章都以案例做引导,章后附阅读资料,有利于学生理解知识背后的原理,融会贯通,在一定程度上提高学习的积极性。二是合理性。本教材在基本框架上分为税收基本理论、税收实体法和税收程序法三部分,结构合理。本教材在内容上按增值税、消费税、企业所得税、个人所得税等大税种依次编排,并逐步覆盖所有税种,知识点全面,主次突出,内容合理。三是实用性。税法多表现为枯燥的法条,而学生的需求是掌握应纳税额的计算。因此,本教材配有大量精准案例及课后习题,全面覆盖所学知识点,循序渐进,由表及里,可满足不同层次的教学需要。

本教材凝聚了编者多年来从事财税教学的心得体会。在编写过程中,我们得益于多部优秀税法教材的启发,并在知识拓展内容中引用了相关报刊及网站上的资料,在此一并对相关作者表示感谢。广州市四柱清财务咨询有限公司、广东立信嘉州会计师事务所有限公司、广州市天河区文正税务师事务所对本教材的编写提供了大量的支持和帮助,在此也表示衷心感谢。此次教材编写由于时间紧迫,并处于税制改革及税收政策频繁调整的特殊时期,教材中可能存在不足之处,敬请广大师生及读者批评指正。

编　者

目　　录

项目一 税法实务概论

 学习目标

1. 知识目标

- 理解税收、税法的概念
- 理解税收法律地位
- 熟悉和掌握税法的要素
- 充分认识税收和税法在社会主义市场经济中的地位和作用
- 理解税收执法和守法的关系

2. 能力目标

- 把握税制的演变规律及发展趋势
- 理解并能够分析当前国际社会减税原因
- 理解并能够分析国际反避税与国际税收合作的意义

【导入案例】

天猫店主小赵收到了来自上海市闵行区国税局的询问通知书,上面写明由于2014年网店销售额申报较低,存在涉税疑点,需要小赵去接受税务部门的约谈。约谈之后,小赵就傻了,因为按照税务部门的说法,他在天猫平台2014年的销售额400多万元,他要补缴100多万元的税款。但小赵辩解说,他们公司400多万元的销售额实际只有80万元,剩下的300多万元都是"刷单"刷出来的。

其实,对网店如何征税的问题已经讨论多时。2015年1月份,国务院法制办公室公布《中华人民共和国税收征收管理法修订草案(征求意见稿)》,明确规定网上交易负有纳税义务。该草案同时规定,网店应该公开税务登记的登载信息或者电子链接标识。天猫商家作为企业,依法纳税无可厚非。网店无论经营规模大小都应该进行税务登记,凭借税务登记申报减税、免税等税务事项。很多天猫店主表示,他们也想要缴税,但是他们希望所有天猫店铺都合法交税。

请思考:税务部门最终会按什么标准对小赵进行税款的征收呢?

任务一 税 法 概 述

一、税收及其在国家治理中的作用

税收是政府为了满足公共利益的需要,凭借其政治权力,强制、无偿地取得财政收入的一种形式。作为税收制度的法律表现形式,税法所确定的具体内容就是税收制度。

(一) 税收概念的内涵

1. 税收是国家取得财政收入的重要工具,其本质是分配关系

国家要行使职能必须有一定的财政收入作为保障。自 1994 年税制改革以来,税收收入占我国财政收入的比重基本维持在 90% 左右。在社会再生产过程中,税收处于社会再生产的分配环节,因而它体现的是一种分配关系。

2. 国家征税的目的是满足社会公共需要

国家在履行其职能过程中必然向社会居民提供公共产品。公共产品所具有的非竞争性、非排他性、效用的不可分割性、消费的强制性等特征决定了公共支出一般情况下不能由公民、企业采取自愿出价的方式,而只能采用由国家强制征税的方式,由经济组织、单位和个人来负担。

3. 国家征税的依据是政治权力,而不是基于要素进行的分配

国家通过征税,从纳税人手中征收社会财富,并在此基础上进行再次分配。分配问题涉及两个基本问题:一是分配的主体;二是分配的依据。税收分配是以国家为主体所进行的分配,是凭借政治权力进行的分配,更多考虑公平和公正问题;而一般分配则是以各生产要素的所有者为主体所进行的分配,依据要素所产生的贡献进行分配,更多考虑效率和效益问题。

(二) 税收的特征

税收的特征是指税收分配形式区别于其他财政分配形式的质的规定性。税收的形式特征通常被概括为税收"三性",即无偿性、强制性和固定性。

1. 税收的无偿性

税收的无偿性是指国家征税以后对具体纳税人既不需要直接偿还,也不付出任何直接形式的对价。无偿性是税收的关键特征,它使税收明显地区别于国债等财政收入形式,决定了税收是国家筹集财政收入的主要手段,并成为调节经济和矫正社会分配不公的有力工具。

2. 税收的强制性

税收的强制性是指国家凭借政治权力,通过法律形式对社会产品进行的强制性分配,而非纳税人的一种自愿缴纳。纳税人必须依法纳税,否则会受到法律制裁。强制性是国家权力在税收上的法律体现,是国家取得税收收入的根本前提。

3. 税收的固定性

税收的固定性是指国家通过法律形式预先规定了对什么征税以及征收比例等税制要素,并保持相对的连续性和稳定性。税收固定性对国家和纳税人都具有十分重要的意义。对国家来说,税收可以保证财政收入的及时、稳定和可靠,可以防止国家不顾客观经济条件

和纳税人的负担能力,滥用征税权力;对于纳税人来说,可以保护其合法权益不受侵犯,增强其依法纳税的法律意识,同时也有利于纳税人通过税收筹划选择合理的经营规模、经营方式和经营结构等,降低经营成本。

税收三性是一个完整的统一体,它们相辅相成、缺一不可。其中,无偿性是核心,强制性是保障,固定性是对强制性和无偿性的规范和约束。

(三) 税收在国家治理中的作用

现代国家治理的复杂性越来越高,税收不仅在经济领域,而且在政治领域、社会领域的作用也越来越大。税收在现代国家治理中的作用主要有以下四点。

1. 税收为国家治理提供基本财力保障

为了更好地提供公共产品及满足民众的社会需求,政府必须有一定的财力作为支持,这种支持主要通过税收来解决。国家税收需要在不同政府层级之间进行科学合理划分、合理负担。税收政策的科学性决定了经济运行的效率,政府运行的有效性也直接关乎政府运行的正常化和政权的稳定性。

2. 税收促进现代市场体系完善、促进社会公平正义

现代市场经济体系要求市场的公开、公正和有效,而市场自身的不完全性、外部性和对公共产品的排斥性对市场体系造成巨大的冲击。税收是国家引导市场体系完善的重要手段,同时国家通过税收的再分配功能,纠正国民收入初次分配中的不公平,促进社会公平正义。

3. 税收是社会法治的重要载体

政府根据税法征税,公民和法人依照税法纳税,由此形成的税收法律关系是政府和公民的最基本关系之一。在现代国家治理中,税收的开征、征收过程和使用过程涉及全社会公众的重大利益,税收征纳和使用过程中最大程度的公开、透明、高效,是社会法治的重要基础。

4. 税收是维护国家权益的重要手段

国家通过使用出口退税、差别性关税、惩罚性关税等手段,极大地发展和保护国家、民族产业并应对不正当竞争。在国际税收领域进行合作,可以达到国家间的竞合、反避税等目的。

【案例1-1】

美国特朗普政府于2017年4月26日公布了税收改革方案,大幅削减企业税和个人税。具体方案总结为:①大幅削减企业税税率,从35%降至15%;②个人税税率将从7档减少至3档,分别是10%、25%和35%;③个人税起征点几乎翻了一番,即一对夫妻的所得税起征点将升至2.4万美元;④废除遗产税、"奥巴马医保"税、替代性最低税等税种;⑤美国企业海外留存的数万亿美元将征收一次性税收;⑥取消主要由富裕纳税人受益的定向税优惠措施。

【案例分析】

(1) 从政治角度讲,兑现竞选承诺,赢得选民支持。

(2) 从经济角度讲,降低美国企业和个人的税负,提高企业竞争力和民众的消费能力。

(3) 提高美国企业的盈利环境,吸引国外资本回流美国投资兴业,提高美国实业竞争力,拉动就业。

(4) 防止企业及富人外逃,利用避税天堂避税,稳定税基。

二、税法的概念和作用

（一）税法的概念

税法是国家制定的用于调整国家与纳税人之间在征纳税方面的权利与义务关系的法律规范的总称。它是国家及纳税人依法征税、依法纳税的行为准则，其目的是保障国家利益和纳税人的合法权益，维护正常的税收秩序，保证国家的财政收入。

从法律性质上看，税法属于义务性法规，以规定纳税人的义务为主，纳税人的权利建立在其纳税义务的基础之上，处于从属地位。税法的这一特点是由税收的无偿性和强制性特征所决定的。税法还具有综合性的特点，它是由一系列单行税收法律、法规及行政规章制度组成的体系。税法的综合性特点是由税收制度所调整的税收分配关系和税收法律关系的复杂性所决定的。

（二）税法的作用

由于税法调整的对象涉及社会经济活动的各个方面，与国家的整体利益及企业、单位、个人的直接利益有着密切的关系，所以税法对于加强国民经济的宏观调控具有重要意义。我国税法的重要作用主要有以下几方面。

1. 税法是国家财政收入的法律保障

国家通过制定税法，以法律的形式确定企业、单位和个人履行纳税义务的具体项目、数额和纳税程序，惩治偷逃税款的行为，防止税款流失，保证国家依法征税，及时足额地取得税收收入。

2. 税法是国家调控经济的法律手段

税收是国家进行经济调控的重要手段。国家通过税法征税，调整产业结构和社会资源的优化配置，使之符合国家的宏观经济政策。例如，国家对小微企业实行所得税优惠，鼓励大众创新、万众创新；税法保证纳税人公平的税收负担，鼓励平等竞争，为市场经济的发展创造良好的条件。

3. 税法是维护经济秩序的重要保证

税法的贯彻执行，使一切经营单位和个人通过办理税务登记、建账建制、纳税申报，其各项经营活动都将纳入税法的规范制约和管理范围。税法也可以监督经营单位和个人依法经营，加强经济核算，提高经营管理水平；同时，税务机关按照税法规定对纳税人进行税务检查，严肃查处偷逃税款及其他违反税法规定的行为，也将有效地打击各种违法经营活动，为国民经济的健康发展创造一个良好、稳定的环境秩序。

4. 税法有效保护纳税人的合法权益

国家征税直接涉及纳税人的切身利益。税法的法定性可以防止税务机关随意征税而侵犯纳税人的合法权益，影响纳税人的正常经营。为保护纳税人合法权益，税法规定纳税人享有延期纳税权、申请减税免税权、多缴税款要求退还权、不服税务机关的处理决定申请复议或提起诉讼权等。税法不仅是税务机关征税的法律依据，同时也是纳税人保护自身合法权益的重要法律依据。

5. 税法是维护国家权益的重要工具

在国际经济交往中，任何国家对在本国境内从事生产、经营的外国企业或个人都拥有税

收管辖权,这是国家权益的具体体现。建立和完善涉外税法,与外国签订避免双重征税的协定及共同打击国际避税等协定,既维护了国家的权益,又为鼓励外商投资、保护国外企业或个人在华合法经营、保护国家税基牢固提供了可靠的法律保障。

任务二 税法与税收法律关系

一、税法地位及税法的原则

(一)税法的地位

税法属于国家法律体系中的一个重要部门法,它是调整国家与各个经济单位及公民个人分配关系的基本法律规范。法的调整对象是具有某一性质的社会关系,它是划分各法律部门的基本因素,也是一个法律部门区别于其他法律部门的基本标志和依据。税法以税收关系为自己的调整对象,这一社会关系的特定性把税法和其他法律部门划分开来。

税法是我国法律体系的重要组成部分。税法在我国法律体系中的地位是由税收在国家经济活动中的重要性决定的。税收与法密不可分,有税必有法,无法不成税。现代国家大多奉行立宪征税、依法治税的原则,即政府的征税权由宪法授予,税收法律须经议会批准,税务机关履行职责必须依法办事,税务争讼要按法定程序解决。简而言之,国家的一切税收活动,均以法定方式表现出来。因此,税收在国家经济活动中的重要性决定了税法在法律体系中的重要地位。

(二)税法的原则

税法的原则反映税收活动的根本属性,是税收法律制度建立的基础。税法原则包括税法基本原则和税法适用原则。

1. 税法基本原则

税法的基本原则是统领所有税收规范的根本准则,是包括税收立法、执法、司法在内的一切税收活动所必须遵守的。

(1)税收法定原则。税收法定原则又称税收法定主义,是指税法主体的权利与义务必须由法律加以规定,税法的各类构成要素皆必须且只能由法律予以明确。税收法定原则贯穿税收立法和执法的全部领域,其内容包括税收要件法定原则和税务合法性原则。税收要件法定原则是指有关纳税人、课税对象、课税标准等税收要件必须以法律形式作出规定,且有关课税要素的规定必须尽量明确。税务合法性原则是指税务机关按法定程序依法征税,不得随意减征、停征或免征,无法律依据不征税。

(2)税法公平原则。一般认为税收公平原则包括税收横向公平和纵向公平,即税收负担必须根据纳税人的负担能力分配,负担能力相等,税负相同;负担能力不等,税负不同。税收公平原则源于法律上的平等性原则,所以许多国家的税法在贯彻税收公平原则时,都特别强调"禁止不平等对待"的法理,禁止对特定纳税人给予歧视性对待,也禁止在没有正当理由的情况下对特定纳税人给予特别优惠。

(3)税收效率原则。税收效率原则包含两方面:一是指经济效率;二是指行政效率。前者要求税法的制定要有利于资源的有效配置和经济体制的有效运行;后者要求提高税收行政效率。

(4)实质课税原则。实质课税原则是指应根据客观事实确定是否符合课税要件,并根据纳税人的真实负担能力决定纳税人的税负,而不能仅考虑相关外观和形式。

【案例1-2】

2015年,朝阳区地税局纳税单位突破28万户,有6万余户企业连续12个月进行无税申报,年纳税额小于等于10元的小额缴税企业11 702户,两者占全部管户的1/4。朝阳区地税局人均管户近1 700户,工作人员的大量时间花费在日常程序性管理工作上,难以深入细致地进行分析检查,目前只能选取一些有代表意义的无税申报企业进行检查。为降低长期"零申报"率,进一步加强对长期"零申报"及小额缴税企业的管理,提升征管质效及涉税风险防控管理水平,促进税收收入的持续稳步增长,朝阳区地税局积极探索对长期"零申报"及小额缴税企业建立科学有效的监督管理机制,提高纳税遵从度。

【案例分析】

(1)大量企业的"零申报",是虚假报税,是逃税行为,这导致了纳税不公。

(2)稽查虚假"零申报",采用的是抽查典型企业的方式,这体现了税收效率的原则。由于行政能力的限制,税务机关对小微型企业的税收征纳稽查能力不足,这事实上降低了企业虚假"零申报"的风险。

(3)税务机关应对"零申报"企业开展区分风险等级的案头分析,通过加强税收信息化建设,充分利用信息技术,统一系统,整合工商、公安、海关、物流等各方信息,提高虚假报税的查处率。

2.税法适用原则

税法适用原则是指税务行政机关和司法机关运用税收法律规范解决具体问题所必须遵循的准则。税法适用原则并不违背税法基本原则,而且在一定程度上体现着税法基本原则。但是与其相比,税法适用原则含有更多的法律技术性准则,更为具体化。

(1)法律优位原则。法律优位原则的基本含义为法律的效力高于行政立法的效力。法律优位原则在税法中的作用主要体现在处理不同等级税法的关系上。法律优位原则明确了税收法律的效力高于税收行政法规的效力,对此还可以进一步推论为税收行政法规的效力优于税收行政规章的效力。效力低的税法与效力高的税法发生冲突,效力低的税法即是无效的。

(2)法律不溯及既往原则。法律不溯及既往原则是绝大多数国家所遵循的法律程序技术原则。其基本含义为:一部新法实施后,对新法实施之前人们的行为不得适用新法,而只能沿用旧法。在税法领域内坚持这一原则,目的在于维护税法的稳定性和可预测性,使纳税人能在知道纳税结果的前提下作出相应的经济决策,税收的调节作用才能有效发挥。

(3)新法优于旧法原则。新法优于旧法原则也称后法优于先法原则。其含义为:新法、旧法对同一事项有不同规定时,新法的效力优于旧法。其作用在于避免因法律修订带来新法、旧法对同一事项有不同的规定而给法律适用带来的混乱,为法律的更新与完善提

供法律适用上的保障。新法优于旧法原则在税法中普遍适用,但是当新税法与旧税法处于普通法与特别法的关系时,以及某些程序性税法引用"实体从旧,程序从新原则"时,可以例外。

(4)特别法优于普通法原则。特别法优于普通法原则的含义为:对同一事项两部法律分别定有一般和特别规定时,特别规定的效力高于一般规定的效力。特别法优于普通法原则打破了税法效力等级的限制,即居于特别法地位级别较低的税法,其效力可以高于作为普通法的级别较高的税法。

(5)实体从旧,程序从新原则。实体从旧,程序从新原则的含义包括两个方面:一是实体税法不具备溯及力;二是程序性税法在特定条件下具备一定的溯及力。即对于一项新税法公布实施之前发生的纳税义务在新税法公布实施之后进入税款征收程序的,原则上新税法具有约束力。

(6)程序优于实体原则。程序优于实体原则是关于税收争讼法的原则,其基本含义为在诉讼发生时税收程序法优于税收实体法适用。适用这一原则,是为了确保国家课税权的实现,不因争议的发生而影响税款的及时、足额入库。

二、税收法律关系

税收法律关系是税法所确认和调整的,国家与纳税人之间、国家与国家之间以及各级政府之间在税收分配过程中形成的权利与义务关系。国家征税与纳税人纳税在形式上表现为利益分配的关系,但经过法律明确其双方的权利与义务后,这种关系实质上已上升为一种特定的法律关系。

(一)税收法律关系的构成

税收法律关系在总体上与其他法律关系一样,都是由权利主体、权利客体和税收法律关系内容三方面构成的,但在三方面的内涵上,税收法律关系内容则具有特殊性。

1. 权利主体

法律关系的主体是指法律关系的参加者。税收法律关系的主体即税收法律关系中享有权利和承担义务的当事人。在我国税收法律关系中,权利主体一方是代表国家行使征税职责的国家行政机关,包括国家各级税务机关、海关和财政机关,另一方是履行纳税义务的人,包括法人、自然人和其他组织,在华的外国企业、组织、外籍人、无国籍人,以及在华虽然没有机构、场所但有来源于中国境内所得的外国企业或组织。这种对税收法律关系中权利主体另一方的确定,在我国采取的是属地兼属人的原则。

在税收法律关系中权利主体双方法律地位平等,只是因为主体双方是行政管理者与被管理者的关系,所以双方的权利与义务不对等。因此,与一般民事法律关系中主体双方权利与义务平等是不一样的,这是税收法律关系的一个重要特征。

2. 权利客体

权利客体即税收法律关系主体的权利与义务所共同指向的对象,也就是征税对象。例如,所得税法律关系客体就是生产经营所得和其他所得,财产税法律关系客体即是财产,流转税法律关系客体就是货物销售收入或劳务收入。税收法律关系客体也是国家利用税收杠

杆调整和控制的目标,国家在一定时期根据客观经济形势发展的需要,通过扩大或缩小征税范围调整征税对象,以达到限制或鼓励国民经济中某些产业、行业发展的目的。

3. 税收法律关系内容

税收法律关系的内容就是权利主体所享有的权利和所应承担的义务,这是税收法律关系中最实质的东西,也是税法的灵魂。它规定权利主体可以有什么行为,不可以有什么行为,若违反了这些规定,须承担相应的法律责任。

税务机关的权利主要表现在依法进行征税、税务检查以及对违章者进行处罚;其义务主要是向纳税人宣传、辅导、解读税法,及时把征收的税款解缴国库,依法受理纳税人对税收争议的申诉等。

纳税义务人的权利主要有多缴税款申请退还权、延期纳税权、依法申请减免税权、申请复议和提起诉讼权等;其义务主要是按税法规定办理税务登记、进行纳税申报、接受税务检查、依法缴纳税款等。

(二)税收法律关系的产生、变更与消灭

税法是引起税收法律关系的前提条件,但税法本身并不能产生具体的税收法律关系。税收法律关系的产生、变更和消灭必须有能够引起税收法律关系产生、变更或消灭的客观情况,也就是由税收法律事实来决定。税收法律事实可以分为税收法律事件和税收法律行为。税收法律事件是指不以税收法律关系权利主体的意志为转移的客观事件,例如,自然灾害可以导致税收减免,从而改变税收法律关系内容。税收法律行为是指税收法律关系主体在正常意志支配下进行的活动。例如,纳税人开业经营即产生税收法律关系,纳税人转业或停业就造成税收法律关系的变更或消灭。

(三)税收法律关系的保护

税收法律关系是同国家利益及企业和个人的权益相联系的。保护税收法律关系,实质上就是保护国家正常的经济秩序,保障国家财政收入,维护纳税人的合法权益。税收法律关系的保护形式和方法很多,税法中关于限期纳税、征收滞纳金和罚款的规定,《中华人民共和国刑法》(以下简称《刑法》)对构成逃税、抗税罪给予刑罚的规定,以及税法中对纳税人不服税务机关征税处理决定,可以申请复议或提出诉讼的规定等都是对税收法律关系的直接保护。税收法律关系的保护对权利主体双方是平等的,不能只对一方保护,而对另一方不予保护。同时,对其享有权利的保护,就是对其承担义务的制约。

三、税法的构成要素

税法的构成要素是指各种单行税法具有的共同的基本要素的总称。首先,税法构成要素既包括实体性的,也包括程序性的;其次,税法构成要素是所有完善的单行税法都共同具备的,仅为某一税法所单独具有而非普遍性的内容,不构成税法要素,如扣缴义务人。税法的构成要素一般包括总则、纳税义务人、征税对象、税目、税率、纳税环节、纳税期限、纳税地点、减税免税、罚则、附则等项目。

(一)总则

总则主要包括立法依据、立法目的、适用原则等。

（二）纳税义务人

纳税义务人又称纳税主体,简称纳税人,是税法规定的直接负有纳税义务的单位和个人。任何一个税种首先要解决的就是国家对谁征税的问题,如我国个人所得税法、增值税、消费税、资源税以及印花税等暂行条例的第一条规定的都是该税种的纳税义务人。

税法中规定的纳税义务人有两种基本形式:自然人和法人。自然人和法人是两个相对称的法律概念。自然人是基于自然规律而出生的、有民事权利与义务的主体,包括本国公民,也包括外国人和无国籍人。法人是自然人的对称,根据《中华人民共和国民法通则》(以下简称《民法通则》)第三十六条规定,法人是基于法律规定享有权利能力和行为能力,具有独立的财产和经费,依法独立承担民事责任的社会组织。我国的法人主要有四种:机关法人、事业法人、企业法人和社团法人。

按照不同的目的和标准,自然人和法人还可以有多种详细的分类,这些分类对国家制定区别对待的税收政策,发挥税收的经济调节作用,具有重要的意义。例如,自然人可划分为居民纳税人和非居民纳税人,个体经营者和其他个人等;法人可划分为居民企业和非居民企业,还可按企业的不同所有制性质来进行分类等。

与纳税义务人紧密联系的两个概念是代扣代缴义务人和代收代缴义务人。代扣代缴义务人是指虽不承担纳税义务,但依照有关规定,在向纳税人支付收入、结算货款、收取费用时有义务代扣代缴其应纳税款的单位和个人,如出版社代扣作者稿酬所得的个人所得税等。如果代扣代缴义务人按规定履行了代扣代缴义务,税务机关将支付一定的手续费;反之,未按规定代扣代缴税款,造成应纳税款流失或将已扣缴的税款私自截留挪用、不按时缴入国库,一经税务机关发现,将要承担相应的法律责任。代收代缴义务人是指虽不承担纳税义务,但依照有关规定,在向纳税人收取商品或劳务收入时,有义务代收代缴其应纳税款的单位和个人。如《中华人民共和国消费税暂行条例》规定,委托加工的应税消费品,由受托方在向委托方交货时代收代缴委托方应该缴纳的消费税。

（三）征税对象

征税对象又叫课税对象、征税客体,是指税法规定对什么征税,是征纳税双方权利与义务共同指向的客体或标的物,是区别一种税与另一种税的重要标志。如消费税的征税对象是消费税条例所列举的应税消费品,房产税的征税对象是房屋等。征税对象是税法最基本的要素,因为它体现着征税的最基本界限,决定着某一种税的基本征税范围。同时,征税对象也决定了各个不同税种的名称,如消费税、土地增值税、个人所得税等,这些税种因征税对象不同,性质不同,名称也就不同。征税对象按其性质的不同,通常可划分为流转额、所得额、财产、资源、特定行为五大类,通常也因此将税收分为相应的五大类,即流转税(或称商品和劳务税)、所得税、财产税、资源税和特定行为税。

与课税对象相关的两个基本概念:税目和税基。税基又叫计税依据,是据以计算征税对象应纳税款的直接数量依据,它解决对征税对象课税的计算问题,是对课税对象的量的规定。如企业所得税应纳税额的基本计算方法是应纳税所得额乘以适用税率。其中,应纳税所得额是据以计算所得税应纳税额的数量基础,为所得税的税基。计税依据按照计量单位的性质划分,有两种基本形态:价值形态和物理形态。价值形态包括应纳税所得额、销售收

入、营业收入等,物理形态包括面积、体积、容积、重量等。以价值形态作为税基,又称从价计征,即按征税对象的货币价值计算,如生产销售香烟应纳消费税税额是由香烟的销售收入乘以适用税率计算产生,其税基为销售收入,属于从价计征的方法。另外还有从量计征的方法,即直接按征税对象的自然单位计算,如城镇土地使用税应纳税额是由占用土地面积乘以每单位面积应纳税额计算产生,其税基为占用土地的面积。

(四) 税目

税目是在税法中对征税对象分类规定的具体的征税项目,反映具体的征税范围,是对课税对象质的界定。设置税目的目的,首先是明确具体的征税范围,凡列入税目的即为应税项目,未列入税目的,则不属于应税项目;其次是划分税目也是贯彻国家税收调节政策的需要,国家可根据不同项目的利润水平以及国家经济政策等制定高低不同的税率,以体现不同的税收政策。并非所有税种都需规定税目,有些税种不分课税对象的具体项目,一律按照课税对象的应税数额采用同一税率计征税款,因此一般无需设置税目,如企业所得税。有些税种具体课税对象比较复杂,需要规定税目,如消费税,一般都规定有不同的税目。

(五) 税率

税率是对征税对象的征收比例或征收额度。税率是计算税额的尺度,也是衡量税负轻重与否的重要标志。我国现行的税率主要有以下几种。

1. 比例税率

比例税率是指对同一征税对象,不分数额大小,规定相同的征收比例。我国的增值税、城市维护建设税、企业所得税等采用的是比例税率。比例税率在适用中又可分为三种具体形式:

(1) 单一比例税率是指对同一征税对象的所有纳税人都适用同一比例税率。

(2) 差别比例税率是指对同一征税对象的不同纳税人适用不同的比例征税。我国现行税法又分别按产品、行业和地区的不同将差别比例税率划分为以下两种类型:一是产品差别比例税率,即对不同产品分别适用不同的比例税率,同一产品采用同一比例税率,如消费税、关税等;二是地区差别比例税率,即区分不同的地区分别适用不同的比例税率,同一地区采用同一比例税率,如城市维护建设税等。

(3) 幅度比例税率是指对同一征税对象,税法只规定最低税率和最高税率,各地区在该幅度内确定具体的适用税率。

比例税率具有计算简单、税负透明度高、有利于保证财政收入、有利于纳税人公平竞争、不妨碍商品流转额或非商品营业额扩大等优点,符合税收效率原则。但比例税率不能针对不同的收入水平实施不同的税收负担,在调节纳税人的收入水平方面难以体现税收的公平原则。

2. 超额累进税率

超额累进税率是指随着征税对象数量增大而随之提高的税率,即按征税对象数额的大小将其划分为若干等级,每一等级规定一个税率,税率依次提高,每一纳税人的征税对象依所属等级同时适用几个税率分别计算,将计算结果相加后得出应纳税款(见表1-1)。超额累进税率一般在所得课税中使用,可以充分体现对纳税人收入多的多征、收入少的少征、无

表 1-1	个人所得税税率表(部分)		单位:元
级　数	含税级距	税　率	速算扣除数
1	0~1 500	3%	0
2	1 500~4 500	10%	105
3	4 500~9 000	20%	555
4	9 000~35 000	25%	1 005

收入的不征的税收原则,从而有效地调节纳税人的收入,正确处理税收负担的纵向公平问题。

运用超额累进税率的关键是查找每一纳税人应税收入在税率表中所属的级次,找到了收入级次,与其对应的税率便是该纳税人所适用的税率,全部税基乘以适用税率然后减去速算扣除数即可计算出应纳税额。例如,某纳税人某月应纳税所得额为 5 000 元,按表 1-1 所列税率,适用第三级次,其应纳税额为:5 000×20%－555＝445(元)。

3. 定额税率

定额税率是指按征税对象确定的计算单位,直接规定一个固定的税额。目前采用定额税率的有资源税、城镇土地使用税、车船税等。

4. 超率累进税率

超率累进税率是指以征税对象数额的相对率划分若干级距,分别规定相应的差别税率,相对率每超过一个级距的,对超过的部分就按高一级的税率计算征税。目前采用这种税率的仅有土地增值税。

(六) 纳税环节

纳税环节是指税法规定的征税对象在从生产到消费的流转过程中应当缴纳税款的环节,如流转税在生产和流通环节纳税、所得税在分配环节纳税等。纳税环节有广义和狭义之分。广义的纳税环节指全部课税对象在再生产中的分布情况,如资源税分布在资源生产环节,商品税分布在生产或流通环节,所得税分布在分配环节等。狭义的纳税环节特指应税商品在流转过程中应纳税的环节。商品从生产到消费要经历诸多流转环节,各环节都存在销售额,都可能成为纳税环节。但考虑到税收对经济的影响、财政收入的需要以及税收征管的能力等因素,国家常常对在商品流转过程中所征税种规定不同的纳税环节。按照某种税征税环节的多少,可以将税种划分为一次课征制和多次课征制。合理选择纳税环节,对加强税收征管,有效控制税源,保证国家财政收入的及时、稳定、可靠,方便纳税人生产经营活动和财务核算,灵活机动地发挥税收调节经济的作用,具有十分重要的理论和实践意义。

(七) 纳税期限

纳税期限是指税法规定的关于税款缴纳时间方面的限定。税法关于纳税期限的规定有三种:一是纳税义务发生时间。纳税义务发生时间是指应税行为发生的时间。如《中华人民共和国增值税暂行条例》(以下简称《增值税暂行条例》)规定采取预收货款方式销售货物的,其纳税义务发生时间为货物发出的当天。二是纳税期限。纳税人每次发生纳税义务后,不可能马上去缴纳税款。税法规定了每种税的纳税期限,即每隔固定时间汇总一次纳税义务

的时间。如《增值税暂行条例》规定,增值税的具体纳税期限分别为 1 日、3 日、5 日、10 日、15 日、1 个月或者 1 个季度。纳税人的具体纳税期限,由主管税务机关根据纳税人应纳税额的大小分别核定;不能按照固定期限纳税的,可以按次纳税。三是缴库期限,即税法规定的纳税期满后,纳税人将应纳税款缴入国库的期限。如《增值税暂行条例》规定:纳税人以 1 个月或者 1 个季度为一个纳税期的,自期满之日起 15 日内申报纳税;以 1 日、3 日、5 日、10 日或者 15 日为一个纳税期的,自期满之日起 5 日内预缴税款,于次月 1 日起 15 日内申报纳税并结清上月应纳税款。

(八)纳税地点

纳税地点是指根据各个税种纳税对象的纳税环节和有利于对税款的源泉控制而规定的纳税人(包括代收代缴、代扣代缴义务人)的具体纳税地点。

(九)减税免税

减税免税主要是对某些纳税人和征税对象采取减少征税或者免予征税的特殊规定。

(十)罚则

罚则主要是指对纳税人违反税法的行为采取的处罚措施。

(十一)附则

附则一般都规定与该法紧密相关的内容,如该法的解释权、生效时间等。

任务三　我国税法体系

一、我国的税收立法

(一)我国税收立法原则

税收立法原则是指在税收立法活动中必须遵循的准则。我国的税收立法原则是根据我国的社会性质和具体国情确定的,是立法机关根据社会经济活动、经济关系,特别是税收征纳双方的特点确定的,并贯穿于税收立法工作始终的指导方针。税收立法主要应遵循以下几个原则。

1. 从实际出发原则

从实际出发,这是唯物主义的思想路线在税收立法实践中的运用和体现。贯彻这个原则,首先要求税收立法必须根据经济、政治发展的客观需要,反映客观规律,也就是从中国国情出发,充分尊重社会经济发展规律和税收分配理论。其次要客观反映一定时期国家、社会、政治、经济等各方面的实际情况,既不能被某些条条框框所束缚,也不能盲目抄袭别国的立法模式。在此基础上,充分运用科学知识和技术手段,不断丰富税收立法理论,完善税法体系,以适应社会主义市场经济发展的客观需要。

2. 公平原则

在税收立法中一定要体现公平原则。所谓公平,就是要体现合理负担原则。在市场经济体制下,参加市场竞争的各个主体需要有一个平等竞争的环境,而税收的公平是实现平等竞争的重要条件。公平主要体现在三个方面:一是从税收负担能力上看,负担能力大的应多

纳税,负担能力小的应少纳税,没有负担能力的不纳税。二是从纳税人所处的生产和经营环境看,由于客观环境优越而取得超额收入或级差受益者应多纳税;反之,则少纳税。三是从税负平衡看,不同地区、不同行业间及多种经济成分之间的实际税负必须尽可能公平。

3. 民主决策原则

民主决策的原则是指税收立法过程中必须充分倾听群众的意见,严格按照法定程序进行,确保税收法律能体现广大群众的根本利益。坚持这个原则,要求税收立法的主体应以人民代表大会及其常务委员会为主,按照法定程序进行;对税收法案的审议,要进行充分的辩论,倾听各方面意见;税收立法过程要公开化,让广大公众及时了解税收立法的全过程,以及立法过程中各个环节的争论和最终达成共识的情况。

4. 原则性与灵活性相结合原则

税法在制定时,要求明确、具体、严谨、周密。但是,为了保证税法制定后在全国范围内、在各个地区都能贯彻执行,不与现实脱节,税法又要求在制定上不能过细过死,这就要求必须坚持原则性与灵活性相结合的原则。具体来讲,就是必须贯彻法制的统一性与因时、因地制宜相结合。法制的统一性,表现在税收立法上,就是税收立法权只能由国家最高权力机关来行使,各地区、各部门不能擅自制定违背国家宪法和法律的所谓"土政策""土规定"。但是,我国又是一个幅员辽阔、人口众多、多民族的国家,各地区的经济文化发展水平不平衡,政治状况也不尽相同,因而对不同地区不能强求一样。因此,为了照顾不同地区,特别是少数民族地区不同的情况和特点,为了充分发挥地方的积极性,在某些情况下,国家允许地方在遵守国家法律、法规的前提下,制定适合当地的实施办法等。因此,只有贯彻这个原则,才能制定出既符合全国统一性要求,又能适应各地区实际情况的税法。

5. 法律的稳定性、连续性与废、改、立相结合原则

制定税法是与一定经济基础相适应的,税法一旦制定,在一定阶段内就要保持其稳定性,不能朝令夕改,变化不定。如果税法经常变动,不仅会破坏税法的权威性和严肃性,而且会给国民经济生活造成非常不利的影响。但是,这种稳定性不是绝对的,因为社会政治、经济状况是不断变化的,税法也要进行相应的发展变化。这种发展变化具体表现在:有的税法已经过时,需要废除;有的税法部分失去效力,需要修改、补充;根据新的情况,需要制定新的税法。此外,还必须注意保持税法的连续性,即税法不能中断,在新的税法未制定前,原有的税法不应随便中止失效;在修改、补充或制定新的税法时,应保持与原有税法的承续关系,并在原有税法的基础上,结合新的实践经验,修改、补充原有的税法和制定新的税法。只有遵循这个原则,才能制定出符合社会政治、经济发展规律的税法。

(二)我国税收立法、税法调整的层级

1. 税收立法机关

根据《中华人民共和国宪法》(以下简称《宪法》)《中华人民共和国全国人民代表大会组织法》《中华人民共和国国务院组织法》以及《中华人民共和国地方各级人民代表大会和地方各级人民政府组织法》的规定,我国的立法体制是:全国人民代表大会(以下简称全国人大)及其常务委员会(以下简称常委会)行使立法权,制定法律;国务院及所属各部委,有权根据宪法和法律制定行政法规和规章;地方人民代表大会及其常务委员会,在不与宪法、法律、行

政法规抵触的前提下,有权制定地方性法规,但要报全国人民代表大会常务委员会(以下简称全国人大常委会)和国务院备案;民族自治地方的人民代表大会有权依照当地民族政治、经济和文化的特点,制定自治条例和单行条例。

各有权机关根据国家立法体制规定所制定的一系列税收法律、法规、规章和规范性文件,构成了我国的税收法律体系。需要说明的是,我们平时所说的税法,有广义和狭义之分。广义概念上的税法包括所有调整税收关系的法律、法规、规章和规范性文件,是税法体系的总称;而狭义概念上的税法是特指由全国人民代表大会及其常务委员会制定和颁布的税收法律。由于制定税收法律、法规和规章的机构不同,其法律级次不同,因此其法律效力也不同。

(1) 全国人民代表大会和全国人大常委会制定的税收法律。《宪法》第五十八条规定:"全国人民代表大会和全国人民代表大会常务委员会行使国家立法权。"上述规定确定了我国税收法律的立法权由全国人大及其常委会行使,其他任何机关都没有制定税收法律的权力。在国家税收中,凡是基本的、全局性的问题,如国家税收的性质,税收法律关系中征纳双方权利与义务的确定,税种的设置,税目、税率的确定等,都需要由全国人大及其常委会以税收法律的形式制定实施,并且在全国范围内,无论对国内纳税人,还是对涉外纳税人都普遍适用。在现行税法中,如《中华人民共和国企业所得税法》(以下简称《企业所得税法》)《中华人民共和国个人所得税法》(以下简称《个人所得税法》)《中华人民共和国税收征收管理法》(以下简称《税收征收管理法》)以及 1993 年 12 月全国人大常委会通过的《关于外商投资企业和外国企业适用增值税、消费税等税收暂行条例的决定》都是税收法律。除《宪法》外,在税收法律体系中,税收法律具有最高的法律效力,是其他机关制定税收法规、规章的法律依据,其他各级机关制定的税收法规、规章,都不得与《宪法》和税收法律相抵触。

(2) 全国人民代表大会及其常务委员会授权立法。授权立法是指全国人大及其常委会根据需要授权国务院制定某些具有法律效力的暂行规定或者条例。授权立法与制定行政法规不同。国务院经授权立法所制定的规定或条例等,具有国家法律的性质和地位,它的法律效力高于行政法规,在立法程序上还需报全国人大常委会备案。1984 年 9 月 1 日,全国人大常委会授权国务院改革工商税制和发布有关税收条例。1985 年,全国人大授权国务院在经济体制改革和对外开放方面制定暂行的规定或者条例,都是授权国务院立法的依据。按照这两次授权立法,国务院从 1994 年 1 月 1 日起实施工商税制改革,制定实施了增值税、消费税、资源税、土地增值税、企业所得税等六个暂行条例。授权立法,在一定程度上解决了我国经济体制改革和对外开放工作急需法律保障的当务之急。税收暂行条例的制定和公布施行,也为全国人大及其常委会立法工作提供了有益的经验和条件,为这些条例在条件成熟时上升为法律做好了准备。

(3) 国务院制定的税收行政法规。国务院作为最高国家权力机关的执行机关,是最高的国家行政机关,拥有广泛的行政立法权。我国《宪法》规定,国务院可"根据宪法和法律,规定行政措施,制定行政法规,发布决定和命令"。行政法规作为一种法律形式,在中国法律形式中处于低于宪法、法律和高于地方法规、部门规章、地方规章的地位,也是在全国范围内普遍适用的。行政法规的立法目的在于保证宪法和法律的实施,行政法规不得与宪法、法律相

抵触,否则无效。国务院发布的《中华人民共和国企业所得税法实施条例》(以下简称《企业所得税法实施条例》)《中华人民共和国税收征收管理法实施细则》(以下简称《税收征收管理法实施细则》)等,都是税收行政法规。

(4)地方人民代表大会及其常委会制定的税收地方性法规。根据《中华人民共和国地方各级人民代表大会和地方各级人民政府组织法》的规定,省、自治区、直辖市的人民代表大会以及省、自治区的人民政府所在地的市和经国务院批准的较大的市的人民代表大会有制定地方性法规的权力。由于我国在税收立法上坚持"统一税法"的原则,因此地方权力机关制定税收地方法规不是无限制的,而是要严格按照税收法律的授权行事。目前,除了海南省、民族自治地区按照全国人大授权立法规定,在遵循宪法、法律和行政法规的原则基础上,可以制定有关税收的地方性法规外,其他省、市都无权自定税收地方性法规。

(5)国务院税务主管部门制定的税收部门规章。《宪法》第九十条规定:"国务院各部、各委员会根据法律和国务院的行政法规、决定、命令,在本部门的权限内,发布命令、指示和规章。"有权制定税收部门规章的税务主管机关是财政部、国家税务总局及海关总署。其制定规章的范围包括:对有关税收法律、法规的具体解释,税收征收管理的具体规定、办法等。税收部门规章在全国范围内具有普遍适用效力,但不得与税收法律、行政法规相抵触。例如,财政部颁发的《中华人民共和国增值税暂行条例实施细则》、国家税务总局颁发的《税务代理试行办法》等都属于税收部门规章。

(6)地方政府制定的税收地方规章。《中华人民共和国地方各级人民代表大会和地方各级人民政府组织法》规定:"省、自治区、直辖市以及省、自治区的人民政府所在地的市和国务院批准的较大的市的人民政府,可以根据法律和国务院的行政法规,制定规章。"按照"统一税法"的原则,上述地方政府制定税收规章,都必须在税收法律、法规明确授权的前提下进行,并且不得与税收法律、行政法规相抵触。没有税收法律、法规的授权,地方政府是无权自定税收规章的,凡越权自定的税收规章没有法律效力。例如,国务院发布实施的城市维护建设税、车船税、房产税等地方性税种暂行条例,都规定省、自治区、直辖市人民政府可根据条例制定实施细则。

2. 税收立法、修订和废止程序

税收立法程序是指有权的机关,在制定、认可、修改、补充、废止等税收立法活动中,必须遵循的法定步骤和方法。

目前我国税收立法程序主要包括以下几个阶段:

(1)提议阶段。无论是税法的制定,还是税法的修改、补充和废止,一般由国务院授权其税务主管部门(财政部或国家税务总局)负责立法的调查研究等准备工作,并提出立法方案或税法草案,上报国务院。

(2)审议阶段。税收法规由国务院负责审议。税收法律在经国务院审议通过后,以议案的形式提交全国人民代表大会常务委员会的有关工作部门,在广泛征求意见并作修改后,提交全国人民代表大会或其常务委员会审议通过。

(3)通过和公布阶段。税收行政法规,由国务院审议通过后,以国务院总理名义发布实施。税收法律,在全国人民代表大会或其常务委员会开会期间,先听取国务院关于制定税法

议案的说明,然后经过讨论,以简单多数的方式通过后,以国家主席名义发布实施。

二、税法的实施

税法的实施即税法的执行。它包括税收执法和守法两个方面:一方面要求税务机关和税务人员正确运用税收法律,并对违法者实施制裁;另一方面要求税务机关、税务人员、公民、法人、社会团体及其他组织严格遵守税收法律。

由于税法具有多层次的特点,因此,税收在执法过程中,对其适用性或法律效力的判断,一般按以下原则掌握:一是层次高的法律优于层次低的法律;二是同一层次的法律中,特别法优于普通法;三是国际法优于国内法;四是实体法从旧,程序法从新。

遵守税法是指税务机关、税务人员都必须遵守税法的规定,严格依法办事。遵守税法是保证税法得以顺利实施的重要条件。

(一)我国税种的层次

税法内容十分丰富,涉及范围也极为广泛,各单行税收法律法规结合起来,形成了完整配套的税法体系,共同规范和制约税收分配的全过程,这是实现依法治税的前提和保证。

税种的设置及每种税的征税办法,一般是以法律形式确定的,这些法律就是税法。一个国家的税法一般包括税法通则、各种税税法(条例)、实施细则、具体规定四个层次。其中,税法通则规定一个国家的税种设置和每个税种的立法精神,各种税税法(条例)分别规定每种税的征税办法,实施细则是对各种税税法(条例)的详细说明和解释,具体规定则是根据不同地区、不同时期的具体情况制定的补充性法规。

(二)我国税法的分类

税法体系中各种税税法(条例)按税法的基本内容和效力职能作用、征税对象、主权国家行使税收管辖权的不同,可分为不同类型。

(1)按照税法的基本内容和效力的不同,可分为税收基本法和税收普通法。税收基本法也称税收通则,是税法体系的主体和核心,在税法体系中起着税收母法的作用。其基本内容包括税收制度的性质、税务管理机构、税收立法与管理权限、纳税人的基本权利与义务、征税机关的权利和义务、税种设置等。我国目前还没有制定统一的税收基本法。我国将随着税收法制建设的发展和完善,研究制定税收基本法。税收普通法是根据税收基本法的原则,对税收基本法规定的事项分别立法实施的法律,如《个人所得税法》《税收征收管理法》等。

(2)按照税法的职能作用的不同,可分为税收实体法和税收程序法。税收实体法主要是指确定税种立法,具体规定各税种的征收对象、征收范围、税目、税率、纳税地点等。例如,《企业所得税法》《个人所得税法》就属于税收实体法。税收程序法是指税务管理方面的法律,主要包括税收管理法、纳税程序法、发票管理法、税务机关组织法、税务争议处理法等。例如,《税收征收管理法》就属于税收程序法。

(3)按照税法征收对象的不同,可分为流转税税法,所得税税法,财产、行为税税法,资源税税法,特定目的税类五种。

第一,流转税税法,主要包括增值税、消费税、关税等税法。这类税法的特点是与商品生产、流通、消费有密切关系。对什么商品征税,税率多高,对商品经济活动都有直接的影响,易于发挥对经济的宏观调控作用。

第二,所得税税法,主要包括企业所得税、个人所得税等税法。其特点是可以直接调节纳税人收入,发挥其公平税负、调整分配关系的作用。

第三,财产、行为税税法,主要是对财产的价值或某种行为课税,包括房产税、印花税等税法。

第四,资源税税法,主要是为保护和合理使用国家自然资源而课征的税法。我国现行的资源税、城镇土地使用税等税种均属于资源税课税的范畴。

第五,特定目的的税类,主要包括城市维护建设税、烟叶税及暂缓征收的固定资产投资方向调节税等,其目的是对某些特定对象和特定行为发挥特定调节作用。

(4)按照主权国家行使税收管辖权的不同,可分为国内税法、国际税法、外国税法等。国内税法一般是按照属人或属地原则,规定一个国家的内部税收制度。国际税法是指国家间形成的税收制度,主要包括双边或多边国家间的税收协定、条约和国际惯例等,一般而言,其效力高于国内税法。外国税法是指外国各个国家制定的税收制度。

以上对于税种的分类不具有法定性,但将各具体税种按一定方法分类,在税收理论研究和税制建设方面用途相当广泛,作用非常大。例如,流转税也称间接税,是由于这些税种都是按照商品和劳务收入计算征收的,而这些税种虽然是由纳税人负责缴纳,但最终是由商品和劳务的购买者即消费者负担的,所以称为间接税;而所得税类税种的纳税人本身就是负税人,一般不存在税负转移或转嫁问题,所以称为直接税。

(三)我国的税制

通常认为,在以间接税为主体的税制结构中,主要税种一般包括增值税和消费税;在以直接税为主体的税制结构中,主要税种一般包括个人所得税和企业所得税。以个人所得税为主体税种的,多见于经济发达国家。以某种直接税和间接税税种为"双主体"的税制,是作为一种过渡性税制类型存在的。在20世纪70年代以前,理论界一直认为以所得税为主体的税制结构最为理想。发达国家和一些发展较快的发展中国家在进行以流转税为主体向以收益所得税为主体税种的税制改革过程中,曾经出现过一些采用"双主体"税制的国家。我国目前税制基本上是以间接税和直接税为双主体的税制结构,间接税(增值税、消费税等)占全部税收收入的60%左右,直接税(企业所得税、个人所得税)占全部税收收入的25%左右,其他辅助税种数量较多,但收入比重不大。

国家税收制度的确立,要根据本国的具体政治经济条件而定。所以,各国的政治经济条件不同,税收制度也不尽相同,具体征税办法也各有千秋、千差万别。就一个国家而言,在不同的时期,由于政治经济条件和政治经济目标不同,税收制度也有着或大或小的差异。我国的现行税制就其实体法而言,是1949年中华人民共和国成立后经过几次较大的改革逐步演变而来的,按其性质和作用大致分为五类:

(1)流转税类,包括增值税、消费税和关税,主要在生产、流通或者服务业中发挥调节作用。

(2)资源税类,包括资源税、土地增值税和城镇土地使用税,主要是对因开发和利用自然资源差异而形成的级差收入发挥调节作用。

（3）所得税类,包括企业所得税、个人所得税,主要是在国民收入形成后,对生产经营者的利润和个人的纯收入发挥调节作用。

（4）特定目的的税类,包括固定资产投资方向调节税（暂缓征收）、筵席税、城市维护建设税、车辆购置税、耕地占用税和烟叶税,主要是为了达到特定目的,对特定对象和特定行为发挥调节作用。

（5）财产和行为税类,包括房产税、车船税、印花税、契税,主要是对某些财产和行为发挥调节作用。

上述税种中的关税由海关负责征收管理,其他税种由税务机关负责征收管理。耕地占用税和契税,1996 年以前由财政机关的农税部门征收管理,1996 年财政部农税管理机构划归国家税务总局领导,部分省市机构相应划转,这些税种就改由税务部门负责征收,部分省市仍由财政机关负责征收。

上述种税,除企业所得税、个人所得税是以国家法律的形式发布实施外,其他各税种都是经全国人民代表大会授权立法,由国务院以暂行条例的形式发布实施的。这十九个税收法律、法规组成了我国的税收实体法体系。

除税收实体法外,我国对税收征收管理适用的法律制度,是按照税收管理机关的不同而分别规定的：

• 由税务机关负责征收的税种的征收管理,按照全国人大常委会发布实施的《税收征收管理法》执行。

• 由海关负责征收的税种的征收管理,按照《中华人民共和国海关法》（以下简称《海关法》）及《中华人民共和国进出口关税条例》（以下简称《进出口关税条例》）等有关规定执行。

上述税收实体法和税收征收管理的程序法的法律制度构成了我国现行税法体系。

（四）我国税收制度的沿革

中华人民共和国成立 60 多年来,随着国家政治、经济形势的发展,税收制度的建立与发展经历了一个曲折的过程。从总体上来看,60 多年来我国税制改革的发展大致经历了三个历史时期：第一个时期是从 1949 年中华人民共和国成立至 1957 年,即国民经济恢复和社会主义改造时期,这是我国税制建立和巩固的时期。第二个时期是从 1958 年到 1978 年年底党的第十一届中央委员会第三次全体会议召开之前,这是我国税制曲折发展的时期。第三个时期是 1978 年党的十一届三中全会召开之后的新时期,这是我国税制建设得到全面加强、税制改革不断前进的时期。

1984 年税制改革,其主要内容是普遍实行国有企业"利改税"和全面改革工商税收制度,以适应发展有计划社会主义商品经济的要求。

1994 年税制改革的主要内容是：第一,全面改革了流转税制,实行了以比较规范的增值税为主体,消费税并行,内外统一的流转税制。第二,改革了企业所得税制,将过去对国有企业、集体企业和私营企业分别征收的多种所得税合并为统一的企业所得税。第三,改革了个人所得税制,将过去对外国人征收的个人所得税、对中国人征收的个人收入调节税和个体工商业户所得税合并为统一的个人所得税。第四,对资源税、特定目的税和财产税、行为税作了大幅度的调整,如扩大了资源税的征收范围,开征了土地增值税,取消了盐税、奖金税、集

市交易税等七个税种,并将屠宰税、筵席税的管理权下放到省级地方政府,新设了遗产税和证券交易税(但是一直没有立法开征)。

经过1994年税制改革和多年来的逐步完善,我国已经初步建立了适应社会主义市场经济体制需要的税收制度,这对于保证财政收入,加强宏观调控,深化改革,扩大开放,促进经济与社会的发展,起到了重要的作用。

2003年,党的十六届三中全会通过了《完善社会主义市场经济体制若干问题的决定》(以下简称《决定》),明确了要分步实施税收制度改革。《决定》确定了八个方面的改革内容:改革出口退税制度;统一各类企业税收制度;增值税由生产型改为消费型;完善消费税,适当扩大税基;改进个人所得税;实施城镇建设税费改革;在统一税政前提下,赋予地方适当的税政管理权;创造条件逐步实现城乡税制统一。一般的看法是,这标志着进入21世纪之后我国新一轮税制改革的开始。可以说,2003年以来我国税制改革取得了突破性进展。

2003年以来,相关部门按照十六届三中全会提出的"简税制、宽税基、低税率、严征管"原则,积极稳妥地推进税制改革,建立健全税收政策扶持体系,加强和改善税收宏观调控,加快税收法制建设步伐,充分发挥税收职能作用,促进了税收收入持续快速增长和经济社会的协调发展。

自2016年5月1日起,中国全面实施"营改增",营业税退出历史舞台,增值税制度更加规范。这是自1994年分税制改革以来,财税体制的又一次深刻变革。

(五)我国税收管理体制

(1)中央税、中央与地方共享税以及全国统一实行的地方税的立法权集中在中央,以保证中央政令统一,维护全国统一市场和企业平等竞争。其中,中央税是指维护国家权益、实施宏观调控所必需的税种,具体包括消费税、关税、车辆购置税等。中央与地方共享税是指同经济发展直接相关的主要税种,具体包括增值税、企业所得税、个人所得税、证券交易印花税。地方税具体包括资源税、土地增值税、印花税、城市维护建设税、城镇土地使用税、房产税、车船税等。

(2)依法赋予地方适当的地方税收立法权。我国地域辽阔,地区间经济发展水平很不平衡,经济资源包括税源都存在着较大差异,这种状况给全国统一制定税收法律带来一定的难度。因此,随着分税制改革的进行,有前提地、适当地给地方下放一些税收立法权,使地方可以实事求是地根据自己特有的税源开征新的税种,促进地方经济的发展。这样,既有利于地方因地制宜地发挥当地的经济优势,又便于同国际税收惯例对接。

(六)我国税务征管权

税收执法权和行政管理权是国家赋予税务机关的基本权力,是税务机关实施税收管理和系统内部行政管理的法律手段。其中税收执法权是指税收机关依法征收税款,依法进行税收管理活动的权力,具体包括税款征收管理权、税务检查权、税务稽查权、税务行政复议裁决权及其他税收执法权。以下从几个方面阐释我国税务征管权。

1. 税款征收管理权

《税收征收管理法》第二十八条规定,税务机关依照法律、行政法规的规定征收税款。税收的征收管理权限的划分,根据国务院《关于实行财政分税制有关问题的通知》等有关法律、

法规的规定执行。

1）税务机构设置。

根据我国经济和社会发展及实行分税制财政管理体制的需要,现行税务机构设置是中央政府设立国家税务总局(正部级),省及省以下税务机构分为国家税务局和地方税务局两个系统。

国家税务总局对国家税务局系统实行机构、编制、干部、经费的垂直管理,协同省级人民政府对省级地方税务局实行双重领导。

2）税收征收管理范围划分。

目前,我国的税收分别由财政、税务、海关等系统负责征收管理。

3）中央政府与地方政府税收收入划分。

根据国务院关于实行分税制财政管理体制的规定,我国的税收收入分为中央政府固定收入、地方政府固定收入和中央政府与地方政府共享收入。

2. 税务检查权

在税务检查时,税务机关依据国家的税收法律、法规对纳税人等管理相对人履行法定义务的情况进行审查、监督的执法活动。有效的税务检查可以抑制不法纳税人的侥幸心理,提高税法的威慑力,减少税收违法犯罪行为,保证国家收入,维护税收公平与合法纳税人的合法利益。税务检查包括两类:

（1）税务机关为取得确定税额所需资料,针对纳税人纳税申报的真实性与准确性而进行的经常性检查,其依据是税法赋予税务机关的强制行政检查权。

（2）为打击税收违法犯罪而进行的特别调查,它可以分为行政性调查和刑事调查两个阶段。行政性调查属于税务检查权范围之内。从原则上讲,在纳税人有违反税法的刑事犯罪嫌疑的情况下,即调查的刑事性质确定后,案件应开始适用刑事调查程序。

3. 税务稽查权

税务稽查是税务机关依法对纳税人、扣缴义务人履行纳税义务、扣缴义务情况所进行的税务检查和处理工作的总称。税务稽查权是税收执法权的一个重要组成部分,也是整个国家行政监督体系中的一种特殊的监督权行使形式。

根据相关法律规定,税务稽查的基本任务是:依照国家税收法律、法规,查处税收违法行为,保障税收收入,维护税收秩序,促进依法纳税,保证税法的实施。税务稽查必须以事实为根据,以税收法律、法规、规章为准绳,依靠人民群众,加强与司法机关及其他有关部门的联系和配合。各级税务机关设立的税务稽查机构,按照各自的税收管辖范围行使税务稽查职能。

4. 税务行政复议裁决权

税务行政复议裁决权的行使是税收执法权的有机组成部分,该权力的实现对保障和监督税务机关依法行使税收执法权,防止和纠正违法或者不当的具体税务行政行为,保护纳税人和其他有关当事人的合法权益,发挥着积极作用。根据《中华人民共和国行政复议法》(以下简称《行政复议法》)、《税收征收管理法》和其他有关规定,为了防止和纠正税务机关违法或者不当的具体行政行为,保护纳税人及其他当事人的合法权益,保障和监督税务机关依法行使

职权,纳税人及其他当事人认为税务机关的具体行政行为侵犯其合法权益,可依法向税务行政复议机关申请行政复议;税务行政复议机关受理行政复议申请,作出行政复议决定。税务行政复议机关是指依法受理行政复议申请,对具体行政行为进行审查并作出行政复议决定的税务机关。

在税务行政复议裁决权的行使过程中,税务行政复议机关中负责税收法制工作的机构具体办理行政复议事项,履行下列职责:

(1) 受理行政复议申请。

(2) 向有关组织和人员调查取证,查阅文件和资料。

(3) 审查申请行政复议的具体行政行为是否合法与适当,起草行政复议决定。

(4) 处理或者转送对《税务行政复议规则》第十五条所列有关规定的审查申请。

(5) 对被申请人违反《行政复议法》及《税务行政复议规则》规定的行为,依照规定的权限和程序提出处理建议。

(6) 办理因不服行政复议决定提起行政诉讼的应诉事项。

(7) 对下级税务机关的行政复议工作进行检查和监督。

(8) 办理行政复议案件的赔偿事项。

(9) 办理行政复议、诉讼、赔偿等案件的统计、报告和归档工作。

行政复议活动应当遵循合法、公正、公开、及时、便民的原则。纳税人及其他当事人对行政复议决定不服的,可以依照行政诉讼法的规定向人民法院提起行政诉讼。

5. 其他税收执法权

在除上述税收执法权的几个方面之外,根据法律规定,税务机关还享有其他相关税收执法权,其中主要的有税务行政处罚权等。

税务行政处罚权是指税务机关依法对纳税主体违反税法尚未构成犯罪,但应承担相应法律责任的行为实施制裁措施的权力。税务行政处罚是行政处罚的基本组成部分,税务行政处罚权的行使对于保证国家税收利益,督促纳税人依法纳税有重要作用。税务行政处罚权的法律依据是行政处罚法和税收征管法等法律、法规。根据《税收征收管理法》相关规定,税务行政处罚的种类应当有警告(责令限期改正)、罚款、停止出口退税权、没收违法所得、收缴发票或者停止发售发票、提请吊销营业执照、通知出境管理机关阻止出境等。

 **课后练习题**

一、单项选择题

1. 下列法律中,明确规定"中华人民共和国公民有依照法律纳税的义务"的是(　　)。

　A.《中华人民共和国宪法》　　　　B.《中华人民共和国民法通则》

　C.《中华人民共和国个人所得税法》　D.《中华人民共和国税收征收管理法》

2. 下列法律、法规中,属于税收行政法规的是(　　)。

　A.《中华人民共和国增值税暂行条例》

　B.《中华人民共和国增值税暂行条例实施细则》

C.《中华人民共和国税收征收管理法》

D.《中华人民共和国税收征收管理法实施细则》

3. 以下关于纳税人权利的说法中,正确的是( )。

A. 税务机关应对纳税人或扣缴义务人的商业秘密、个人税收违法事实保密

B. 税务机关发现纳税人或扣缴义务人多缴税款,应从发现之日起 3 年内退还

C. 税收法律救济权指的是纳税人的申辩权和陈述权

D. 对于应当进行听证的案件,税务机关或税务人员不组织听证,行政处罚决定不能成立

4. 税收法律关系产生的标志是( )。

A. 纳税人进行税务登记 B. 纳税人进行纳税申报

C. 纳税人应税行为的发生 D. 税务机关征税行为的发生

5. 下列关于税收实体法要素的表述中,不正确的是( )。

A. 计税依据是从量的方面对征税所做的规定,是课税对象量的表现

B. 税目是课税对象的具体化,反映具体的征税范围,代表征税的广度

C. 税率是应纳税额与课税对象之间的比例,是计算税额的尺度,代表课税的深度

D. 课税对象是构成税收实体法诸要素的基础性要素,是税收制度的核心和灵魂

6. 根据税收和税法的概念,下列表述中,正确的是( )。

A. 税法的调整对象是国家与纳税人之间的税收分配关系

B. 国家征税依据的是其政治权力而非财产权力

C. 真正征税的主体是税务机关,除了税务机关之外,任何机构和团体都无权征税

D. 税收分配的客体是社会剩余产品,税收不能课及生产资料但可以课及劳动者报酬

7. 税额式减免是通过直接减少应纳税额的方式实行减免税,以下不属于税额式减免的是
( )。

A. 免征额 B. 减半征收 C. 核定减免率 D. 另定减征税额

8. 税基式减免是指通过直接缩小计税依据的方式实现减免税的一种形式,下列不属于税基
式减免的是( )。

A. 起征点 B. 免征额 C. 跨期结转 D. 核定减免率

9. 我们通常所说的税收立法解释是指( )。

A. 事前解释 B. 事后解释 C. 特殊解释 D. 预防解释

10. 下列有关税收规范性文件的表述中,正确的是( )。

A. 属于行政立法行为的规范,只对征税主体具有约束力

B. 具有向后发生效力的特征

C. 包括"批复"类的适用于特定的主体的文件

D. 具有可诉性

二、多项选择题

1. 下列关于税法原则的表述中,正确的有( )。

A. 新法优于旧法原则属于税法的适用原则

B. 税法主体的权利与义务必须由法律加以规定,这体现了税收法定原则

C. 税法的原则反映税收活动的根本属性,包括税法基本原则和税法适用原则

D. 税法适用原则中的法律优位原则明确了税收法律的效力高于税收行政法规的效力

2. 下列关于税收法律关系的表述中,正确的有( )。

A. 税收法律关系是税法所确认和调整的,国家与纳税人之间在税收分配过程中形成的权利与义务关系

B. 税收法律关系主体的一方只能是国家

C. 税收法律关系体现了国家和纳税人的意志

D. 税收法律关系中权利与义务具有对等性

3. 下列各部门中,有权制定税收规章的税务主管机关有( )。

A. 国家税务总局　　 B. 财政部　　　　 C. 国务院办公厅　　 D. 海关总署

4. 以下属于狭义税法的有( )。

A.《中华人民共和国个人所得税法》

B.《中华人民共和国企业所得税法实施细则》

C.《中华人民共和国企业所得税法》

D.《中华人民共和国增值税暂行条例》

5. 下列情形中,能引起税收法律关系消灭的有( )。

A. 纳税人义务的免除　　　　　　　　 B. 纳税人履行了纳税义务

C. 税务机关组织结构发生变化　　　　 D. 纳税主体的消失

6. 关于税收法律关系,下列表述中,正确的有( )。

A. 税收法律关系的成立、变更等不以主体双方意思表示一致为要件

B. 税收法律关系的主体是国家最高权力机关

C. 税法规定的权利与义务是不对等的

D. 税法的修订或调整,会引起税收法律关系的变更

7. 以下关于起征点和免征额的表述中,正确的有( )。

A. 起征点是在征税对象的全部数额中免予征税的数额

B. 享受免征额的纳税人要比享受同额起征点的纳税人税负轻

C. 起征点可以照顾适用范围内的所有纳税人

D. 起征点只能照顾一部分纳税人

8. 关于税率及其形式,下列表述中,正确的有( )。

A. 在超率累进税率条件下,边际税率等于平均税率

B. 零税率是以零表示的税率,是免税的一种方式

C. 定额税率不受课税对象价值量变化的影响

D. 在累进税率条件下,边际税率的提高会带动平均税率的上升

9. 关于税收实体法要素的表述中,下列说法中,正确的有( )。

A. 课税对象是构成税收实体法诸要素的基础性要素

B. 课税对象体现着各税种的征税范围

C. 税率是以课税对象为基础确定的

D. 课税对象和计税依据在价值形态上一般是一致的

10. 下列关于税款退还和追征的规定的表述中,正确的有(　　)。

A. 在退还税款的过程中,如果纳税人有欠税,税务机关可以先用应退还的税款和利息抵顶纳税人欠缴的税款、滞纳金

B. 在退还税款的过程中,如果纳税人没有欠税,税务机关可以按照纳税人的要求,将应退的税款和利息,留抵下期应纳税款

C. 对因纳税人、扣缴义务人计算错误造成的未缴或少缴税款,一般追征期为3年,但税务机关不得追征滞纳金

D. 对偷税、抗税、骗税的,税务机关可以无限期追征偷税、抗税的税款、滞纳金和纳税人与扣缴义务人所骗取的税款

三、判断题

1. 国务院经授权立法制定的《中华人民共和国增值税暂行条例》具有国家法律的性质和地位。　　　　　　　　　　　　　　　　　　　　　　　(　　)

2. 尽管税收法律、法规和规章的制定机关不同,但它们的法律效力是相同的。(　　)

3. 作为税收法律关系的一个重要特征,在税收法律关系中权利主体双方在法律地位上是不对等的。　　　　　　　　　　　　　　　　　　　　　　　(　　)

4. 在税收法律关系中,征纳双方法律地位的平等主要体现为双方权利与义务的对等。　　　　　　　　　　　　　　　　　　　　　　　　　　　　　　(　　)

5. 税法是国家制定的用于调整国家与纳税人之间在征纳税方面的权利与义务关系的法律规范的总称。　　　　　　　　　　　　　　　　　　　　　　(　　)

6. 税法是引起法律关系的前提条件,税法可以产生具体的税收法律关系。(　　)

7. 税收分配的客体是社会剩余产品,税收不能课及生产资料但可以课及劳动者报酬。　　　　　　　　　　　　　　　　　　　　　　　　　　　　　　(　　)

8. 依据国家有关法律、法规的规定,税务机关是国家税收征收的唯一行政执法主体。(　　)

9. 从税收形式特征来看,强制性是其核心,无偿性是其基本保障。(　　)

10. 个人所得税中对工资、薪金所得适用的税率为超率累进税率。(　　)

四、思考题

1. 如何理解税收制度的含义? 其意义是什么?

2. 如何理解税法的特征?

项目二　增值税法律制度

学习目标

1. 知识目标

- 理解增值税的概念，了解增值税的性质、原理及特点
- 掌握增值税的纳税人、征税范围、税率等税制构成要素
- 掌握增值税两类纳税人应纳税额及进口货物应纳税额的计算方法
- 理解增值税征收管理方式

2. 能力目标

- 能准确适用增值税各税率及征收率
- 能准确计算两类纳税人应纳增值税税额
- 能准确计算进口货物应纳增值税税额
- 能正确使用增值税发票

【导入案例】

某彩电厂是增值税一般纳税人，采取以物易物方式向显像管厂提供 21 英寸彩电 2 000 台，每台售价 2 000 元（含税价）。显像管厂向彩电厂提供显像管 4 000 台。双方均已收到货物，并商定不再进行货币结算。

请思考：彩电厂及显像管厂是否应就该笔业务缴纳增值税呢？

任务一　增值税纳税人、征税范围和税率

一、增值税的概念

增值税是以单位和个人生产经营过程中取得的增值额为课税对象征收的一种税。增值额是指企业在生产经营过程中新创造的价值。具体地说，增值税是指对在中华人民共和国境内销售货物或者提供加工、修理修配劳务，销售服务，无形资产或者不动产以及进口货物的单位和个人取得的增值额征税。

二、增值税的性质、计税原理及特点

（一）增值税的性质

增值税属于流转税性质的税种。具体特点如下：

（1）以全部流转额为计税销售额，同时实行税款抵扣制度，是一种只就未税流转额征税的新型流转税，属于价外税。

（2）税负具有转嫁性，属于间接税。

（3）按产品或行业实行比例税率，便于广泛征集财政收入。

（二）增值税的计税原理

（1）按全部销售额计算税款，但只对货物、劳务或服务价值中新增价值部分征税。

（2）实行税款抵扣制度，对以前环节已纳税款予以扣除。

（3）税款随着货物、劳务或服务的销售逐环节转移，最终消费者是全部税款的承担者，纳税人与负税人相分离。

（三）增值税的特点

（1）不重复征税，具有中性税收的特征。

（2）逐环节征税，逐环节扣税，最终消费者承担全部税款。

（3）税基广阔，具有征收的普遍性和连续性。

三、增值税的纳税人与扣缴义务人

（一）纳税人

1. 概念

在中华人民共和国境内销售货物或者加工、修理修配劳务，销售服务、无形资产、不动产以及进口货物的单位和个人，为增值税的纳税人。

2. 特殊情况下纳税人的确定

（1）单位以承包、承租、挂靠方式经营的，承包人"以发包人名义对外经营并由发包人承担相关法律责任"的，以该发包人为纳税人。否则，以承包人为纳税人。

（2）资管产品运营过程中发生的增值税应税行为，以"资管产品管理人"为增值税纳税人。

3. 一般纳税人与小规模纳税人

（1）分类标准。区分纳税人的标准包括："经营规模"和"会计核算的健全程度"。

（2）一般纳税人与小规模纳税人的具体分类。

4. 纳税人登记的不可逆性

（1）除国家税务总局另有规定外，纳税人一经登记为一般纳税人后，不得转为小规模纳税人。

（2）年应税销售额 500 万元以下，但"已登记"为增值税一般纳税人的单位和个人，在2018 年 12 月 31 日前，可转登记为小规模纳税人，其未抵扣的进项税额作转出处理。

表 2-1　　　　　　　　　　　　小规模纳税人与一般纳税人的具体分类

	小规模纳税人	一般纳税人
标准	年应税销售额"500万元以下"	超过小规模纳税人标准
特殊情况	(1) 其他个人(非个体户); (2) 非企业性单位; (3) 不经常发生应税行为的企业 注意:(1)"必须"按小规模纳税人纳税,(2)(3)"可选择"按小规模纳税人纳税	小规模纳税人"会计核算健全",可以申请登记为一般纳税人
计税规定	简易征税;使用增值税普通发票 注意:部分行业小规模纳税人试点自开票,其他行业小规模纳税人可以向税务机关申请代开增值税专用发票(见发票管理)	执行税款抵扣制;可以使用增值税专用发票

(二) 扣缴义务人

境外单位或个人在境内销售劳务,在境内未设有经营机构的,以其境内代理人为扣缴义务人;在境内没有代理人的,以购买方为扣缴义务人。

四、增值税征税范围

征收范围:在我国境内"销售或者进口货物,提供加工、修理修配劳务"及"销售应税服务、无形资产或者不动产"。

(一) 征税范围的一般规定

1. 销售或者进口货物

(1) 货物:指"有形动产",包括电力、热力、气体。

(2) 有偿:指从购买方取得货币、货物或者"其他经济利益"。

(3) 进口:指申报进入中国海关境内的货物。只要是报关进口的应税货物(不看原产地),均属于增值税的征税范围,除享受免税政策外,还应在进口环节缴纳增值税。

2. 提供加工、修理修配劳务

加工、修理的对象为"有形动产"。

3. 销售服务、无形资产或者不动产

1) 交通运输服务。

交通运输服务包括陆路运输、水路运输、航空运输、管道运输。

注意事项:

(1) 出租车公司向使用本公司自有出租车的出租车司机收取的管理费用,属于"陆路运输服务"。

(2) 水路运输的"程租""期租"业务属于"水路运输服务";航空运输的"湿租"业务属于"航空运输服务"。

（3）水路运输的"光租"业务；航空运输的"干租"业务属于"现代服务——租赁服务"。

（4）"航天运输"属于"航空运输服务"，但适用"零税率"。

（5）实质重于形式：程租、期租、湿租是连人带交通工具一起租，实质是提供运输服务；干租、光租是只租交通工具不带人，实质是租赁。

【案例2-1】

某运输公司发生两项业务：①承接了某公司年会租车业务，提供车辆及司机；②提供五一黄金周自驾游车辆出租业务。要求分别列明所属增值税范围。

【案例分析】

业务①按"交通运输服务"征收增值税

业务②按"现代服务——租赁服务（有形动产租赁服务）"征收增值税

2）邮政服务。

邮政服务包括邮政普遍服务、邮政特殊服务、其他邮政服务。需注意"邮政储蓄业务"按"金融服务"缴纳增值税。

3）电信服务。

（1）"基础"电信服务：通话、出租带宽等。

（2）"增值"电信服务：短（彩）信、互联网接入、卫星电视信号落地转接等。

4）建筑服务。

建筑服务包含的具体内容如表2-2所示。

表2-2　　　　　　　　　　　　建筑服务包含的具体内容

子目	具体项目
工程服务	新建、改建各种建筑物、构筑物的工程作业
安装服务	生产设备、动力设备、起重设备、运输设备、传动设备、医疗实验设备以及其他各种设备、设施的装配、安置工程作业 "固定电话、有线电视、宽带、水、电、燃气、暖气"等经营者向用户收取的"安装费、初装费、开户费、扩容费"以及类似收费，按照"建筑服务——安装服务"缴纳增值税
修缮服务	对建筑物、构筑物进行修补、加固、养护、改善，使之恢复原来的使用价值或者延长其使用期限的工程作业 注意区别有形动产的"加工、修理修配劳务"
装饰服务	对建筑物、构筑物进行修饰装修，使之美观或者具有特定用途的工程作业
其他建筑服务	钻井（打井）、拆除建筑物或者构筑物、平整土地、园林绿化、疏浚、建筑物平移、搭脚手架、爆破、矿山穿孔、表面附着物（包括岩层、土层、沙层等）剥离和清理等 注意事项： （1）"疏浚"属于"建筑服务——其他建筑服务"，但"航道疏浚"属于"现代服务——物流辅助服务" （2）"建筑物平移"属于"建筑服务——其他建筑服务"

5）金融服务。

金融服务包含的具体内容如表2-3所示。

表 2-3　　　　　　　　　　　　　金融服务包含的具体内容

子目	具体项目
贷款服务	金融商品持有期间(含到期)利息(保本收益、报酬、资金占用费、补偿金等)收入、信用卡透支利息收入、买入返售金融商品利息收入、融资融券收取的利息收入,以及融资性售后回租、押汇、罚息、票据贴现、转贷等业务取得的利息及利息性质的收入 注意事项: (1)区别"贷款服务"与其他金融服务,贷款服务的收入为各种占用、拆借资金而取得的"利息" (2)以"货币投资"收取"固定利润或保底利润",按照"金融服务——贷款服务"缴纳增值税 (3)"融资性售后回租"属于"金融服务——贷款服务";"融资租赁"属于"现代服务——租赁服务"
直接收费金融服务	提供货币兑换、账户管理、电子银行、信用卡、信用证、财务担保、资产管理、信托管理、基金管理、金融交易场所(平台)管理、资金结算、资金清算、金融支付等服务,而直接取得的收入。例如:银行卡收单业务手续费、发卡行服务费、网络服务费
保险服务	人身保险服务和财产保险服务
金融商品转让	转让外汇、有价证券、非货物期货和其他金融商品(基金、信托、理财产品等各类资产管理产品和各种金融衍生品)的"所有权"取得的收入

6) 现代服务(生产性)。

现代服务(生产性)包含的具体内容如表 2-4 所示。

表 2-4　　　　　　　　　　　　现代服务(生产性)包含的具体内容

子目	具体项目	
研发和技术服务	研发服务、合同能源管理服务、工程勘察勘探服务、专业技术服务	
信息技术服务	软件服务、电路设计及测试服务、信息系统服务、业务流程管理服务和信息系统增值服务	
文化创意服务	设计服务、知识产权服务、广告服务和会议展览服务	
物流辅助服务	航空服务、港口码头服务、货运客运场站服务、打捞救助服务、仓储服务、装卸搬运服务和收派服务 注意事项: (1)与"交通运输服务"做准确区别 (2)"货运客运场站服务"中的"车辆停放服务"属于"不动产租赁服务"	
租赁服务	融资租赁服务	有形动产融资租赁、不动产融资租赁
	经营租赁服务	有形动产经营租赁、不动产经营租赁
	注意事项: (1)"租赁服务"分为"动产租赁"和"不动产租赁",分别适用不同税率 (2)"车辆停放服务""道路通行服务(过路、过桥、过闸费)"属于"不动产经营租赁服务" (3)将动产、不动产上的广告位出租,属于"经营租赁服务" (4)"融资性售后回租"属于"金融服务——贷款服务"	
鉴证咨询服务	认证服务、鉴证服务和咨询服务,其中"翻译服务、市场调查服务"属于"咨询服务"	
广播影视服务	广播影视节目的制作服务、发行服务和播映服务 区别广告的制作、发布,"广告的制作、发布"均属于"文化创意服务——广告服务"	
商务辅助服务	企业管理服务、经纪代理服务、人力资源服务、安全保护服务 注意事项: (1)"货物运输代理"属于"经纪代理服务"而"无运输工具承运"属于"交通运输服务" (2)"物业管理"属于"企业管理服务"	
其他现代服务	除上述八项以外的现代服务	

7) 生活服务。

文化体育服务、教育医疗服务、旅游娱乐服务、餐饮住宿服务、居民日常服务、其他生活服务。

其中,居民日常服务包括:市容市政管理、家政、婚庆、养老、殡葬、照料和护理、救助救济、美容美发、按摩、桑拿、氧吧、足疗、沐浴、洗染、摄影扩印等。

8) 销售无形资产。

销售无形资产包含的具体内容如表 2-5 所示。

表 2-5　　　　　　　　　　　　销售无形资产包含的具体内容

子目	具体项目
技术	专利技术、非专利技术
商标	
著作权	
商誉	
自然资源使用权	土地使用权、海域使用权、探矿权、采矿权、取水权和其他自然资源使用权
其他权益性无形资产	基础设施资产经营权、公共事业特许权、配额、经营权(包括特许经营权、连锁经营权、其他经营权)、经销权、分销权、代理权、会员权、席位权、网络游戏虚拟道具、域名、名称权、肖像权、冠名权、转会费等

9) 销售不动产。

单独转让"土地使用权",按照"销售无形资产"缴纳增值税;转让不动产时一并转让其所占土地的使用权的,按照"销售不动产"缴纳增值税。

(二) 视同销售

1. 视同销售货物

1) 委托代销行为。

(1) 将货物交付其他单位或者个人代销。

(2) 销售代销货物。

2) 货物异地移送。

设有两个以上机构并实行统一核算的纳税人,将货物从一个机构移送至其他机构用于销售,但相关机构设在同一县(市)的除外。

3) 自产、委托加工、购进的货物用于非生产性支出。

(1) 将自产、委托加工的货物用于集体福利或者个人消费。

(2) 将自产、委托加工的货物用于非增值税应税项目。

(3) 将自产、委托加工或者"购进"的货物作为投资,提供给其他单位或者个体工商户。

(4) 将自产、委托加工或者"购进"的货物分配给股东或者投资者。

(5) 将自产、委托加工或者"购进"的货物无偿赠送其他单位或者个人。

2. 视同销售服务、无形资产或不动产

(1) 单位或者个体工商户向其他单位或者个人"无偿"提供服务。

(2) 单位或者个人向其他单位或者个人"无偿"转让无形资产或者不动产。

用于"公益事业"或者以"社会公众"为对象的除外。

（三）混合销售与兼营

混合销售与兼营的区分如表 2-6 所示。

表 2-6　　　　　　　　　　　　　混合销售与兼营的区分

	行为特征	判定标准	税务处理	典型案例
混合销售	"一项"销售行为	"经营主体"从事货物生产、批发或零售	按销售货物缴纳增值税	超市销售货物同时提供送货上门服务
		"经营主体"从事其他行业	按销售服务缴纳增值税	娱乐场所提供娱乐服务同时销售烟、酒、饮料
兼营	"多元化"经营	增值税不同税目混业经营，不发生在同一项销售行为中	分别核算分别缴纳;未分别核算"从高"适用税率	商场销售商品,并经营美食城

需注意,纳税人销售活动板房、机器设备、钢结构件等自产货物的同时提供建筑、安装服务,不属于混合销售,应"分别核算"货物和建筑服务的销售额,"分别适用"不同的税率或者征收率。

（四）不征收增值税的特殊规定

1. 资产重组

纳税人在资产重组过程中,通过合并、分立、出售、置换等方式,将全部或者部分实物资产以及与其相关联的债权、负债和劳动力一并转让给其他单位和个人,不属于增值税的征税范围,其中涉及的"货物、不动产、土地使用权"转让,不征收增值税。

2. 非营业活动

1) "传统"行业。

单位或个体工商户聘用的员工为本单位或雇主提供加工、修理修配劳务,不征收增值税。

2) "营改增"行业。

（1）行政单位收取"满足条件"的政府性基金或者行政事业性收费。①够级别:由国务院或者财政部批准设立的政府性基金,由国务院或者省级人民政府及其财政、价格主管部门批准设立的行政事业性收费;②有证据:收取时开具省级以上财政部门印制的财政票据;③全上交:所收款项全额上缴财政。

（2）单位或者个体工商户聘用的员工为本单位或者雇主提供取得工资的服务。

（3）单位或者个体工商户为聘用的员工提供服务。

3. 非在境内提供应税服务

（1）境外单位或者个人向境内单位或者个人销售"完全在境外"发生的服务。

（2）境外单位或者个人向境内单位或者个人销售"完全在境外"使用的无形资产。

（3）境外单位或者个人向境内单位或者个人出租"完全在境外"使用的有形动产。

总结:非在境内提供应税服务必须同时满足"提供方在境外"并"完全在境外使用"两个条件。

4. 其他不征收增值税的项目

（1）根据国家指令无偿提供的铁路运输服务、航空运输服务,属于《营业税改征增值税试点实施办法》规定的用于公益事业的服务。

（2）存款利息。

（3）被保险人获得的保险赔付。

（4）房地产主管部门或者其指定机构、公积金管理中心、开发企业以及物业管理单位代收的住宅专项维修资金。

五、增值税的税率与征收率

（一）税率

1．"13%"

（1）销售和进口除执行9%低税率的货物以外的货物。

（2）提供加工、修理修配劳务。

（3）有形动产租赁服务。

2．"9%"

1）货物。

（1）粮食等农产品、食用植物油、食用盐、自来水、暖气、冷气、热水。

（2）煤气、石油液化气、天然气、沼气、居民用煤炭制品。

（3）图书、报纸、杂志、音像制品、电子出版物。

（4）饲料、化肥、农药、农机、农膜、二甲醚。

注意事项：

（1）低税率中的农产品是指"一般纳税人"销售或进口的农产品。

（2）执行低税率的农产品为"初级农产品"。

2）销售服务、无形资产和不动产。

交通运输、邮政、基础电信、建筑、不动产租赁服务、销售不动产、转让土地使用权。

3．"6%"

增值电信、金融、现代服务（租赁除外）、生活服务、销售无形资产（转让土地使用权除外）。

4．"0"

（1）纳税人"出口"货物，税率为0。但是，国务院另有规定的除外。

（2）境内单位和个人"跨境销售"国务院规定范围内的"服务、无形资产"，税率为0，具体内容如表2-7所示。

表2-7 税率为"0"的境内单位和个人"跨境销售"国务院规定范围内的"服务、无形资产"具体内容

服务项目		具体内容
国际运输服务		
航天运输服务		
向境外单位提供的完全在境外消费的部分服务	研发和技术服务	研发服务；合同能源管理服务
	信息技术服务	软件服务；电路设计及测试服务；信息系统服务；业务流程管理服务；离岸服务外包业务
	文化创意服务	设计服务
	广播影视服务	广播影视节目（作品）的制作和发行服务
	销售无形资产	转让技术

（二）征收率

1．"3%"

1）小规模纳税人。

除销售"旧货""自己使用过的固定资产"、取得（或房地产企业小规模纳税人自建）的"不动产"和"进口货物"外的应税行为。

旧货，是指进入二次流通的具有部分使用价值的货物，但"不包括自己使用过的物品"。

小规模纳税人"销售旧货和自己使用过的固定资产"减按2%征收；取得（或房地产企业小规模纳税人自建）的"不动产"适用5%的征收率；进口货物不区分纳税人，一律按适用税率计算纳税。

2）一般纳税人下列销售行为，按照3%的征收率纳税。

（1）寄售商店代销寄售物品。

（2）典当业销售死当物品。

3）一般纳税人销售下列自产货物，"可选择"按照3%的征收率纳税。

（1）县级及以下小型水力发电单位生产的电力。

（2）建筑用和生产建筑材料所用的砂、土、石料。

（3）以自己采掘的砂、土、石料或其他矿物连续生产的砖、瓦、石灰。

（4）用微生物、人或动物的血液或组织等制成的生物制品。

（5）自来水。

（6）商品混凝土。

注意事项：

（1）上述六项内容是否执行3%的征收率由纳税人选择，如：自来水可以选择执行9%的税率，也可以执行3%的征收率。执行9%的税率可以抵扣进项税额，执行3%的征收率按简易办法征税。

（2）选择简易办法后，"36个月"内不得变更。

4）"营改增"行业一般纳税人"可以选择"适用简易计税方法的应税行为。

（1）公共交通运输服务。

（2）动漫产品的设计、制作服务以及在境内转让动漫版权。

（3）电影放映服务、仓储服务、装卸搬运服务、收派服务。

（4）文化体育服务。

（5）以营改增试点前取得的有形动产，提供的"有形动产经营租赁服务"。

（6）营改增试点前签订的，尚未执行完毕的"有形动产租赁"合同。

2．依照3%征收率"减按2%"征收

依照3%征收率"减按2%"征收的应税项目如表2-8所示。

表 2-8   **依照 3% 征收率"减按 2%"征收的应税项目**

应税项目			计算方法
销售旧货			
销售自己使用过的固定资产	购入时不得抵扣且"未抵扣"过进项税	(1) 小规模纳税人 (2) 2009 年以前购入的固定资产 (3) 2013 年 8 月 1 日以前购入的小汽车、摩托车和游艇(2 车 1 艇)	含税售价÷(1+3%)×2%
	购入时抵扣过进项税		按照适用税率征收

3. "5%"

依照 5% 征收率征收的应税项目如表 2-9 所示。

表 2-9   **依照 5% 征收率征收的应税项目**

	身份	项目	
小规模纳税人	非房地产开发企业	转让、出租其"取得"的不动产(不含个人出租住房)	
	房地产开发企业	销售"自行开发"的房地产项目	
一般纳税人	非房地产开发企业	转让、出租其 2016 年 4 月 30 日前"取得"的不动产且选择简易方法计税的	
	房地产开发企业	销售"自行开发"的房地产老项目且选择简易方法计税的	
个人出售住房	购买年限<2		全额征税
	购买年限≥2	北、上、广、深非普通住房	差额征税
		其他	免征

需注意,纳税人提供"劳务派遣服务",选择差额纳税的,按照 5% 的征收率征收增值税。

【案例 2-2】

某企业为增值税一般纳税人,主营二手车交易,2019 年 5 月取得含税销售额 206 万元;除上述收入外,该企业当月又将本企业于 2007 年 6 月购入自用的一辆货车和 2010 年 10 月购入自用的一辆货车分别以含增值税 10.3 万元和 34.8 万元的价格出售,要求计算该企业当月应纳增值税。

【案例分析】

应纳增值税＝[206÷(1+3%)]×2%+[10.3÷(1+3%)]×2%+34.8÷(1+13%)×13%＝8.2(万元)

【案例 2-3】

2019 年 5 月 5 日,赵某将 2018 年 5 月 5 日购买的位于北京南六环外的一套 250 平方米的房屋出售,该房屋购入价格为 600 万元,出售价格为 800 万元,已知个人出售住房适用的增值税征收率为 5%,要求计算赵某出售该房屋应缴纳的增值税。

【案例分析】

应缴纳的增值税＝[800÷(1+5%)]×5%＝38.1(万元)

任务二 一般纳税人应纳税额计算

一、一般计税方法应纳税额的计算

一般纳税人销售货物或者提出应税劳务,应纳税额为当期销项税额抵扣当期进项税额后的余额。应纳税额计算公式为:

$$应纳税额＝当期销项税额－当期进项税额$$

"当期"是个重要的时间限定,是指税务机关依照税法规定对纳税人确定的纳税期限,只有在纳税期限内发生的销项税额、进项税额,才是法定的当期销项税额、进项税额。

二、当期销项税额的确定

当期销项税额是指当期发生应税销售行为的纳税人,依其销售额和法定税率计算并向购买方收取的增值税税款。

其计算公式为:

$$当期销项税额＝不含税销售额×税率＝组成计税价格×税率$$

(一) 销售额

包括向购买方收取的全部价款和"价外费用"。

1. 属于价外费用的项目

价外向购买方收取的手续费、补贴、基金、集资费、返还利润、奖励费、违约金、滞纳金、延期付款利息、赔偿金、代收款项、代垫款项、包装费、包装物租金、储备费、优质费、运输装卸费以及其他各种性质的价外收费。

2. 不属于价外费用的项目

(1) 向购买方收取的"销项税额"。

(2) 受托加工应征消费税的消费品所"代收代缴"的消费税。

(3) 同时符合以下条件的"代垫"运费:①承运者的运费发票开给购货方;②纳税人将该项发票转交给购货方。

(4) 同时符合一定条件"代为收取"的政府性基金或者行政事业性收费。

(5) 销售货物的同时"代办"保险等而向购买方收取的保险费以及向购买方收取的"代"购买方缴纳的车辆购置税、车辆牌照费。

(6) 以委托方名义开具发票"代"委托方收取的款项。

需注意,价外费用全部为价税合计金额,需进行价税分离。

(二) 含税销售额的换算

$$不含税销售额＝含税销售额÷(1＋适用税率)$$

以下说法给出的金额为含税销售额:①明确告知"含税销售额";②零售价格;③价外费

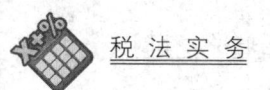

用;④普通发票上注明的金额(专指价税不分离的普通增值税发票)。

【案例2-4】

甲公司为增值税一般纳税人,2019年5月取得咨询服务不含税收入318万元,另收取奖励费5.3万元。已知咨询服务增值税税率为6%。要求计算甲公司业务增值税销项税额。

【案例分析】

增值税销项税额=[318+5.3÷(1+6%)]×6%=19.38(万元)

(三) 视同销售货物行为销售额的确定

纳税人销售价格明显"偏低"且无正当理由或者"偏高"且不具有合理商业目的的,或"视同销售"货物而无销售额的,按下列"顺序"确定销售额:

需注意,偏低调整是防止少纳增值税;偏高调整是防止出口虚报价格,骗取退税款。

(1) 按纳税人最近时期同类货物的"平均"销售价格确定。

(2) 按其他纳税人最近时期同类货物的平均销售价格确定(市场价格)。

(3) 按"组成计税价格"确定:

$$应纳税额=组成计税价格×增值税税率$$

需注意,解答题目过程中必须按上述"顺序"判定销售额,不能直接组价。

(四) 组成计税价格

(1) 非应税消费品的组价公式:

$$组成计税价格=成本×(1+成本利润率)$$

(2) 从价计征应税消费品的组价公式:

$$组成计税价格=成本×(1+成本利润率)÷(1-消费税税率)$$

【案例2-5】

甲公司为增值税一般纳税人,2019年5月将两台自产的A型洗衣机奖励给职工,已知A型洗衣机的生产成本为1 500元/台,成本利润率为10%,市场最高不含税售价为2 500元/台,平均不含税售价为2 200元/台,要求计算甲公司当月该笔业务增值税销项税额。

【案例分析】

增值税销项税额=2 200×2×13%=572(元)

【案例2-6】

甲服装厂为增值税一般纳税人,2019年5月将自产的100件新型羽绒服作为福利发给本厂职工,该新型羽绒服生产成本为1 160元/件,无同类销售价格。已知增值税税率为13%,成本利润率为10%。要求计算甲服装厂当月该笔业务增值税销项税额。

【案例分析】

增值税销项税额=100×1 160×(1+10%)×13%=16 588(元)

【案例2-7】

甲公司为增值税一般纳税人,2019年5月将一批新研制的高档美白化妆品赠送给老顾

客使用,甲公司并无同类产品销售价格,其他公司也无同类货物,已知该批产品的生产成本为 10 万元,甲公司的成本利润率为 10%,高档化妆品的消费税税率为 15%,要求计算甲公司当月该笔业务增值税销项税额。

【案例分析】

增值税销项税额=[100 000×(1+10%)÷(1-15%)]×13%=16 823.53(元)

（五）特殊销售方式下销售额的确定

1. 包装物押金

包装物押金计入价外费用的判别如表 2-10 所示。

表 2-10 包装物押金计入价外费用的判别

产品	取得时	逾期时
除酒类产品以外的其他货物	不计入价外费用	计入价外费用
白酒、其他酒	计入价外费用	不计入价外费用
啤酒、黄酒	不计入价外费用	计入价外费用

注意事项:

（1）"逾期"是指超过合同约定的期限或者虽未超过合同约定的期限,但已经超过 1 年的。

（2）与包装物"租金"进行区分,租金属于价外费用,押金不一定属于价外费用。

2. 折扣销售、销售折扣、销售折让与销售退回

（1）纳税人采取折扣方式销售货物,如果销售额和折扣额在"同一张发票"上分别注明,可以按折扣后的销售额征收增值税;如果将折扣额另开发票,不论其在财务上如何处理,均不得从销售额中减除折扣额。

需注意,销售额和折扣额必须在"金额栏"注明,在"备注栏"注明,不算同一张发票上分别注明。

（2）一般纳税人因销售货物退回或者折让而退还给购买方的增值税额,应从发生销售货物退回或者折让"当期"的销项税额中扣减(同会计处理)。

需注意,未按规定开具"红字"增值税专用发票的,增值税额不得从销项税额中扣减。

3. 以旧换新

1）非金银首饰。

按"新货物"的同期销售价格确定销售额,不得扣减旧货物的收购价格。

2）金银首饰。

按销售方"实际收取"的不含增值税的全部价款确定销售额。

4. 以物易物

以物易物"双方都应作购销处理",以各自发出的货物核算销售额并计算销项税额,以各自收到的货物按规定核算购货额并计算进项税额。

5. 还本销售

销售额=货物销售价格(不得在销售额中减除还本支出)

6. 直销

7. 外币折算

8. 余额计税——营业税过渡政策

营业税过渡政策如表 2-11 所示。

表 2-11　　　　　　　　余额计税——营业税过渡政策的具体项目

项目	计算公式	适用范围
金融商品转让	销售额＝卖出价－买入价	适用一般纳税人,但不得开具增值税专用发票
旅游服务	销售额＝全部价款＋价外费用－住宿费、餐饮费、交通费、签证费、门票费、地接费	
销售不动产	销售额＝全部价款＋价外费用－土地出让金	适用一般纳税人
建筑服务	销售额＝全部价款＋价外费用－分包费	适用执行"简易征收"办法的纳税人
此处列示的"经纪代理服务"扣除行政事业性收费和政府基金,"航空运输企业"扣除代收的机场建设费等,"客运场站服务"扣除支付给承运方的运费,均属于合理的代收款项,不作为价外费用处理			

【案例 2-8】

2019 年 5 月,甲公司销售产品取得含增值税价款 116 000 元,另收取包装物租金 6 960 元。已知增值税税率为 13%,要求计算甲公司当月该笔业务增值税销项税额。

【案例分析】

增值税销项税额＝[(116 000＋6 960)÷(1＋13%)]×13%＝14 145.84(元)

【案例 2-9】

甲厂为增值税一般纳税人,2019 年 5 月销售食品取得不含增值税价款 116 万元,另收取包装物押金 2.32 万元。已知增值税税率为 13%,要求计算甲厂当月销售食品应缴纳增值税。

【案例分析】

应缴纳增值税＝116×13%＝15.08(万元)

【案例 2-10】

甲公司为增值税一般纳税人,2019 年 5 月采取折扣方式销售货物一批,该批货物不含税销售额 166 000 元,因购买数量大,给予购买方 10% 的价格优惠,销售额和折扣额在同一张发票上分别注明。已知增值税税率为 13%。要求计算甲公司当月该笔业务增值税销项税额。

【案例分析】

增值税销项税额＝166 000×(1－10%)×13%＝19 422(元)

【案例 2-11】

甲公司为一般纳税人,2019 年 5 月销售新型电冰箱 50 台,每台含税价格 5 800 元;采取以旧换新方式销售同型号电冰箱 20 台,收回的旧电冰箱每台作价 232 元,实际每台收取款项 5 568 元。要求计算甲公司当月增值税销项税额。

【案例分析】

增值税销项税额＝(50＋20)×5 800÷(1＋13％)×13％＝46 707.96(元)

【案例 2-12】

甲首饰店是增值税一般纳税人。2019 年 5 月采取"以旧换新"方式销售一批金项链。该批金项链含增值税售价为 139 200 元,换回的旧项链作价 127 600 元,甲首饰店实际收取差价款 11 600 元。已知增值税税率为 13％。要求计算甲首饰店当月该笔业务增值税销项税额。

【案例分析】

增值税销项税额＝[11 600÷(1＋13％)]×13％＝1 334.51(元)

三、当期进项税额的确定

(一) 准予抵扣的进项税额,包括凭票抵扣和计算抵扣

1. 凭票抵扣

(1) 从销售方取得的"增值税专用发票"(含税控机动车销售统一发票)上注明的增值税额。

(2) 从海关取得的"海关进口增值税专用缴款书"上注明的增值税额。

(3) 纳税人购进服务、无形资产或不动产,取得的增值税专用发票上注明的增值税额为进项税额,准予从销项税额中抵扣。

根据《关于深化增值税改革有关政策的公告》(财政部、国家税务总局、海关总署公告 2019 年第 39 号)规定,自 2019 年 4 月 1 日起,纳税人取得不动产或者不动产在建工程的进项税额不再分 2 年抵扣。此前按照上述规定尚未抵扣完毕的待抵扣进项税额,可自 2019 年 4 月税款所属期起从销项税额中抵扣。

(4) 纳税人从境外单位或者个人购进劳务、服务、无形资产或者境内的不动产,从税务机关或者扣缴义务人取得的代扣代缴税款的完税凭证上注明的增值税额。

2."农产品"的抵扣政策

(1) 购进农产品取得增值税专用发票或海关进口增值税专用缴款书的,"凭票抵扣"进项税额。

(2) 购进免税农产品,按照"农产品收购(销售)发票"上注明的买价和"9％"的扣除率,计算抵扣进项税额,国务院另有规定的除外。

进项税额计算公式为:

$$进项税额＝买价(金额)×9％$$

可以用于抵扣的凭证包括:增值税专用发票、机动车销售统一发票、海关进口增值税专用缴款书、农产品收购发票、农产品销售发票、税收缴款凭证。

【案例 2-13】

某大型水果超市为增值税一般纳税人,2019 年 5 月 5 日从农民手中收购一批苹果,农产品收购发票上注明的收购价款为 8 000 元,该超市对苹果做了清洗包装后,出售给了甲企业,开具增值税专用发票上注明的金额为 12 000 元。已知,该超市销售农产品适用的税率

为9%,要求计算该超市应缴纳增值税。

【案例分析】

应缴纳增值税=12 000×9%−8 000×9%=360(元)

【案例2-14】

甲公司为增值税一般纳税人,2019年5月进口产品20万元,取得进口增值税专用缴款书上注明的增值税额为2.6万元;发生运输费用,取得增值税普通发票上注明的价税合计金额为2 200元;向农业生产者购入免税农产品3万元,经简单加工后用于直接销售;购入原材料30万元,增值税专用发票上注明的增值税额为3.9万元。已知该企业取得发票、缴款书等均符合规定,并已认证、比对。要求计算准予抵扣的进项税额。

【案例分析】

准予抵扣的进项税额=进口产品准予抵扣的进项税额为2.6万元+购入免税农产品准予抵扣的进项税额为2 700元(30 000元×9%)+购入原材料准予抵扣的进项税额为3.9万元=6.77(万元)

(二)不得抵扣的进项税额

1. 不再产生后续销项税额(即纳税链条终止)

用于简易计税方法计税项目、免征增值税项目、集体福利或者个人消费的"购进"货物、加工修理修配劳务、服务、无形资产和不动产。

1) 固定资产、无形资产、不动产。

不得抵扣的固定资产、无形资产、不动产,仅指"专用"于上述项目的固定资产、无形资产(不包括其他权益性无形资产)、不动产。

需注意,无论"购入"或"租入"固定资产、不动产,既用于一般计税方法计税项目,又用于简易计税方法计税项目、免征增值税项目、集体福利或者个人消费的,其进项税额"准予全额抵扣"。

举例:某企业购入(或租入)一栋楼房,既用于生产经营,又用于职工宿舍,进项税额准予抵扣;某企业购入(或租入)一栋楼房,专门用于职工宿舍,进项税额不得抵扣。

2) 货物。

一般纳税人"兼营"简易计税方法计税项目、免税项目而无法划分不得抵扣的进项税额的,按照下列公式计算不得抵扣的进项税额:

不得抵扣的进项税额=当期无法划分的全部进项税额×(当期简易计税方法计税项目销售额+免征增值税额项目销售额)÷当期全部销售额

2. 非正常损失

(1)"非正常损失"的购进货物以及相关的加工、修理修配劳务和交通运输服务。

(2)"非正常损失"的在产品、产成品所耗用的购进货物(不包括固定资产)以及相关的加工、修理修配劳务和交通运输服务。

(3)非正常损失的不动产以及该不动产所耗用的购进货物、设计服务和建筑服务。

(4)非正常损失的不动产在建工程(纳税人新建、改建、扩建、修缮、装饰不动产)所耗用的购进货物、设计服务和建筑服务。

注意事项：

（1）非正常损失，是指因"管理不善"造成被盗、丢失、霉烂变质的损失及被执法部门"依法没收、销毁、拆除"的货物或不动产。

（2）因地震等"自然灾害"造成的非正常损失，进项税额准予抵扣；生产经营过程中的"合理损耗"进项税额准予抵扣。

3. 营改增特殊项目

（1）购进的"贷款服务、餐饮服务、居民日常服务和娱乐服务"，进项税额不得从销项税额中抵扣，其中不包括国内旅客运输服务。

自 2019 年 4 月 1 日起，增值税一般纳税人购进国内旅客运输服务，其进项税额允许从销项税额中抵扣。《营业税改征增值税试点实施办法》（财税〔2016〕36 号印发）第二十七条第（六）项和《营业税改征增值税试点有关事项的规定》（财税〔2016〕36 号印发）第二条第（一）项第五点中"购进的旅客运输服务、贷款服务、餐饮服务、居民日常服务和娱乐服务"修改为"购进的贷款服务、餐饮服务、居民日常服务和娱乐服务"。

（2）纳税人接受贷款服务向贷款方支付的与该笔贷款直接相关的投融资顾问费、手续费、咨询费等，进项税额不得从销项税额中抵扣。

4. 其他不得抵扣进项税额的情形

（1）一般纳税人按"简易办法"征收增值税的，不得抵扣进项税额。

（2）一般纳税人"会计核算不健全"，不能够准确提供税务资料，或应当办理一般纳税人资格登记而未办理，按照 13% 税率征收增值税，不得抵扣进项税额，不得使用增值税专用发票。

【案例 2-15】

某制药厂（增值税一般纳税人）2019 年 5 月份销售抗生素药品 116 万元（含税），销售免税药品 50 万元，当月购入生产用原材料一批，取得增值税专用发票上注明税款 6.8 万元，抗生素药品与免税药品无法划分耗料情况，要求计算该制药厂当月应纳增值税。

【案例分析】

应纳增值税＝$116 \div (1+13\%) \times 13\% - 6.8 \times \{116 \div (1+13\%) \div [116 \div (1+13\%) + 50]\} = 13.35 - 6.8 \times (102.65 \div 152.65) = 8.78$（万元）

（三）扣减进项税的规定——进项税额转出

1. 直接转出——知道税额的情况

$$进项税额转出 = 已抵扣税款 \times 转出比例$$

【案例 2-16】

某企业上月已认证抵扣原材料的进项税额 100 万元。本月该材料发生非正常损失 10%，要求计算转出的进项税额。

【案例分析】

转出的进项税额＝$100 \times 10\% = 10$（万元）

2. 计算转出——不知道税额的情况下，则先算出税额

(1) 存货:进项税额转出 = 不含税价款 × 税率 × 转出比例。

【案例 2-17】

某企业上月外购一批水泥,取得增值税专用发票注明价款 100 万元,已认证抵扣。本月将该批水泥的 30% 用于建设职工食堂,要求计算转出的进项税额。

【案例分析】

转出的进项税额 = 100 × 13% × 30% = 3.9(万元)

(2) 服务(以运费为例):进项税额转出 = 运费 × 9% × 转出比例。

【案例 2-18】

某企业因管理不善导致库存原材料毁损 30%,材料总成本 105 万元,其中含运费成本 5 万元,要求计算转出的进项税额。

【案例分析】

转出的进项税额 = (105 − 5) × 13% × 30% + 5 × 9% × 30% = 4.035(万元)

(3) 购入"免税"农产品:进项税额转出 = 成本 ÷ (1 − 9%) × 9% × 转出比例。

【案例 2-19】

某企业库存购入的用于简单加工后销售的免税农产品 100 万元,因管理不善,30% 腐烂变质,要求计算转出的进项税额。

【案例分析】

转出的进项税额 = 100 ÷ (1 − 9%) × 9% × 30% = 2.97(万元)

(4) (固定资产)无形资产、不动产:进项税额转出 = (固定资产)无形资产、不动产净值 × 适用税率。

固定资产净值是指纳税人根据财务会计制度计提折旧或摊销后的余额。

【案例 2-20】

某企业于 2019 年 5 月购入一台生产设备,增值税专用发票上注明的买价为 100 万元,增值税税额为 13 万元,2019 年 12 月因管理不善烧毁,烧毁时已计提折旧 20 万元,要求计算转出的进项税额。

【案例分析】

转出的进项税额 = (100 − 20) × 13% = 10.4(万元)

(四) 转增进项税额的规定——进项税额转入

不得抵扣且未抵扣进项税额的固定资产、无形资产、不动产,发生用途改变,用于允许抵扣进项税额的应税项目,可在改变用途的次月,依据"合法有效的增值税扣税凭证",计算可抵扣的进项税额。

可抵扣的进项税额 = 固定资产(无形资产、不动产)净值 ÷ (1 + 适用税率) × 适用税率

【案例 2-21】

某企业将用于职工活动中心的计算机改用于生产车间,该批计算机购入时取得的增值

税专用发票上注明的价款为 10 万元,增值税税额为 1.3 万元。截至变更用途时,该批计算机已计提折旧 6.96 万元,要求计算该批计算机应转增进项税额。

【案例分析】

应转增进项税额＝(10＋1.3－6.96)÷(1＋13%)×13%＝0.5(万元)

(五)认证及抵扣期限

纳税人取得符合规定的发票,应自开具之日起"360"天内认证,并在规定的纳税申报期内抵扣。增值税期末留抵税额上期未抵扣完的进项税额可在下一期继续抵扣。

任务三 小规模纳税人应纳税额计算

一、一般业务

1. 征收率:3%

小规模纳税人执行简易征收办法,征收率为 3%。

2. 计算公式

应纳税额＝不含税销售额×征收率

不含税销售额＝含税销售额÷(1＋征收率)

二、折让、退回

纳税人适用简易计税方法计税的,因销售折让、中止或者退回而退还给购买方的销售额,应当从当期销售额中扣减。扣减当期销售额后仍有余额造成多缴的税款,可以从以后的应纳税额中扣减。需注意,小规模纳税人发生销售折让、中止或者退回,同样应当开具"红字增值税发票"。

【案例 2-22】

甲便利店为增值税小规模纳税人,2019 年第四季度零售商品取得收入 103 000 元,将一批外购商品无偿赠送给物业公司用于社区活动,该批商品的含税价格为 721 元。已知增值税征收率为 3%。要求计算甲便利店第四季度应缴纳增值税税额。

【案例分析】

应缴纳增值税税额＝[(103 000＋721)÷(1＋3%)]×3%＝3 021(元)

【案例 2-23】

甲设计公司为增值税小规模纳税人,2019 年 5 月提供设计服务取得含增值税价款 206 000元;因服务中止,退还给客户含增值税价款 10 300 元。已知小规模纳税人增值税征收率为 3%,要求计算甲设计公司当月应缴纳增值税税额。

【案例分析】

应缴纳增值税税额＝[(206 000－10 300)÷(1＋3%)]×3%＝5 700(元)

三、进口货物应纳税额计算

（一）"不分"一般纳税人和小规模纳税人

（二）采用组成计税价格，无任何抵扣

$$应纳税额＝组成计税价格×增值税税率$$

（三）组成计税价格

1. 一般货物组成计税价格

$$组成计税价格＝关税完税价格＋关税$$

2. "从价计征应税消费品"组成计税价格

$$组成计税价格＝关税完税价格＋关税＋消费税＝（关税完税价格＋关税）÷（1－消费税比例税率）$$

进口环节缴纳的增值税作为国内销售环节的进项税额抵扣。

【案例 2-24】

2019 年 5 月，甲公司进口一批设备，关税完税价格为 150 万元，已知关税税率为 5%；增值税税率为 13%；要求计算甲公司当月该笔业务应缴纳增值税。

【案例分析】

应缴纳增值税＝（150＋150×5%）×13%＝20.475（万元）

【案例 2-25】

2019 年 5 月，甲贸易公司进口一批高档化妆品，关税完税价格 850 000 元，已知增值税税率为 13%，消费税税率为 15%，关税税率为 5%，要求计算甲贸易公司当月该笔业务应缴纳增值税税额。

【案例分析】

应缴纳增值税税额＝（850 000＋850 000×5%）÷（1－15%）×13%＝136 500（元）

任务四　增值税的税收优惠

一、法定免税项目

（1）"农业生产者"销售的自产农产品。

（2）避孕药品和用具。

（3）"古旧"图书。

（4）直接用于"科学研究、科学试验和教学"的进口仪器、设备。

（5）"外国政府、国际组织"（不包括外国企业）无偿援助的进口物资和设备。

（6）由"残疾人组织"直接进口供残疾人专用的物品。

（7）对"残疾人个人"提供的加工、修理修配劳务免征增值税。

（8）销售自己（指"其他个人"）使用过的物品。

注意事项：

（1）纳税人兼营免税、减税项目的，应当分别核算免税、减税项目的销售额；未分别核算销售额的，不得免税、减税。

（2）纳税人销售货物或者应税劳务适用免税规定的，可以放弃免税，依照《增值税暂行条例》的规定缴纳增值税。放弃免税后，"36个月"内不得再申请免税。

二、营改增"境内"服务免税项目

（1）托儿所、幼儿园提供的保育和教育服务。

（2）养老机构提供的养老服务。

（3）殡葬服务。

（4）婚姻介绍服务。

（5）家政服务企业由员工制家政服务员提供家政服务取得的收入。

（6）从事学历教育的学校提供的教育服务。

（7）学生勤工俭学提供的服务。

（8）纪念馆、博物馆、文化馆、文物保护单位管理机构、美术馆、展览馆、书画院、图书馆在自己的场所提供文化体育服务取得的第一道门票收入。

（9）医疗机构提供的医疗服务。

（10）"四技"合同（技术转让、技术开发、技术咨询、技术服务）。

（11）"个人"转让著作权。

（12）福利彩票、体育彩票的发行收入。

（13）残疾人员本人为社会提供的服务。

（14）残疾人福利机构提供的育养服务等。

三、增值税即征即退

一般纳税人提供"管道运输"服务、"有形动产融资租赁"服务与"有形动产融资性售后回租"服务，"实际税负超过3%的部分"实行增值税即征即退政策。

【案例2-26】

某管道运输公司位于"营改增"试点地区，主要从事天然气输送服务，属于增值税一般纳税人。2019年5月，该公司向客户运输天然气共取得不含税收入3 000万元，同时随同天然气输送向客户收取管道维护费50万元，当月发生可抵扣的增值税进项税额为150万元。要求计算该公司12月可申请办理即征即退增值税。

【案例分析】

即征即退增值税＝3 000×9%＋50÷（1＋9%）×9%－150－[3 000＋50÷（1＋9%）]×3%＝274.13－150－91.38＝32.75（万元）

四、增值税加计抵减

自 2019 年 4 月 1 日至 2021 年 12 月 31 日,允许生产、生活性服务业纳税人按照当期可抵扣进项税额加计 10%,抵减应纳税额(以下称加计抵减政策)。

生产、生活性服务业纳税人是指提供邮政服务、电信服务、现代服务、生活服务(以下称四项服务)取得的销售额占全部销售额的比重超过 50% 的纳税人。四项服务的具体范围按照《销售服务、无形资产、不动产注释》(财税〔2016〕36 号印发)执行。

2019 年 3 月 31 日前设立的纳税人,自 2018 年 4 月至 2019 年 3 月期间的销售额(经营期不满 12 个月的,按照实际经营期的销售额)符合上述规定条件的,自 2019 年 4 月 1 日起适用加计抵减政策。

2019 年 4 月 1 日后设立的纳税人,自设立之日起 3 个月的销售额符合上述规定条件的,自登记为一般纳税人之日起适用加计抵减政策。

纳税人确定适用加计抵减政策后,当年内不再调整,以后年度是否适用,根据上年度销售额计算确定。

五、增值税期末留抵税额退税

自 2019 年 4 月 1 日起,试行增值税期末留抵税额退税制度。

同时符合以下条件的纳税人,可以向主管税务机关申请退还增量留抵税额:

(1)自 2019 年 4 月税款所属期起,连续 6 个月(按季纳税的,连续两个季度)增量留抵税额均大于零,且第 6 个月增量留抵税额不低于 50 万元。

(2)纳税信用等级为 A 级或者 B 级。

(3)申请退税前 36 个月未发生骗取留抵退税、出口退税或虚开增值税专用发票情形的。

(4)申请退税前 36 个月未因偷税被税务机关处罚两次及以上的。

(5)自 2019 年 4 月 1 日起未享受即征即退、先征后返(退)政策的。

纳税人当期允许退还的增量留抵税额,按照以下公式计算:

允许退还的增量留抵税额=增量留抵税额×进项构成比例×60%

增量留抵税额,是指与 2019 年 3 月底相比新增加的期末留抵税额。

进项构成比例,为 2019 年 4 月至申请退税前一税款所属期内已抵扣的增值税专用发票(含税控机动车销售统一发票)、海关进口增值税专用缴款书、解缴税款完税凭证注明的增值税税额占同期全部已抵扣进项税额的比重。

六、小微企业免税规定

增值税小规模纳税人,月销售额不超过"3 万元"(按季纳税,季销售额不超过 9 万元)免征。

上述纳税人申请代开专用发票、已经缴纳过税款的,在专用发票"全部联次追回"或者按规定"开具红字增值税专用发票"后,可申请退还。

其他个人出租不动产,月租金收入不超过 3 万元的,可享受小微企业免征增值税的优惠政策。

任务五　增值税的征收管理

一、增值税纳税义务发生时间

增值税纳税义务发生时间如表 2-12 所示。

表 2-12　　　　　　　　　　　　　增值税纳税义务发生时间

销售方式		纳税义务发生时间
直接收款		收到销售款或取得索取销售款凭据
托收承付、委托收款		发出货物"并"办妥托收手续
赊销、分期收款		书面合同约定的收款日期 无合同或有合同无约定,为货物发出
预收货款	货物	货物发出 生产工期超过 12 个月的,为收到预收款或书面合同约定的收款日期
	租赁服务	收到预收款
委托代销		收到代销清单或全部、部分货款 未收到代销清单及货款,为发出货物满 180 天
金融商品转让		所有权转移
视同销售		货物移送、转让完成或权属变更
进口		报关进口
扣缴义务		纳税义务发生
先开发票		开具发票

二、纳税地点

纳税地点具体分类如表 2-13 所示。

表 2-13　　　　　　　　　　　　　纳税地点具体分类

业户			申报纳税地点
固定户	一般情况		机构所在地
	总分机构不在同一县(市)		分别申报
			经批准,可以由总机构汇总向总机构所在地的主管税务机关申报
	外出经营	报告外出经营事项	机构所在地
		未报告	销售地;没申报的,由其"机构所在地"税务机关补征税款
非固定户			销售地或劳务发生地
其他个人提供建筑服务,销售或者租赁不动产,转让自然资源使用权			建筑服务发生地、不动产所在地、自然资源所在地
进口			报关地海关

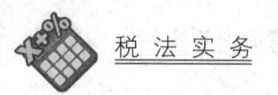

三、纳税期限

(一)纳税期限

增值税的纳税期限分别为 1 日、3 日、5 日、10 日、15 日、1 个月或 1 个季度。

注意事项:

(1) 不能按期纳税的,可以按次纳税。

(2) 以 1 个季度为纳税期限:小规模纳税人、银行、财务公司、信托投资公司、信用社。

(二)纳税申报

1. 1 个月或 1 个季度

期满之日起"15 日内"申报纳税。

2. 1 日、3 日、5 日、10 日、15 日

期满之日起 5 日内预缴税款,于次月 1 日起"15 日内"申报纳税并结清上月税款。

3. 纳税人进口货物

自海关填发海关进口增值税专用缴款书之日起"15 日内"缴纳税款。

四、增值税专用发票的使用规定

1. 发票联次及用途

发票联次及用途的具体内容如表 2-14 所示。

表 2-14　　　　　　　　　　发票联次及用途的具体内容

联次	持有方	用途
发票联	购买方	核算采购成本和增值税进项税额的记账凭证
抵扣联		报送税务机关认证和留存备查的扣税凭证
记账联	销售方	核算销售收入和增值税销项税额的记账凭证

2. 最高开票限额管理

最高开票限额管理的具体内容如表 2-15 所示。

表 2-15　　　　　　　　　　最高开票限额管理的具体内容

最高开票限额	审批机关
10 万元内	区县税务机关
100 万元内	地市级税务机关
1 000 万元及以上	省级税务机关
防伪税控系统的具体发行工作由区县级税务机关负责	

3. 一般纳税人不得领购开具增值税专用发票的情形

(1) 会计核算不健全,不能向税务机关准确提供增值税销项税额、进项税额、应纳税额数据及其他有关增值税税务资料的。

(2) 有《税收征收管理法》规定的税收违法行为,拒不接受税务机关处理的。

(3) 有涉及发票的税收违法行为,经税务机关责令限期改正而仍未改正的。

4. 一般纳税人不得开具增值税专用发票的情形

(1) 零售(不包括劳保用品)。

(2) 应税销售行为是"购买方为消费者个人"的。

(3) 发生应税销售行为适用"免税"规定的。

5. 小规模纳税人试点自开专票与代开专票

小规模纳税人试点自开专票与代开专票的具体内容如表 2-16 所示。

表 2-16 小规模纳税人试点自开专票与代开专票的具体内容

方式	行业
试点自开专票	住宿业、建筑业、鉴证咨询业、工业、信息传输、软件和信息技术服务业
代开专票	试点行业小规模纳税人销售其"取得的不动产";其他非试点行业小规模纳税人需要开具专用发票的,可以向税务机关申请代开

【知识拓展】

财政部发布深化增值税改革有关政策的公告

为贯彻落实党中央、国务院决策部署,推进增值税实质性减税,现将 2019 年增值税改革有关事项公告如下。

一、增值税一般纳税人(以下称纳税人)发生增值税应税销售行为或者进口货物,原适用 16%税率的,税率调整为 13%;原适用 10%税率的,税率调整为 9%。

二、纳税人购进农产品,原适用 10%扣除率的,扣除率调整为 9%。纳税人购进用于生产或者委托加工 13%税率货物的农产品,按照 10%的扣除率计算进项税额。

三、原适用 16%税率且出口退税率为 16%的出口货物劳务,出口退税率调整为 13%;原适用 10%税率且出口退税率为 10%的出口货物、跨境应税行为,出口退税率调整为 9%。

2019 年 6 月 30 日前(含 2019 年 4 月 1 日前),纳税人出口前款所涉货物劳务、发生前款所涉跨境应税行为,适用增值税免退税办法的,购进时已按调整前税率征收增值税的,执行调整前的出口退税率,购进时已按调整后税率征收增值税的,执行调整后的出口退税率;适用增值税免抵退税办法的,执行调整前的出口退税率,在计算免抵退税时,适用税率低于出口退税率的,适用税率与出口退税率之差视为零,参与免抵退税计算。

出口退税率的执行时间及出口货物劳务、发生跨境应税行为的时间,按照以下规定执行:报关出口的货物劳务(保税区及经保税区出口除外),以海关出口报关单上注明的出口日期为准;非报关出口的货物劳务、跨境应税行为,以出口发票或普通发票的开具时间为准;保税区及经保税区出口的货物,以货物离境时海关出具的出境货物备案清单上注明的出口日期为准。

四、适用 13%税率的境外旅客购物离境退税物品,退税率为 11%;适用 9%税率的境外旅客购物离境退税物品,退税率为 8%。2019 年 6 月 30 日前,按调整前税率征收增值税的,执行调整前的退税率;按调整后税率征收增值税的,执行调整后的退税率。

退税率的执行时间,以退税物品增值税普通发票的开具日期为准。

五、自 2019 年 4 月 1 日起,《营业税改征增值税试点有关事项的规定》(财税〔2016〕36 号印发)第一条第(四)项第 1 点、第二条第(一)项第 1 点停止执行,纳税人取得不动产或者不动产在建工程的进项税额不再分 2 年抵扣。此前按照上述规定尚未抵扣完毕的待抵扣进项税额,可自 2019 年 4 月税款所属期起从销项税额中抵扣。

六、纳税人购进国内旅客运输服务,其进项税额允许从销项税额中抵扣。

1. 纳税人未取得增值税专用发票的,暂按照以下规定确定进项税额。

(1)取得增值税电子普通发票的,为发票上注明的税额。

(2)取得注明旅客身份信息的航空运输电子客票行程单的,按照下列公式计算进项税额:航空旅客运输进项税额=(票价+燃油附加费)÷(1+9%)×9%。

(3)取得注明旅客身份信息的铁路车票的,按照下列公式计算的进项税额:铁路旅客运输进项税额=票面金额÷(1+9%)×9%。

(4)取得注明旅客身份信息的公路、水路等其他客票的,按照下列公式计算进项税额:公路、水路等其他旅客运输进项税额=票面金额÷(1+3%)×3%。

2.《营业税改征增值税试点实施办法》(财税〔2016〕36 号印发)第二十七条第(六)项和《营业税改征增值税试点有关事项的规定》(财税〔2016〕36 号印发)第二条第(一)项第 5 点中"购进的旅客运输服务、贷款服务、餐饮服务、居民日常服务和娱乐服务"修改为"购进的贷款服务、餐饮服务、居民日常服务和娱乐服务"。

七、自 2019 年 4 月 1 日至 2021 年 12 月 31 日,允许生产、生活性服务业纳税人按照当期可抵扣进项税额加计 10% 抵减应纳税额(以下称加计抵减政策)。

1. 本公告所称的生产、生活性服务业纳税人,是指提供邮政服务、电信服务、现代服务、生活服务(以下称四项服务)取得的销售额占全部销售额的比重超过 50% 的纳税人。四项服务的具体范围按照《销售服务、无形资产、不动产注释》(财税〔2016〕36 号印发)执行。

2019 年 3 月 31 日前设立的纳税人,自 2018 年 4 月至 2019 年 3 月期间的销售额(经营期不满 12 个月的,按照实际经营期的销售额)符合上述规定条件的,自 2019 年 4 月 1 日起适用加计抵减政策。

2019 年 4 月 1 日后设立的纳税人,自设立之日起 3 个月的销售额符合上述规定条件的,自登记为一般纳税人之日起适用加计抵减政策。纳税人确定适用加计抵减政策后,当年内不再调整,以后年度是否适用,根据上年度销售额计算确定。纳税人可计提加计抵减额,但未计提的加计抵减额,可在确定适用加计抵减政策当期一并计提。

2. 纳税人应按照当期可抵扣进项税额的 10% 计提当期加计抵减额。按照现行规定不得从销项税额中抵扣的进项税额,不得计提加计抵减额;已计提加计抵减额的进项税额,按规定作进项税额转出的,应在进项税额转出当期,相应调减加计抵减额。计算公式如下:

当期计提加计抵减额=当期可抵扣进项税额×10%

当期可抵减加计抵减额=上期期末加计抵减额余额+当期计提加计抵减额-当期调减加计抵减额

3. 纳税人应按照现行规定计算一般计税方法下的应纳税额(以下称抵减前的应纳税额)后,区分以下情形加计抵减:

（1）抵减前的应纳税额等于零的，当期可抵减加计抵减额全部结转下期抵减。

（2）抵减前的应纳税额大于零，且大于当期可抵减加计抵减额的，当期可抵减加计抵减额全额从抵减前的应纳税额中抵减。

（3）抵减前的应纳税额大于零，且小于或等于当期可抵减加计抵减额的，以当期可抵减加计抵减额抵减应纳税额至零。未抵减完的当期可抵减加计抵减额，结转下期继续抵减。

4. 纳税人出口货物劳务、发生跨境应税行为不适用加计抵减政策，其对应的进项税额不得计提加计抵减额。

纳税人兼营出口货物劳务、发生跨境应税行为且无法划分不得计提加计抵减额的进项税额，按照以下公式计算：

$$\substack{\text{不得计提加计抵}\\\text{减额的进项税额}} = \substack{\text{当期无法划分的}\\\text{全部进项税额}} \times \substack{\text{当期出口货物劳务和发生}\\\text{跨境应税行为的销售额}} \div \substack{\text{当期全部}\\\text{销售额}}$$

5. 纳税人应单独核算加计抵减额的计提、抵减、调减、结余等变动情况。骗取适用加计抵减政策或虚增加计抵减额的，按照《中华人民共和国税收征收管理法》等有关规定处理。

6. 加计抵减政策执行到期后，纳税人不再计提加计抵减额，结余的加计抵减额停止抵减。

八、自 2019 年 4 月 1 日起，试行增值税期末留抵税额退税制度。

1. 同时符合以下条件的纳税人，可以向主管税务机关申请退还增量留抵税额：

（1）自 2019 年 4 月税款所属期起，连续 6 个月（按季纳税的，连续两个季度）增量留抵税额均大于零，且第 6 个月增量留抵税额不低于 50 万元。

（2）纳税信用等级为 A 级或者 B 级。

（3）申请退税前 36 个月未发生骗取留抵退税、出口退税或虚开增值税专用发票情形的。

（4）申请退税前 36 个月未因偷税被税务机关处罚两次及以上的。

（5）自 2019 年 4 月 1 日起未享受即征即退、先征后返（退）政策的。

2. 本公告所称增量留抵税额，是指与 2019 年 3 月底相比新增加的期末留抵税额。

3. 纳税人当期允许退还的增量留抵税额，按照以下公式计算：

$$\text{允许退还的增量留抵税额} = \text{增量留抵税额} \times \text{进项构成比例} \times 60\%$$

进项构成比例，为 2019 年 4 月至申请退税前一税款所属期内已抵扣的增值税专用发票（含税控机动车销售统一发票）、海关进口增值税专用缴款书、解缴税款完税凭证注明的增值税额占同期全部已抵扣进项税额的比重。

4. 纳税人应在增值税纳税申报期内，向主管税务机关申请退还留抵税额。

5. 纳税人出口货物劳务、发生跨境应税行为，适用免抵退税办法的，办理免抵退税后，仍符合本公告规定条件的，可以申请退还留抵税额；适用免退税办法的，相关进项税额不得用于退还留抵税额。

6. 纳税人取得退还的留抵税额后，应相应调减当期留抵税额。按照本条规定再次满足退税条件的，可以继续向主管税务机关申请退还留抵税额，但本条第（一）项第 1 点规定的连续期间，不得重复计算。

7. 以虚增进项、虚假申报或其他欺骗手段,骗取留抵退税款的,由税务机关追缴其骗取的退税款,并按照《中华人民共和国税收征收管理法》等有关规定处理。

8. 退还的增量留抵税额中央、地方分担机制另行通知。

九、本公告自 2019 年 4 月 1 日起执行。

特此公告

财政部　税务总局　海关总署

2019 年 3 月 20 日

关于《关于深化增值税改革有关政策的公告》

适用《增值税会计处理规定》有关问题的解读

近期,我部、税务总局和海关总署印发了《关于深化增值税改革有关政策的公告》(财政部　税务总局　海关总署公告 2019 年第 39 号,以下简称"第 39 号公告"),规定"自 2019 年 4 月 1 日至 2021 年 12 月 31 日,允许生产、生活性服务业纳税人按照当期可抵扣进项税额加计 10% 抵减应纳税额"。现就该规定适用《增值税会计处理规定》(财会〔2016〕22 号)的有关问题解读如下:

生产、生活性服务业纳税人取得资产或接受劳务时,应当按照《增值税会计处理规定》的相关规定对增值税相关业务进行会计处理;实际缴纳增值税时,按应纳税额借记"应交税费——未交增值税"等科目,按实际纳税金额贷记"银行存款"科目,按加计抵减的金额贷记"其他收益"科目。

财政部会计司

 **课后练习题**

一、单项选择题

1. 根据增值税法律制度的规定,关于增值税纳税人的下列表述中,正确的是(　　)。

   A. 转让无形资产,以无形资产受让方为纳税人

   B. 提供建筑安装服务,以建筑安装服务接收方为纳税人

   C. 资管产品运营过程中发生的增值税应税行为,以资管产品管理人为纳税人

   D. 单位以承包、承租、挂靠方式经营的,一律以承包人为纳税人

2. 根据增值税法律制度的规定,年应税销售额在一定标准以下的纳税人为小规模纳税人。该标准是(　　)万元。

   A. 50　　　　　　　　B. 80　　　　　　　　C. 500　　　　　　　　D. 1 000

3. 下列关于小规模纳税人征税规定的表述中,不正确的是(　　)。

   A. 实行简易征税办法

   B. 一律不使用增值税专用发票

   C. 不允许抵扣增值税进项税额

   D. 可以申请税务机关代开增值税专用发票

4. 下列各项中,应按照"销售服务——建筑服务"税目计缴增值税的是(　　)。

A. 平整土地　　　　B. 出售住宅　　　　C. 出租办公楼　　　D. 转让土地使用权

5. 根据增值税法律制度的规定,下列各项中,应按照"金融服务——贷款服务"税目计缴增值税的是(　　)。

A. 融资性售后回租　B. 账户管理服务　　C. 金融支付服务　　D. 资金结算服务

6. 下列各项中,应按照"销售服务——生活服务"税目计缴增值税的是(　　)。

A. 文化创意服务　　B. 车辆停放服务　　C. 广播影视服务　　D. 旅游娱乐服务

7. 下列行为中,不属于销售无形资产的是(　　)。

A. 转让专利权　　　　　　　　　　　　B. 转让建筑永久使用权

C. 转让网络虚拟道具　　　　　　　　　D. 转让采矿权

8. 下列行为中,应按照"销售不动产"税目计缴增值税的是(　　)。

A. 将建筑物广告位出租给其他单位用于发布广告

B. 销售底商

C. 转让高速公路经营权

D. 转让国有土地使用权

9. 下列各项中,不属于按照"现代服务"缴纳增值税的是(　　)。

A. 广告设计　　　　B. 有形动产租赁　　C. 不动产租赁　　　D. 教育医疗服务

10. 根据增值税法律制度的规定,企业发生的下列行为中,不属于视同销售货物行为的是(　　)。

A. 将购进的货物作为投资提供给其他单位

B. 将购进的货物用于集体福利

C. 将委托加工的货物分配给股东

D. 将自产的货物用于个人消费

11. 下列关于混合销售与兼营的说法中,错误的是(　　)。

A. 混合销售是指一项销售行为既涉及货物又涉及服务

B. 兼营是指纳税人的经营中包括销售货物、加工修理修配劳务以及销售服务、无形资产或者不动产

C. 混合销售行为发生在一项销售行为中,兼营不发生在同一项销售行为中

D. 兼营发生在一项销售行为中,混合销售行为不发生在同一项销售行为中

12. 根据增值税法律制度的规定,下列各项中,应按照"提供应税劳务"税目计缴增值税的是(　　)。

A. 制衣厂员工为本厂提供的加工服装服务

B. 有偿提供安装空调服务

C. 有偿修理机器设备服务

D. 有偿提供出租车服务

13. 下列各项增值税服务中,增值税税率为 13% 的是(　　)。

A. 邮政服务　　　　　　　　　　　　　B. 交通运输服务

C. 有形动产租赁服务　　　　　　　　　D. 增值电信服务

14. 根据增值税法律制度的规定,一般纳税人销售的下列货物中,适用9%的税率的是( )。

    A. 农机配件   B. 农产品   C. 淀粉   D. 煤炭

15. 下列项目中,适用增值税零税率的是( )。

    A. 国际运输服务

    B. 在境外提供的广播影视节目的播映服务

    C. 工程项目在境外的建筑服务

    D. 存储地点在境外的仓储服务

16. 根据增值税法律制度的规定,一般纳税人发生下列行为中,不可以选择适用简易计税方法的是( )。

    A. 咨询服务   B. 收派服务   C. 仓储服务   D. 装卸搬运服务

17. 一般纳税人销售自产的特殊货物,可选择按照简易办法计税,选择简易办法计算缴纳增值税后一定期限内不得变更,该期限是( )个月。

    A. 24   B. 12   C. 36   D. 18

18. 根据增值税法律制度的规定,下列各项中,属于免税项目的是( )。

    A. 超市销售保健品

    B. 外贸公司进口供残疾人专用的物品

    C. 商场销售儿童玩具

    D. 外国政府无偿援助的进口物资

19. 一般纳税人销售下列货物或者应税劳务适用免税规定的是( )。

    A. 农产品   B. 避孕药品

    C. 图书   D. 自己使用过的汽车

20. 根据增值税法律制度的规定,纳税人销售货物适用免税规定的,可以放弃免税。放弃免税后,在一定期限内不得再申请免税。该期限为( )个月。

    A. 36   B. 48   C. 42   D. 54

21. 根据增值税法律制度的规定,下列各项中,不属于免税项目的是( )。

    A. 养老机构提供的养老服务

    B. 装修公司提供的装饰服务

    C. 婚介所提供的婚姻介绍服务

    D. 托儿所提供的保育服务

22. 根据增值税法律制度的规定,下列各项中,不属于增值税免税项目的是( )。

    A. 培训机构开设考前培训班取得的收入

    B. 个人转让著作权取得的收入

    C. 发行福利彩票取得的收入

    D. 农业生产者销售自产农产品取得的收入

23. 根据增值税法律制度的规定,下列关于增值税纳税义务发生时间的表述中,不正确的是( )。

A. 进口货物,为报关进口的当天

B. 从事金融商品转让的,为金融商品所有权转移的当天

C. 采取托收承付和委托银行收款方式销售货物,为收到银行款项的当天

D. 提供租赁服务采取预收款方式的,为收到预收款的当天

24. 下列关于增值税纳税义务发生时间表述中,不正确的是(　　)。

A. 纳税人发生应税行为先开具发票的,为开具发票的当天

B. 纳税人发生视同销售不动产的,为不动产权属变更的当天

C. 纳税人提供租赁服务采取预收款方式的,为交付租赁物的当天

D. 纳税人从事金融商品转让的,为金融商品所有权转移的当天

25. 下列关于增值税专用发票记账联用途的表述中,正确的是(　　)。

A. 作为购买方核算采购成本的记账凭证

B. 作为销售方核算销售收入和增值税销项税额的记账凭证

C. 作为购买方报送主管税务机关认证和留存备查的扣税凭证

D. 作为购买方核算增值税进项税额的记账凭证

26. 根据增值税法律制度的规定,一般纳税人发生的下列行为中,可以开具增值税专用发票的是(　　)。

A. 律师事务所向消费者个人提供咨询服务

B. 生产企业向一般纳税人销售货物

C. 商业企业向消费者个人零售食品

D. 书店向消费者个人销售图书

27. 根据增值税法律制度的规定,一般纳税人发生的下列业务中,允许开具增值税专用发票的是(　　)。

A. 房地产开发企业向消费者个人销售房屋

B. 百货公司向小规模纳税人零售食品

C. 超市向消费者个人销售红酒

D. 住宿业小规模纳税人向一般纳税人提供住宿服务

28. 下列关于租赁服务的表述中,不正确的是(　　)。

A. 将建筑物、构筑物等不动产或者飞机、车辆等有形动产的广告位出租给其他单位或者个人用于发布广告,按照经营租赁服务缴纳增值税

B. 技术转让按销售服务缴纳增值税

C. 水路运输的光租业务、航空运输的干租业务,属于经营租赁

D. 车辆停放服务,按不动产经营租赁服务缴纳增值税

29. 按《营业税改征增值税试点实施办法》的规定,企业下列行为中,属于增值税兼营行为的是(　　)。

A. 建筑公司为承建的某项工程既提供建筑材料又承担建筑、安装业务

B. 照相馆在提供照相业务的同时销售相框

C. 饭店开设客房、餐厅从事服务业务并附设商场销售货物

D. 饭店提供餐饮服务的同时销售酒水饮料

30. 下列选项中,不属于生活服务的是( )。

A. 文化体育服务　　B. 教育医疗服务　　C. 餐饮住宿服务　　D. 贷款服务

二、多项选择题

1. 下列各项中,按照"销售货物"征收增值税的有( )。

A. 销售电力　　　　B. 销售热力　　　　C. 销售天然气　　　　D. 销售商品房

2. 某共享单车企业,2019 年 6 月,以单车押金进行投资,购买短期保本理财产品,取得收益 600 万元,取得单车运营收入 4 000 万元,车身广告收入 200 万元,APP 软件页面广告收入 600 万元,上述收入应当按照"现代服务——租赁服务"缴纳增值税的有( )。

A. 购买短期保本理财产品,取得收益

B. 单车运营收入

C. 车身广告收入

D. APP 软件页面广告收入

3. 根据增值税法律制度的规定,企业发生的下列行为中,属于视同销售货物行为的有( )。

A. 将服装交付他人代销

B. 将自产服装用于职工福利

C. 将购进服装无偿赠送给某小学

D. 销售代销服装

4. 下列行为中,应当一并按销售货物征收增值税的有( )。

A. 贸易公司销售电梯同时负责安装

B. 百货商店销售商品同时负责运输

C. 建材商店销售建材,并从事装修、装饰业务

D. 餐饮公司提供餐饮服务的同时销售酒水

5. 根据增值税法律制度的规定,下列各项中,属于不征收增值税项目的有( )。

A. 存款人取得的存款利息

B. 物业管理单位代收的住宅专项维修资金

C. 被保险人获得的保险赔付

D. 电力公司销售电力

6. 根据增值税法律制度的规定,下列情形中,属于在境内销售服务的有( )。

A. 境外会计师事务所向境内单位销售完全在境内发生的会计咨询服务

B. 境内语言培训机构向境外单位销售完全在境外发生的培训服务

C. 境内广告公司向境外单位销售完全在境内发生的广告服务

D. 境外律师事务所向境内单位销售完全在境外发生的法律咨询服务

7. 根据增值税法律制度的规定,一般纳税人销售的下列货物中,适用 9% 的税率的有( )。

A. 洗衣液　　　　　B. 文具盒　　　　　C. 挂面　　　　　D. 玉米胚芽

8. 根据增值税法律制度的规定,一般纳税人销售的下列货物中,可以选择简易计税方法计缴增值税的有(　　)。

A. 食品厂销售的食用植物油

B. 县级以下小型水力发电单位生产的电力

C. 自来水公司销售自产的自来水

D. 煤气公司销售的煤气

9. 根据增值税法律制度的规定,纳税人销售货物向购买方收取的下列款项中,属于价外费用的有(　　)。

A. 延期付款利息　　　B. 赔偿金　　　　　C. 手续费　　　　　D. 包装物租金

10. 下列各项中,应计入增值税的应税销售额的有(　　)。

A. 向购买方收取的违约金

B. 销售货物的同时代办保险而向购买方收取的保险费

C. 因销售货物向购买方收取的手续费

D. 受托加工应征消费税的消费品所代收代缴的消费税

11. 下列关于包装物的增值税处理中,正确的有(　　)。

A. 随同货物销售而出租包装物的租金一律在收取时作为价外费用并入销售额计征增值税

B. 一般货物包装物押金一律在收取时作为价外费用并入销售额计征增值税

C. 白酒包装物押金一律在收取时作为价外费用并入销售额计征增值税

D. 啤酒包装物押金一律在收取时作为价外费用并入销售额计征增值税

12. 下列关于增值税计税销售额的表述中,正确的有(　　)。

A. 金融企业转让金融商品,按照卖出价扣除买入价后的余额为销售额

B. 银行提供贷款服务,以提供贷款服务取得的全部利息及利息性质的收入为销售额

C. 建筑企业提供建筑服务适用一般计税方法的,以取得的全部价款和价外费用扣除支付的分包款后的余额为销售额

D. 房地产开发企业销售其开发的房地产项目,适用一般计税方法的,以取得的全部价款和价外费用,扣除受让土地时向政府部门支付的土地价款后的余额为销售额

13. 根据增值税法律制度的规定,一般纳税人购进货物取得的下列合法凭证中,属于增值税扣税凭证的有(　　)。

A. 税控机动车销售统一发票

B. 海关进口增值税专用缴款书

C. 农产品收购发票

D. 客运发票

14. 根据增值税法律制度的规定,一般纳税人购进的下列货物、服务中,其进项税额不得从销项税额中抵扣的有(　　)。

A. 购进生产免税货物耗用材料所支付的进项税额

B. 购进旅客运输服务所支付的进项税额

C. 购进试制新产品耗用材料所支付的进项税额

D. 购进贷款服务所支付的进项税额

15. 根据增值税法律制度的规定,一般纳税人购进货物的下列进项税额中,不得从销项税额中抵扣的有(　　)。

A. 因管理不善造成被盗的购进货物的进项税额

B. 被执法部门依法没收的购进货物的进项税额

C. 被执法部门强令自行销毁的购进货物的进项税额

D. 因地震造成毁损的购进货物的进项税额

16. 根据增值税法律制度的规定,下列各项中,外购货物进项税额准予从销项税额中抵扣的有(　　)。

A. 将外购货物无偿赠送给客户

B. 将外购货物作为投资提供给联营单位

C. 将外购货物分配给股东

D. 将外购货物用于本单位职工福利

17. 根据增值税法律制度的规定,下列服务中,免征增值税的有(　　)。

A. 学生勤工俭学提供的服务

B. 残疾人福利机构提供的育养服务

C. 婚姻介绍所提供的婚姻介绍服务

D. 火葬场提供的殡葬服务

18. 根据增值税法律制度的规定,下列关于固定业户纳税地点的表述中,不正确的有(　　)。

A. 销售商标使用权,应当向商标使用权购买方所在地税务机关申报纳税

B. 销售采矿权,应当向矿产所在地税务机关申报纳税

C. 销售设计服务,应当向设计服务发生地税务机关申报纳税

D. 销售广告服务,应当向机构所在地税务机关申报纳税

19. 根据增值税法律制度的规定,下列表述中,正确的有(　　)。

A. 增值税一般纳税人资格实行登记制

B. 个体工商户以外的其他个人年应税销售额超过小规模纳税人标准的,不需要向主管税务机关提交书面说明

C. 除国家税务总局另有规定外,纳税人一经认定为一般纳税人后,不得转为小规模纳税人

D. 纳税人(除个人外)年应税销售额超过规定标准,且符合有关政策规定,选择按小规模纳税人纳税的,无需向主管税务机关提交书面说明

20. 根据增值税法律制度的规定,纳税人提供的下列应税服务,适用增值税零税率的有(　　)。

A. 在境内载运旅客、货物出境服务

B. 国际货物运输代理服务

C. 在境外提供的研发服务

D. 在境外提供的广播影视节目的播映服务

三、判断题

1. 中国境外单位或者个人在境内发生应税行为,在境内未设有经营机构的,以境内代理人为增值税扣缴义务人。　　　　　　　　　　　　　　　　（　　）

2. 将建筑物的广告位出租给其他单位用于发布广告,应按照"广告服务"税目计缴增值税。　　　　　　　　　　　　　　　　　　　　　　　　　　（　　）

3. 外购进口的原属于中国境内的货物,不征收进口环节增值税。　　（　　）

4. 小规模纳税人,转让其取得的不动产,按照 3% 的征收率征收增值税。（　　）

5. 私营企业进口残疾人专用的物品免征增值税。　　　　　　　　　（　　）

6. 增值税小规模纳税人月销售额不超过 3 万元(含 3 万元)的,免征增值税。（　　）

7. 增值税扣缴义务发生时间为纳税人增值税纳税义务发生的当天。　（　　）

8. 银行增值税的纳税期限为 1 个月。　　　　　　　　　　　　　　（　　）

9. 非自开票试点行业小规模纳税人销售货物或者提供应税劳务需要开具专用发票的,可以向税务机关申请代开。　　　　　　　　　　　　　　　　　（　　）

10. 根据营改增的规定,单位和个体工商户向其他单位或者个人无偿提供交通运输服务、邮政服务和部分现代服务,视同提供应税服务,征收增值税;但以公益活动为目的或者以社会公众为对象的除外。　　　　　　　　　　　　　　　　　　　（　　）

四、计算题

1. 甲商业银行 W 分行为增值税一般纳税人,主要提供存款、贷款、货币兑换、基金管理、资金结算、金融商品转让等相关金融服务。2019 年第三季度有关经营情况如下:

(1) 取得含增值税贷款利息收入 6 360 万元,支付存款利息 1 590 万元;取得含增值税转贷利息收入 530 万元,支付转贷利息 477 万元。

(2) 本季度销售一批债券,卖出价 805.6 万元,该批债券买入价 795 万元,除此之外无其他金融商品买卖业务,上一纳税期金融商品买卖销售额为正差且已纳税。

(3) 租入营业用房屋,取得增值税专用发票注明税额 9 万元;对该房屋进行装修,支付装修费取得增值税专用发票注明税额 10 万元。

已知,金融服务增值税税率为 6%。取得的增值税专用发票均已通过税务机关认证。

要求:根据上述资料,不考虑其他因素,分析回答下列小题。

① 计算甲商业银行 W 分行第三季度贷款及转贷业务增值税销项税额。

② 计算甲商业银行 W 分行第三季度金融商品买卖业务应缴纳增值税税额。

③ 计算甲商业银行 W 分行第三季度租入营业用房屋及装修业务增值税可抵扣进项税额。

2. 甲公司为增值税一般纳税人,主要提供餐饮、住宿服务。2019 年 5 月有关经营情况如下:

(1) 提供餐饮、住宿服务取得含增值税收入 1 431 万元。

(2) 出租餐饮设备取得含增值税收入 29 万元,出租房屋取得含增值税收入 5.5 万元。

(3) 提供车辆停放服务取得含增值税收入 11 万元。

(4) 发生员工出差火车票、飞机票支出合计 10 万元。

(5) 支付技术咨询服务费，取得增值税专用发票注明税额 1.2 万元。

(6) 购进卫生用具一批，取得增值税专用发票注明税额 1.6 万元。

(7) 从农业合作社购进蔬菜，取得农产品销售发票注明买价 100 万元。

已知：有形动产租赁服务增值税税率为 13%；不动产租赁服务增值税税率为 9%；生活服务、现代服务（除有形动产租赁服务和不动产租赁服务外）增值税税率为 6%；交通运输服务增值税税率为 9%；农产品扣除率为 9%；取得的扣税凭证均已通过税务机关认证。

要求：根据上述材料，不考虑其他因素，分析回答下列小题。（保留两位小数）

① 计算甲公司当月增值税销项税额。

② 计算甲公司当月准予抵扣增值税进项税额。

③ 计算甲公司当月应缴纳的增值税。

3. 某生产企业 2019 年 5 月销售产品 2 000 件，不含税单价 58 元；另将产品 1 500 件运往外省分支机构用于销售，支付运费，取得增值税专用发票上注明不含税运费 2 000 元；将 100 件产品用于公益性捐赠，营业外支出账户按成本列支公益性捐赠发生额 5 000 元；购进材料，取得增值税专用发票上注明销售额 100 000 元、增值税税额 13 000 元，该批材料月末未入库。

同时从一生产企业购进废旧物资，普通发票上注明销售额 5 850 元；从独立核算的水厂购进自来水，取得增值税专用发票，注明销售额 12 000 元、增值税税额 1 080 元，其中 20% 的自来水用于职工浴室。本月取得的相关发票均在本月申请并通过认证。

要求：计算该企业上述业务应纳增值税。

4. 某制药厂为增值税一般纳税人，2019 年 5 月销售免税药品取得价款 20 000 元，销售非免税药品取得含税价款 90 400 元。当月购进原材料、水、电等取得的增值税专用发票（已通过税务机关认证）上的税款合计为 10 000 元，其中有 2 000 元进项税额对应的原材料用于免税药品的生产；5 000 元进项税额对应的原材料用于非免税药品的生产；对于其他的进项税额对应的购进部分，企业无法划分清楚其用途。

要求：计算该企业本月应缴纳的增值税。

五、综合业务题

A 电子设备生产企业（本题下称 A 企业）与 B 商贸公司（本题下称 B 公司）均为增值税一般纳税人，2019 年 5 月份有关经营业务如下：

(1) A 企业从 B 公司购进生产用原材料和零部件，取得 B 公司开具的增值税专用发票，注明货款 180 万元、增值税税额 23.4 万元。

(2) B 公司从 A 企业购买电脑 600 台，每台不含税单价 0.45 万元，取得 A 企业开具的增值税专用发票，注明货款 270 万元、增值税税额 35.1 万元。

(3) A 企业为 B 公司制作大型电子显示屏，开具了普通发票，取得含税销售额 9.36 万元、调试费收入 1.94 万元。在制作过程中委托 C 公司进行专业加工，支付加工费 2 万元、增值税税额 0.26 万元，取得 C 公司增值税专用发票。

(4) B 公司从农民手中购进免税农产品，收购凭证上注明支付收购货款 30 万元，向运输

公司支付该批农产品运输费,取得运输企业增值税专用发票上的不含税运费为 3 万元。入库后,将收购的农产品 40％作为职工福利消费,60％零售给消费者并取得含税收入 34.88 万元。

（5）B 公司销售电脑和其他物品取得含税销售额 298.32 万元,均开具普通发票。

要求:

① 计算 A 企业 2019 年 5 月份应缴纳的增值税。

② 计算 B 公司 2019 年 5 月份应缴纳的增值税(本月取得的相关票据均在本月认证并抵扣)。

六、案例分析题

新华机械有限公司是一家生产发动机的企业,为增值税一般纳税人。2019 年 5 月,该公司将自产的 3 台机器赠送给了某个客户,该机器成本为 100 000 元/台,同类产品市场价为 110 000 元/台(不含增值税)。该公司财务人员直接转出库存商品 300 000 元,并以相同的金额借记销售费用。

要求回答下列问题:

① 上述将自产货物用于无偿赠送的行为属于增值税中的哪种行为?

② 该公司财务人员的处理方法是否正确? 为什么?

项目三　消费税法律制度

学习目标

1. 知识目标

- 了解消费税的概念和特点
- 掌握消费税的纳税人、征税对象、纳税环节、税率等税制构成要素
- 掌握消费税应纳税额的计算
- 理解消费税征收管理方式

2. 能力目标

- 能够准确使用消费税各个税目
- 能够准确计算各类应税消费品的应纳税额
- 能够准确运用出口应税消费品退（免）税政策

【导入案例】

甲卷烟厂购进烟丝，取得增值税专用发票，注明价款 140 万元、增值税税额 23.8 万元，支付运费 8 万元，并取得货运企业运费发票。领用 80% 的烟丝生产 H 牌卷烟，将 10% 的烟丝运往丙企业委托加工雪茄烟，取得丙企业开具的增值税专用发票，注明加工费 1.8 万元、代垫的辅助材料 0.2 万元、增值税额 0.34 万元。

请思考：甲卷烟厂委托丙企业加工雪茄烟，需要缴纳消费税吗？如果需要纳税，如何缴纳？纳税地点是哪里？

任务一　消费税纳税人、征税范围和税率

一、消费税的概念

消费税是对我国境内从事生产、委托加工和进口应税消费品的单位和个人就其销售额或销售数量，在特定环节征收的一种税。

在中华人民共和国境内生产、委托加工和进口条例规定的消费品的单位和个人，以及国务院确定的销售应税消费品的其他单位和个人，为消费税的纳税义务人。

二、消费税的特点

(一) 征税项目具有选择性

各国目前征收的消费税实际上都属于对特定消费品或消费行为征收的税种。为满足我国目前的产业结构、消费水平和消费结构以及节能、环保等方面的要求,目前,我国消费税的税目共有 14 个。

(二) 征税环节具有单一性

消费税是在生产、进口、流通或消费的某一环节一次征收(卷烟除外),而不是在消费品生产、流通或消费的每个环节多次征收,即一次课征制。

(三) 征收方法具有多样性

为了适应不同消费品的应税情况,消费税在征收方法上不求一致,可采用从价定率的征收方式,也可以选择从量定额的征收方式。

(四) 税收调节具有特殊性

这一特殊性表现在两个方面:一是不同的征税项目税负差异较大;二是消费税往往同有关税种配合实行加重或双重调节。

(五) 消费税具有转嫁性

消费税无论采取价内税形式还是价外税形式,也无论在哪个环节征收,消费品中所含的消费税税款最终都要转嫁到消费者身上,由消费者负担,税负具有转嫁性,并且较其他税种更明显。

三、消费税纳税人及征税对象

(一) 消费税纳税人

凡在我国境内生产、委托加工和进口应税消费品的单位和个人,都是消费税的纳税义务人。

纳税人按经营方式划分,有以下几种情况:

(1) 从事生产应税消费品的单位和个人,以生产者为纳税人;但对在我国境内生产的金银首饰、铂金首饰、钻石及钻石饰品,则以从事零售业务的单位和个人为纳税人。

(2) 从事委托加工应税消费品业务的,以委托的单位和个人为纳税人,由受托方在向委托方交货时代收代缴税款。

(3) 从事进口应税消费品业务的,以进口的单位和个人为纳税人,在报送进口时向海关缴纳。

(二) 消费税代收代缴义务人

《中华人民共和国消费税暂行条例》(以下简称《消费税暂行条例》)规定,委托加工的应税消费品,由受托方在向委托方交货时代收代缴税款。

但是,不是所有受托方都可以代收代缴税款。对纳税人委托个体经营者加工的,应税消费品一律由委托方收回后,由委托方在委托方所在地自行缴纳消费税。

（三）消费税征税对象

消费税的征税对象是在我国境内生产、委托加工的应税消费品,进口的应税消费品以及零售环节的应税消费品(仅限于金银首饰、铂金首饰、钻石及钻石饰品)。其中,在我国境内生产的应税消费品包括纳税人用于换取生产资料和消费资料,投资入股和抵偿债务以及继续用于连续生产应税消费品以外的其他方面的应税消费品。消费税征税对象如表 3-1 所示。

表 3-1 消费税征税对象

名　称	具　体　内　容
消费税征税对象	第一类,一些过度消费会对人类健康、社会秩序、生态环境等方面造成危害的特殊产品,如烟、酒、鞭炮、焰火等
	第二类,奢侈品、非生活必需品,如贵重首饰及珠宝玉石、化妆品等
	第三类,高能耗及高档消费品,如摩托车、小汽车等
	第四类,不可再生的石油类消费品,主要是成品油,如汽油、柴油等
	第五类,具有一定财政意义的消费品,如小汽车等

四、消费税纳税环节

消费税是在应税消费品生产、流通或消费的某一环节一次性征收,而不是在上述每一个环节重复征收。具体表现为在生产、批发、零售的某一个环节征税。其中,只有卷烟在批发环节征收消费税,金银首饰、铂金首饰、钻石及钻石饰品在零售环节征收消费税,其他应税消费品都是在生产环节征收消费税。生产、批发、零售环节征收消费税是指企业发生上述行为,便发生了纳税义务。具体征收消费税的时点,包括以下四种情况:

(1)纳税人生产的应税消费品用于销售的,由生产者于销售时纳税。

(2)纳税人自产自用的应税消费品,用于连续生产应税消费品的,不纳税;用于其他方面的,于移送使用时纳税。

(3)委托加工的应税消费品,由受托方在向委托方交货时代收代缴税款。委托加工的应税消费品,委托方收回后用于连续生产应税消费品的,或以高于受托方的计税价格出售的,受托方代收代缴税款准予按规定抵扣。

(4)纳税人进口应税消费品,于报关进口时由海关代征。

自 2009 年 5 月 1 日起,卷烟在批发环节加征 5% 的从价税。批发企业在计算应纳税额时,不得抵扣卷烟中已含的生产环节的消费税税额。根据财政部、国家税务总局联合发布的《关于调整卷烟消费税的通知》(财税〔2015〕60 号),自 2015 年 5 月 10 日起,卷烟批发环节从价税税率由 5% 提高至 11%,并按 0.005 元/支加征从量税。

目前,金银首饰、铂金首饰、钻石及钻石饰品由生产销售环节纳税改为在商业零售环节纳税。

五、消费税征税范围及税率

(一)消费税的税目

税目是征税范围的具体化,现行消费暂行条例确定消费税共有烟、酒、高档化妆品等14个税目,有的税目还包括若干子目,采用的是列举加概括的方法。

现行消费税暂行条例中14个税目如下。

1. 烟

凡是以烟叶为原料加工生产的产品,不论使用何种辅料,均属于本税目的征收范围,包括卷烟、雪茄烟和烟丝。

2. 酒

酒类包括粮食白酒、薯类白酒、黄酒、啤酒、果啤和其他酒。

3. 高档化妆品

《财政部、国家税务总局关于调整化妆品消费税政策的通知》(财税〔2016〕103号)规定,高档化妆品包括高档美容、修饰类化妆品、高档护肤类化妆品和成套化妆品。高档美容、修饰类化妆品、高档护肤类化妆品和成套化妆品是指生产(进口)环节销售(完税)价格(不含增值税)在10元/毫升(克)或15元/片(张)及以上的美容、修饰类化妆品和护肤类化妆品。

4. 贵重首饰及珠宝玉石

金银首饰、铂金首饰、钻石及钻石饰品在零售环节纳税,税率5%;其他贵重首饰和珠宝玉石在生产(出厂)、进口、委托加工环节纳税,税率为10%。

5. 鞭炮、焰火

本税目包括各种鞭炮、焰火。体育上用的发令纸、鞭炮药引线不按本税目征收。

6. 成品油

本税目包括汽油、柴油、石脑油、溶剂油、航空煤油、润滑油、燃料油等子目。

7. 小汽车

2006年消费税税目调整后,取消了原小汽车税目下的小轿车、越野车、小客车子目。在小汽车税目下分设了乘用车、中轻型商用客车子目。

电动汽车不属于本税目征收范围。

8. 摩托车

本税目包括轻便摩托车和摩托车两种。对最大设计车速不超过50 km/h、发动机汽缸总工作容量不超过50 ml的三轮摩托车不征收消费税。

9. 高尔夫球及球具

高尔夫球及球具是指从事高尔夫球运动所需的各种装备,包括高尔夫球、高尔夫球杆及高尔夫球包(袋)等。

10. 高档手表

高档手表是指销售价格(不含增值税)每只在10 000元(含)以上的各类手表。

11. 游艇

游艇是指长度大于8米(含)小于90米(含),船体由玻璃钢、钢、铝合金、塑料等多种材

料制作,可以在水上移动的水上浮载体。按照动力划分,游艇分为无动力艇、帆艇和机动艇。

本税目征收范围包括艇身长度大于 8 米(含)小于 90 米(含),内置发动机,可以在水上移动,一般为私人购置,主要用于水上运动和休闲娱乐等非谋利活动的各类机动艇。

12. 木制一次性筷子

本税目征收范围包括各种规格的木制一次性筷子。未经打磨、倒角的木制一次性筷子属于本税目征税范围。

13. 实木地板

实木地板是指以木材为原料,经锯割、干燥、刨光、截断、开榫、涂漆等工序加工而成的块状或条状的地面装饰材料。

未经涂饰的素板属于本税目征税范围。

14. 根据财政部、国家税务总局财税〔2015〕16 号文件,自 2015 年 2 月 1 日起对电池及涂料征收消费税。

(二)消费税的税率

消费税的税率具有比例税率和定额税率两种基本形式,以适应不同应税消费品的实际情况。

我国目前实行的消费税,其税率结构的差异较大,从价征收的消费税税率为 3%～56%,共分 11 档。根据 2008 年修订后的《消费税暂行条例》《消费税暂行条例实施细则》及财政部、国家税务总局《关于继续提高成品油消费税的通知》(财税〔2015〕11 号)的规定,经整理汇总的消费税税目税率如表 3-2 所示。

表 3-2　　　　　　　　　　　　消费税税目税率表

税　　目	税　　率
一、烟 　　1. 卷烟 　　(1) 甲类卷烟① 　　(2) 乙类卷烟② 　　(3) 批发环节 　　2. 雪茄烟 　　3. 烟丝	 56%加 0.003 元/支(生产环节) 36%加 0.003 元/支(生产环节) 11%加 0.005 元/支 36% 30%
二、酒 　　1. 白酒 　　2. 黄酒 　　3. 啤酒 　　(1) 甲类啤酒③ 　　(2) 乙类啤酒④ 　　4. 其他酒	 20%加 0.5 元/500 克 240 元/吨 250 元/吨 220 元/吨 10%
三、高档化妆品	15%
四、贵重首饰及珠宝玉石 　　1. 金银首饰、铂金首饰和钻石及钻石饰品 　　2. 其他贵重首饰和珠宝玉石	 5% 10%
五、鞭炮、焰火	15%

（续表）

税　目	税　率
六、成品油	
1. 汽油	1.52 元/升
2. 柴油	1.2 元/升
3. 航空煤油（暂缓征收）	1.2 元/升
4. 石脑油	1.52 元/升
5. 溶剂油	1.52 元/升
6. 润滑油	1.52 元/升
7. 燃料油	1.2 元/升
七、摩托车	
1. 汽缸容量在 250 毫升（不含）以下的小排量摩托车	免税
2. 汽缸容量在 250 毫升（含 250 毫升）	3%
3. 汽缸容量在 250 毫升以上的	10%
八、小汽车	
1. 乘用车	
（1）汽缸容量（排气量，下同）在 1.0 升（含 1.0 升）以下的；	1%
（2）汽缸容量在 1.0 升以上至 1.5 升（含 1.5 升）的；	3%
（3）汽缸容量在 1.5 升以上至 2.0 升（含 2.0 升）的；	5%
（4）汽缸容量在 2.0 升以上至 2.5 升（含 2.5 升）的；	9%
（5）汽缸容量在 2.5 升以上至 3.0 升（含 3.0 升）的；	12%
（6）汽缸容量在 3.0 升以上至 4.0 升（含 4.0 升）的；	25%
（7）汽缸容量在 4.0 升以上的	40%
2. 中轻型商用客车	5%
九、高尔夫球及球具	10%
十、高档手表	20%
十一、游艇	10%
十二、木制一次性筷子	5%
十三、实木地板	5%
十四、涂料、电池（2015 年 2 月 1 日起）⑤	4%

　①甲类卷烟，即每标准条（200 支）调拨价格在 70 元（不含增值税）以上（含 70 元）的卷烟，生产环节（含进口）的税率为 56%。
　②乙类卷烟，即每标准条调拨价格在 70 元（不含增值税）以下的卷烟，生产环节（含进口）的税率为 36%。
　③甲类啤酒，每吨出厂价（含包装物及包装物押金）在 3 000 元（含 3 000 元，不含增值税）以上的啤酒。
　④乙类啤酒，每吨出厂价（含包装物及包装物押金）在 3 000 元（不含增值税）以下的啤酒。
　⑤对无汞原电池、金属氢化物镍蓄电池（又称"氢镍蓄电池"或"镍氢蓄电池"）、锂原电池、锂离子蓄电池、太阳能电池、燃料电池和全钒液流电池免征消费税。2015 年 12 月 31 日前对铅蓄电池缓征消费税；自 2016 年 1 月 1 日起，对铅蓄电池按 4% 税率征收消费税。

　　由表 3-2 可以看出：卷烟和白酒实行的是复合税率，黄酒、啤酒及成品油实行的是定额税率，其他税目或子目均实行的是比例税率。

　　纳税人兼营不同税率的应税消费品，应当分别核算不同税率应税消费品的销售额、销售

数量。未分别核算销售额、销售数量,或者将不同税率的应税消费品组成成套消费品销售的,从高适用税率。这样做的目的在于促进企业加强核算,准确提供税务数据。

纳税人兼营卷烟批发和零售业务的,应当分别核算批发和零售环节的销售额、销售数量;未分别核算批发和零售环节销售额、销售数量的,按照全部销售额、销售数量计征批发环节消费税。

任务二　计税依据

一、销售数量的确定

应税消费品的销售数量是指应税消费品的计税数量。具体分为四种情形:

(1)销售应税消费品的,为应税消费品的销售数量。

(2)自产自用应税消费品的,为应税消费品的移送使用数量。

(3)委托加工应税消费品的,为纳税人收回的应税消费品数量。

(4)进口的应税消费品,为海关核定的应税消费品进口征税数量。

二、销售额的确定

(一)一般规定

应税消费品的销售额包括销售应税消费品从购买方收取的全部价款和价外费用,但不包括应向购货方收取的增值税税款。如果纳税人应税消费品的销售额中未扣除增值税税款或者因不得开具增值税专用发票而发生价款和增值税税款合并收取的,在计算消费税时,应当换算为不含增值税税款的销售额。其换算公式如下:

$$应税消费品的销售额 = 含增值税销售额 \div (1 + 增值税税率或征收率)$$

上面所说的"价外费用"是指价外收取的基金、集资费、返还利润、补贴、违约金(延期付款利息)和手续费、包装费、储备费、优质费、运输装卸费、代收款项、代垫款项以及其他各种性质的价外收费。但下列款项不包括在内:

(1)承运部门的运费发票开具给购货方的。

(2)纳税人将该项发票转交给购货方的。

其他价外费用,无论是否属于纳税人的收入,均应并入销售额计算征税。

(二)包装物的规定

(1)应税消费品连同包装物销售的,无论包装物是否单独计价,也不论在财务上如何核算,均应并入应税消费品的销售额中征收消费税。

(2)包装物不作价随同产品销售,而是收取押金,此项押金则不应并入应税消费品销售额中征税。但是,对逾期未收回的包装物不再退还的和已收取1年以上的押金,应并入应税消费品的销售额,按照应税消费品的适用税率征收消费税。

(3)对既作价随同应税消费品销售的,又另外收取包装物押金,凡纳税人在规定的期限

内不予退还的,均应并入应税消费品的销售额,按照应税消费品的适用税率征收消费税。

(4) 对酒类产品生产企业销售酒类产品(不包括啤酒、黄酒)而收取的包装物押金,无论押金是否返还及会计上如何核算,均应并入酒类产品销售额中征收消费税,并同时征收增值税。

【案例 3-1】

某筷子生产企业为增值税一般纳税人。2017 年 2 月该企业取得不含税销售额如下:销售烫花木制筷子 15 万元,销售竹制筷子 18 万元,销售木制一次性筷子 12 万元。另外没收逾期未退还的木制一次性筷子包装物押金 0.23 万元,该押金于 2014 年 12 月收取。

要求:计算该企业当月应纳消费税。

【案例分析】

只有木制一次性筷子才属于消费税征税范围,对应的逾期包装物押金也要计算消费税。烫花木制筷子和竹制筷子不属于消费税征税范围。

$$应纳消费税 = 12 \times 5\% + 0.23 \div 1.17 \times 5\% \approx 0.609\ 8(万元)$$

(三) 酒类产品其他规定

(1) 白酒生产企业向商业销售单位收取的品牌使用费是随着应税白酒的销售而向购货方收取的,属于应税白酒销售价款的组成部分。

(2) 啤酒生产企业销售的啤酒,不得以向其关联企业的啤酒销售公司销售的价格作为确定消费税税额的标准,而应当以其关联企业的啤酒销售公司对外的销售价格(含包装物及包装物押金)作为确定消费税税额的标准,并以此确定该啤酒消费税单位税额。

三、计税依据的特殊规定

1) 卷烟最低计税价格的核定。

(1) 卷烟消费税最低计税价格(以下简称计税价格)核定范围为卷烟生产企业在生产环节销售的所有牌号、规格的卷烟。

(2) 计税价格由国家税务总局按照卷烟批发环节销售价格扣除卷烟批发环节批发毛利核定并发布。计税价格的核定公式如下:

$$某牌号、规格卷烟计税价格 = 批发环节销售价格 \times (1 - 适用批发毛利率)$$

(3) 实际销售价格高于核定计税价格的卷烟,按实际销售价格征收消费税;反之,按计税价格征收。

2) 白酒消费税最低计税价格核定管理办法。

(1) 白酒生产企业销售给销售单位的白酒,生产企业消费税计税价格低于销售单位对外销售价格(不含增值税)70% 以下的,税务机关应核定消费税最低计税价格。

(2) 白酒消费税最低计税价格由白酒生产企业自行申报,税务机关核定。

3) 纳税人通过自设非独立核算门市部销售的自产应税消费品,应当按照门市部对外销售额或者销售数量计算征收消费税。

【案例3-2】

某摩托车厂系增值税一般纳税人,2015年3月销售汽缸容量为250毫升的摩托车取得货款,开具的增值税专用发票上注明价款200万元,以成本价转给统一核算的门市部同类摩托车一批,成本价为60万元,门市部当月全部售出,开具普通发票上注明货款金额74.88万元,已知该类摩托车适用消费税税率为3%。

要求:计算该企业当月应纳消费税。

【案例分析】

$$应纳消费税 = 200 \times 3\% + 74.88 \div (1+17\%) \times 3\% = 7.92(万元)$$

4) 纳税人用于以物易物(换取生产资料或消费资料)、投资入股、抵偿债务等方面的应税消费品,应当以纳税人同类应税消费品的最高销售价格为依据计算消费税。

【案例3-3】

某化妆品厂为增值税一般纳税人,2017年1月发生以下业务:8日销售化妆品400箱,每箱不含税价600元;15日销售同类化妆品500箱,每箱不含税价650元。当月以200箱同类化妆品与某公司换取精油。

要求:计算该企业当月应纳消费税。

【案例分析】

应当按纳税人同类应税消费品的最高销售价格作为计税依据。

$$应纳消费税 = (600 \times 400 + 650 \times 500 + 650 \times 200) \times 15\% = 104\ 250(元)$$

任务三 应纳税额的计算

一、消费税应纳税额的一般计算方法

根据现行消费税暂行条例,消费税应纳税额的计算分为从价定率计税、从量定额计税以及从价定率和从量定额复合计税三类。计算方法如表3-3所示。

表3-3 应纳税额计算方法

三种计税方法	税额计算
1. 从价定率计税	应纳税额＝销售额×比例税率(销售额含消费税、不含增值税)
2. 从量定额计税(啤酒、黄酒、成品油)	应纳税额＝销售数量×适用的单位税额
3. 复合计税(白酒、卷烟)	应纳税额＝销售额×比例税率＋销售数量×适用的单位税额

二、企业自产自用应税消费品

(一)自产自用应税消费品纳税方面的规定

1. 用于连续生产应税消费品

纳税人自产的应税消费品,用于连续生产应税消费品的,在移送使用环节不计算缴纳消费税。例如,卷烟厂生产的烟丝,直接对外销售应缴纳消费税。卷烟厂生产的烟丝用于本厂连续生产卷烟,只对生产销售的卷烟征收消费税,用于连续生产卷烟的烟丝不缴纳消费税。

2. 用于其他方面

纳税人自产的应税消费品,用于其他方面,于移送使用时缴纳消费税。用于其他方面是指:一是指连续生产非应税消费品。此时缴纳消费税,不缴增值税。二是指在建工程、管理部门、非生产机构使用自产应税消费品。此时须缴纳消费税。增值税抵扣链条中断的,须缴纳增值税;链条不中断的,无须缴纳增值税。三是自产的应税消费品用于馈赠、赞助、集资、广告、样品、职工福利、奖励等方面。此时消费税及增值税都要缴纳。

(二)自产自用应税消费品消费税的计算

纳税人自产自用的应税消费品,属于前述"用于其他方面"按规定应当纳税的,按照纳税人生产的同类消费品的销售价格计算纳税。

这里所说的"同类消费品的销售价格"是指纳税人或代收代缴义务人当月销售的同类消费品的销售价格。如果当月同类消费品各期销售价格高低不同,应按销售数量加权平均计算。销售的应税消费品有下列情况之一者,不得列入加权平均计算:

- 销售价格明显偏低又无正当理由的。
- 无销售价格的。

如果当月无销售或当月未完结,应按照同类消费品上月或最近月份的销售价格计算纳税。

如果没有同类消费品销售价格的,按照组成计税价格计算纳税。组成计税价格的计算公式如下。

1. 从价定率征收消费税

$$组成计税价格 = (成本 + 利润) \div (1 - 消费税税率)$$

或

$$组成计税价格 = [成本 \times (1 + 成本利润率)] \div (1 - 消费税税率)$$

$$应纳消费税 = 组成计税价格 \times 消费税税率$$

公式中的"成本"是指应税消费品的产品生产成本。公式中的"利润"是指根据应税消费品的全国平均成本利润率计算的利润。应税消费品全国平均成本利润率由国家税务总局确定。

【案例3-4】

2017年1月,某化妆品厂将一批自产高档护肤类化妆品用于集体福利,生产成本35 000元,将新研制的香水用于广告样品,生产成本20 000元,上述货物已全部发出,均无同类产品售价,该香水的成本利润率为5%。

要求:计算该企业当月应纳消费税。

【案例分析】

$$应纳消费税 = (35\ 000 + 20\ 000) \times (1 + 5\%) \div (1 - 15\%) \times 15\%$$
$$= 10\ 191.18(元)$$

2. 复合计征消费税

该种方法用于需要缴纳消费税的自产自用白酒、卷烟。

$$组成计税价格 = (成本 + 利润 + 自产自用数量 \times 定额税率) \div (1 - 比例税率)$$

$$应纳消费税 = 从价税 + 从量税$$

$$= 组成计税价格 \times 适用比例税率 + 自产自用数量 \times 定额税率$$

【案例 3-5】

某白酒生产企业本月举办展销会,将特制 100 斤新品白酒赠送给来宾,该批白酒成本 50 000 元,没有同类白酒的销售价格,该白酒的成本利润率为 10%。

要求:计算该企业当月应纳消费税和增值税。

【案例分析】

(1) 赠送给来宾特制新品白酒应纳消费税:

$$应纳消费税 = [50\ 000 \times (1 + 10\%) + 100 \times 0.5] \div (1 - 20\%) \times 20\% + 100 \times 0.5$$
$$= 13\ 812.5(元)$$

(2) 赠送给来宾特制新品白酒应纳增值税:

$$应纳增值税 = [50\ 000 \times (1 + 10\%) + 100 \times 0.5] \div (1 - 20\%) \times 17\% = 11\ 698.125(元)$$

3. 从量征收消费税

$$应纳消费税 = 自产自用数量 \times 适用的单位税额$$

【案例 3-6】

某啤酒厂自产啤酒 20 吨,赠送某啤酒节,每吨啤酒成本 1 000 元,无同类产品售价。

要求:计算某啤酒厂该笔业务应缴纳的消费税。

【案例分析】

$$应纳消费税 = 20 \times 220 = 4\ 400(元)$$

三、委托加工的应税消费品

(一) 委托加工应税消费品的确定

委托加工应税消费品是指委托方提供原料和主要材料,受托方只收取加工费和代垫部分辅助材料加工的应税消费品。

如果出现下列情形,无论纳税人在财务上如何处理,都不得作为委托加工应税消费品,而应按销售自制应税消费品缴纳消费税:

(1) 受托方提供原材料生产的应税消费品。

（2）受托方先将原材料卖给委托方，然后再接受加工的应税消费品。

（3）受托方以委托方名义购进原材料生产的应税消费品。

（二）代收代缴消费税款

委托加工的应税消费品，由受托方加工完毕向委托方交货时代收代缴消费税。如果受托方是个体经营者，委托方须在收回加工应税消费品后向委托方所在地主管税务机关缴纳消费税。受托方未代收代缴消费税，委托方要补税。对委托方补征税款的计税依据是：

（1）如果收回的应税消费品直接销售，按销售额计税补征。

（2）如果收回的应税消费品尚未销售或用于连续生产等，按组成计税价格计税补征。

（三）委托方收回应税消费品后销售

（1）委托方将收回的应税消费品，以不高于受托方的计税价格出售的，为直接出售，不再缴纳消费税。

（2）委托方以高于受托方的计税价格出售的，不属于直接出售，需按照规定申报缴纳消费税，在计税时准予扣除受托方已代收代缴的消费税。

（四）委托加工应税消费品组成计税价格的计算

受托方代收代缴消费税时，应按受托方同类消费品的售价计算纳税；没有同类价格的，按照组成计税价格计算纳税。其组成计税价格公式如下。

1. 从价定率计征消费税

$$组成计税价格 ＝（材料成本＋加工费）÷（1－消费税税率）$$

【案例3-7】

2017年2月，甲卷烟厂购进烟丝，取得增值税专用发票，注明价款140万元、增值税额23.8万元，支付运费8万元，并取得货运企业运费发票。领用80％的烟丝生产H牌卷烟，将10％的烟丝运往丙企业委托加工雪茄烟，取得丙企业开具的增值税专用发票，注明加工费1.8万元、代垫的辅助材料费0.2万元、增值税额0.34万元。

要求：计算丙企业应代收代缴消费税。

【案例分析】

（1）组成计税价格：

$$组成计税价格 ＝［（140＋8×93％）×10％＋1.8＋0.2］÷（1－36％）≈26.16（万元）$$

（2）丙企业委托加工环节代收代缴消费税：

$$应纳消费税 ＝26.16×36％＝9.42（万元）$$

2. 复合计征消费税

$$组成计税价格 ＝（材料成本＋加工费＋从量消费税）÷（1－消费税税率）$$

$$应纳消费税 ＝从价税＋从量税$$

$$＝组成计税价格×适用比例税率＋自产自用数量×定额税率$$

【案例3-8】

某市烟草集团公司属增值税一般纳税人，2017年3月购进已税烟丝800万元（不含增值

73

税),委托 A 企业加工甲类卷烟 500 箱(250 条/箱,200 支/条),A 企业每箱按 0.1 万元收取加工费(不含税),当月 A 企业按正常进度投料加工生产卷烟 200 箱交由集团公司收回(烟丝消费税税率为 30%,甲类卷烟生产环节消费税税率为 56%,每箱 150 元)。

要求:计算 A 企业当月应当代收代缴的消费税。

【案例分析】

(1) 组成计税价格:

$$组成计税价格=(800 \times 200 \div 500 + 0.1 \times 200 + 200 \times 150 \div 10\,000) \div (1-0.56)$$
$$= 779.55(万元)$$

(2) 丙企业委托加工环节代收代缴消费税:

$$应纳消费税 = 779.55 \times 0.56 + 200 \times 150 \div 10\,000 = 439.55(万元)$$

四、进口的应税消费品

进口的应税消费品,按照组成计税价格或进口数量计算纳税。

(一)从价定率办法计税

$$组成计税价格 = (关税完税价格 + 关税) \div (1-消费税税率)$$
$$应纳税额 = 组成计税价格 \times 消费税税率$$

该公式中的关税完税价格是指海关核定的关税完税价格。

此外,税法规定,如果纳税人应税消费品的计税价格明显偏低又无正当理由的,由主管税务机关核定其计税价格。应税消费品的计税价格的核定权限具体规定如下:

(1) 卷烟和粮食白酒的计税价格由国家税务总局核定。

(2) 其他应税消费品的计税价格由国家税务总局所属税务分局核定。

(3) 进口的应税消费品的计税价格由海关核定。

【案例 3-9】

某公司从境外进口一批化妆品,经海关核定,关税的完税价格为 54 000 万元,进口关税税率为 25%,消费税税率为 15%。

要求:计算该公司当月应纳消费税。

【案例分析】

$$组成计税价格 = (54\,000 + 54\,000 \times 25\%) \div (1-15\%) = 79\,411.76(万元)$$

$$应纳税额 = 79\,411.76 \times 15\% = 11\,911.76(万元)$$

(二)从量定额办法计税

从量定税办法计税仅限于啤酒、黄酒、成品油。

$$应纳税额 = 进口应税消费品数量 \times 定额税率$$

（三）复合计税办法

复合计税办法只适用于进口卷烟、白酒。

组成计税价格＝（关税完税价格＋关税＋进口数量×定额税率）÷（1－消费税比例税率）

应纳税额＝组成计税价格×消费税比例税率＋海关核定的进口数量×消费税定额税率

五、消费税已纳税额的扣除

消费税已纳税额的扣除，包括购入（国内购入或进口）的应税消费品已纳的消费税税额扣除，委托加工应税消费品已纳消费税税额的扣除。扣除的前提条件是以上述应税消费品连续生产应税消费品。消费税已纳税额扣除的规定，旨在避免重复征税。

（一）外购应税消费品已纳税额的扣除

1. 外购应税消费品已纳税额的计算

以外购已税消费品生产的应税消费品，在计税时按生产当期领用数量计算准予扣除的外购应税消费品已纳的消费税税额：

（1）外购从价征收的应税消费品。

$$\begin{array}{l}当期准予扣除的外购\\应税消费品已纳税款\end{array}=\begin{array}{l}当期准予扣除的外购\\应税消费品买价\end{array}\times\begin{array}{l}外购应税消费\\品的适用税率\end{array}$$

$$\begin{array}{l}当期准予扣除的外购\\应税消费品买价\end{array}=\begin{array}{l}期初库存的外购\\应税消费品的买价\end{array}+\begin{array}{l}当期购进的应税\\消费品的买价\end{array}-\begin{array}{l}期末库存的外购\\应税消费品的买价\end{array}$$

（2）外购从量征收的应税消费品。

$$\begin{array}{l}当期准予扣除的外购\\应税消费品已纳税款\end{array}=\begin{array}{l}当期准予扣除的外购\\应税消费品数量\end{array}\times\begin{array}{l}外购应税消费\\品的适用税额\end{array}$$

以上外购已税消费品的买价，是指购货发票上注明的销售额，不包括增值税税款。

2. 扣税范围

在消费税14个税目中，除酒、成品油（石脑油、润滑油除外）、小汽车、高档手表、游艇税目外，其余税目均有扣税规定。具体扣税范围包括：

（1）外购的已税烟丝生产的卷烟。

（2）外购的已税化妆品生产的化妆品。

（3）外购的已税珠宝玉石生产的贵重首饰及珠宝玉石。

（4）外购的已税鞭炮、焰火生产的鞭炮、焰火。

（5）外购的已税摩托车生产的摩托车。

（6）以外购的已税石脑油、燃料油为原料生产的应税消费品。

（7）以外购的已税润滑油为原料生产的润滑油。

（8）以外购的已税杆头、杆身和握把为原料生产的高尔夫球杆。

（9）以外购的已税木制一次性筷子为原料生产的木制一次性筷子。

（10）以外购的已税实木地板为原料生产的实木地板。

（11）以外购的已税电池为原料生产的电池。

（12）以外购的已税涂料为原料生产的涂料。

3. 扣税环节

纳税人用外购的已税珠宝玉石生产的改在零售环节征收消费税的金银首饰（含镶嵌首饰）、钻石首饰，在计税时一律不得扣除外购珠宝玉石的已纳税款。

从工业企业、商业企业、委托加工、从国外购进应税消费品，在工业环节生产后销售，可以扣税；在商业零售环节缴纳消费税的，不实行扣税。

【案例 3-10】

某卷烟厂为增值税一般纳税人，主要生产 A 牌卷烟（不含税调拨价 100 元/标准条）及雪茄烟，2016 年 8 月发生如下业务：

（1）从乙企业购进烟丝，取得增值税专用发票，注明价款 400 万元、增值税额 68 万元；从丙供销社（小规模纳税人）购进烟丝，取得税务机关代开的增值税专用发票，注明价款 300 万元；进口一批烟丝，关税完税价格 350 万元，组成计税价格 550 万元，进口消费税 165 万元，进口烟丝的增值税 93.5 万元。

（2）本月外购烟丝发生霉烂，成本 20 万元。

（3）月初库存外购烟丝买价 30 万元；月末库存外购烟丝买价 50 万元。

要求：计算该卷烟厂当期准予扣除的烟丝已纳税款。

【案例分析】

当期准予扣除外购烟丝已纳税款：

$$已纳税款 = (30 + 400 + 300 + 550 - 50 - 20) \times 30\% = 363(万元)$$

值得注意的是，外购应税消费品，只有开具了增值税专用发票，消费税方可抵扣，普通发票不可以抵扣消费税（增值税也不可以抵扣）。

（二）用委托加工收回的应税消费品连续生产应税消费品计算征收消费税问题

对委托加工收回消费品已纳的消费税，可按当期生产领用数量从当期应纳消费税税额中扣除，这种扣税方法与外购已税消费品连续生产应税消费品的扣税范围、扣税方法、扣税环节相同。

纳税人用委托加工收回的已税珠宝玉石生产的改在零售环节征收消费税的金银首饰和钻石首饰，在计税时一律不得扣除委托加工收回的珠宝玉石的已纳消费税税款。

六、出口应税消费品退（免）税政策

对纳税人出口应税消费品，免征消费税。国务院另有规定的除外。出口应税消费品退（免）消费税在政策上分为以下三种情况。

（一）出口免税并退税

有出口经营权的外贸企业只有受其他外贸企业委托，代理出口应税消费品才可办理退税。外贸企业受其他企业（主要是非生产性的商贸企业）委托，代理出口应税消费品是不予退（免）税的。

属于从价定率计征消费税的，退税计税依据为已征且未在内销应税消费品应纳税额中

抵扣的购进出口货物金额;属于从量定额计征消费税的,退税计税依据为已征且未在内销应税消费品应纳税额中抵扣的购进出口货物数量;属于复合计征消费税的,按从价定率和从量定额的计税依据分别确定。

$$\text{消费税应退税额} = \text{从价定率计征消费税的退税计税依据} \times \text{比例税率} + \text{从量定额计征消费税的退税计税依据} \times \text{定额税率}$$

(二)出口免税但不退税

有出口经营权的生产性企业自营出口或生产企业委托外贸企业代理出口自产的应税消费品,依据其实际出口数量免征消费税,不予办理退还消费税。免征消费税是指对生产性企业按其实际出口数量免征生产环节的消费税。不予办理退还消费税,是因为已免征生产环节的消费税,该应税消费品出口时,已不含有消费税,所以无需再办理退还消费税。

(三)出口不免税也不退税

除生产企业、外贸企业外的其他企业,具体是指一般商贸企业,该类企业委托外贸企业代理出口应税消费品一律不予退(免)税。

任务四 征 收 管 理

一、纳税义务发生时间

消费税的纳税义务发生时间与增值税的规定基本一致,主要的区别是委托加工纳税义务发生时间为纳税人提货的当天。

(一)基本规定

先开具发票的,纳税时间为开具发票的当天。进口货物的,纳税时间为报关进口的当天。

(二)具体规定

(1)采取直接收款方式销售货物,不论货物是否发出,纳税时间均为收到销售额或取得索取销售额的凭据的当天。

(2)采取托收承付和委托银行收款方式销售货物,纳税时间为发出货物并办妥托收手续的当天。

(3)采取赊销和分期收款方式销售货物,纳税时间为书面合同约定的收款日期的当天。无书面合同或者书面合同没有约定收款日期的,纳税时间为货物发出的当天。

(4)采取预收货款方式销售货物,纳税时间为货物发出的当天。但生产销售、生产工期超过 12 个月的大型机械设备、船舶、飞机等货物,纳税时间为收到预收款或者书面合同约定的收款日期的当天。

(5)委托其他纳税人代销货物,纳税时间为收到代销单位销售的代销清单或者收到全部或者部分货款的当天;未收到代销清单及货款的,其纳税义务发生时间为发出代销货物满 180 天的当天。

(6)销售应税劳务,纳税时间为提供劳务同时收讫销售款或取得索取销售款的凭据的当天。

(7)发生视同销售货物行为,纳税时间为货物移送的当天。

二、纳税地点

（1）纳税人销售的应税消费品和自产自用的应税消费品，一般应当向纳税人核算的税务机关申报缴纳消费税。

（2）纳税人到外县（市）销售或者委托外县（市）代销自产应税消费品的，应当在应税消费品销售后回纳税人核算地或者所在地税务机关缴纳消费税。

（3）纳税人总机构与分支机构不在同一县（市）的，应当分别在各自机构所在地的主管税务机关申报纳税，经批准，也可由总机构汇总向总机构所在地主管税务机关申报纳税。

（4）委托加工的应税消费品，一般由受托方向所在地的税务机关解缴消费税税款。但是，纳税人委托个体经营者加工的应税消费品，一律由委托方收回之后在委托方所在地纳税。

（5）进口的应税消费品，由进口人或其代理人向报关地海关申报缴纳消费税。

三、纳税期限

消费税纳税期限为 1 日、3 日、5 日、10 日、15 日、1 个月或 1 个季度。纳税人具体纳税期限由主管税务机关根据纳税人应纳税额的大小分别核定；不能按固定期限纳税的，也可以按次纳税。以 1 个季度为纳税期限的，仅适用于小规模纳税人。

纳税人以 1 个月为一期纳税的，自期满之日起 15 日内申报纳税；以 1 日、3 日、5 日、10 日、15 日为一期的，自期满之日起 5 日内预缴税款，于次月 1 日起 15 日内申报纳税并结清上月应纳税款。纳税人进口货物，应当自海关填发税款缴纳书之日起 15 日内缴纳税款。

四、纳税申报

为了在全国范围内统一、规范消费税纳税申报资料，加强消费税管理的基础工作，国家税务总局制定了《烟类应税消费品消费税纳税申报表》《酒类消费税纳税申报表》《成品油消费税纳税申报表》《小汽车消费税纳税申报表》《其他应税消费品消费税纳税申报表》，消费税纳税人应按规定及时办理纳税申报。

【知识拓展】

消费税改革应多向富人征收

邓聿文

税收涉及百姓的钱袋子。虽说纳税是百姓的义务，但百姓多缴 1 分钱税，他的收入就减1 分钱，生活将因此受到影响。所以，对于税收的调整和征收，特别是增税举措，我向来认为应慎重，在不增加百姓负担的情况下推进。

不过，对于消费税的改革，则宜早点着手，主要是这一税种存在着不合理性。

日前有消息说，消费税已经迎来改革的窗口期，高档商品和服务将纳入征收范围。在"营改增"后，有关部门即着手调整消费税，改革可能在三方面进行：一是调整消费税征收范围及税率，把高耗能、高污染产品及部分高档消费品纳入征收范围，并调整税率结构。同时，对一些大众日用消费品不再征收消费税。二是调整消费税征收环节，研究从生产（进口）环

节征收改为主要在零售或批发环节征收,但少数品目延续在生产环节征收的方式。三是研究讨论调整消费税收入归属,考虑由目前的中央税调整为地方税或中央地方共享税。

望文生义,消费税是一种对消费商品和服务而征收的税,所以它征税的对象不是商品和服务的生产者和提供者,而是消费者。我国在 1994 年税制改革时设置了该税种,当时考虑是对货物征收增值税以后,再根据特定的财政或调节目的选择部分产品(主要是一些消费品)进行征收。因而可以说,消费税是国家出于一定目的,针对特种商品和服务进行的二次征税。

当时开征的消费税主要选择了烟、酒、珠宝、化妆品、小汽车等 11 类与污染环境、奢侈品、不鼓励消费有关的商品征收,没有涉及服务项目。2006 年财税部门对消费税的税目和税率进行了一次大的调整,扩大了征税范围,新增加了高尔夫球及球具、高档手表、游艇、木制一次性筷子、实木地板等税目。但考虑到征收成本,仍然采取价内征收的方式。应该说,经过近些年来的不断调整和改革,这一税种在调节产品结构、引导消费方向方面的政策导向还是有一定作用的,但在征税范围设定、税率设计和征税环节选择等方面仍然存在着诸多亟待解决的问题,主要包括:一是征税范围偏窄,不利于在更大范围内发挥消费税的调节作用,如豪宅、高档家具、高档消费娱乐等很多应该征收的都没有征收,存在严重的缺位现象。二是原来确定的某些属于高档消费品的产品,这些年已经逐渐具有大众消费的特征,但仍然征收。三是有些应税品目的税率结构与国内产业结构、消费水平和消费结构的变化不相适应。四是消费税促进节约资源和环境保护的作用有待加强。五是现行消费税主要在生产、委托加工和进口环节征税,但由于其后还存在批发、零售等若干不征税的流转环节,没有完整的税收征管链条,从而在客观上为纳税人偷逃税提供了可乘之机。

上述这些问题,在"营改增"后更加突出。尤其是"营改增"后地方缺乏主体税种,导致地方更加依赖土地财政。部分专家因此建议将消费税由目前的中央税种调整为中央和地方分享,以解决地方的财政困难。从这个角度看,消费税的改革承担了调整央地关系的重任。

当然,此时推进消费税改革,不可否认,有增加税收的考虑。在经济下行、企业效益不好,而政府各方面开支增加的情况下,如果不开辟新的税收来源,或者在现有渠道挖潜改造,增加税收收入,政府收支的差距会越来越大。而总的来说,相对国外,我国的消费税征收范围还比较窄,有扩大空间。美国消费税共有 39 个大项,几百个小项,除少数特定商品外,无论到商店购物、饭店住宿和用餐,还是到停车场停车,凡是要花钱的地方差不多都要支付相当于售价 3%~9% 的消费税。日本的税法也规定,面向普通消费者销售的商品必须标出商品的含税价格。印度的消费税征收范围达到了 1 300 多个商品,涉及生产生活各个领域,由此来看,消费税课税范围增大是一个必然现象。

但也应该看到,我国居民的实际隐性税费负担很高,而社会保障又不完善。另外,特别要指出的是,我国没有奢侈品税、房产税、遗产税等针对富人群体的税种,因此,在一定程度上,国家设计消费税是要用它代替上述税种的功能。换言之,若政府基于多收税的考虑调整和改革消费税,那么,针对的人群就不能是普通百姓,而是高收入群体,尤其是富人。为什么这么讲? 当前中国是贫富差距拉大,少数富豪占有的财富富可敌国,而多数民众包括刚刚进入中产阶层的人士,还只能养家糊口,或满足一点改善型需求。以城市市民为例,单一套房子就压得许多人喘不过气来。贫富差距已经成为中国社会的一大矛盾,不解决这一问题,缩

小贫富差距,中国未来会很危险。因此,用税收来调节贫富差距,多向富人征税,而非指向普通民众,应该成为消费税改革的主要任务。

(资料来源:搜狐财经)

 **课后练习题**

一、单项选择题

1. 下列消费品中,属于消费税"小汽车"税目征税范围的是( )。

   A. 大客车   B. 中轻型商用客车

   C. 卡丁车   D. 电动汽车

2. 根据税法规定,下列说法中,不正确的是( )。

   A. 凡是征收消费税的消费品都征收增值税

   B. 凡是征收增值税的货物都征收消费税

   C. 应税消费品征收增值税的,其税基含有消费税

   D. 应税消费品征收消费税的,其税基不含有增值税

3. 根据消费税的相关规定,下列说法中,正确的是( )。

   A. 实际销售价格低于核定计税价格的卷烟,按计税价格征税

   B. 白酒生产企业消费税计税价格低于销售单位对外销售价格60%以下的,税务机关应该核定消费税最低计税价格

   C. 实木地板生产企业通过自设非独立核算门市部销售实木地板,按门市部对外销售取得的全部收入征税

   D. 纳税人将自产应税汽油赠送客户,按其同类应税汽油的最高销售价格计税

4. 2017年6月,某汽车厂将自产的5辆小轿车、10台货车用于对外投资,小轿车出厂平均价格为24万元/台,最高售价为25.5万元/台,货车平均售价为8万元/台,最高售价为8.6万元/台。该汽车厂上述业务应纳消费税( )万元。(以上价格均为不含税价格,小轿车消费税税率为12%)

   A. 14.10   B. 15.30   C. 23.70   D. 25.62

5. 2016年10月,某手表生产企业销售H牌-1型手表800只,取得不含税销售额400万元;销售H牌-2型手表200只,取得不含税销售额300万元。该手表厂当月应纳消费税( )万元。(高档手表消费税税率为20%)

   A. 52.80   B. 60.00   C. 132.80   D. 140.00

6. 下列关于委托加工业务消费税处理的说法中,正确的是( )。

   A. 将委托加工收回的已税消费品直接加价销售的,不征收消费税

   B. 纳税人委托个体经营者加工应税消费品,由委托方收回后在委托方所在地缴纳消费税

   C. 委托加工应税消费品的,若委托方未提供原材料成本,由委托方所在地主管税务机关核定其材料成本

   D. 委托方委托加工应税消费品,受托方没有代收代缴税款的,一律由受托方补税

7. 某烟花厂受托加工一批烟花,委托方提供原材料成本 30 000 元,该厂收取加工费 10 000 元、代垫辅助材料款 5 000 元,没有同类烟花销售价格。该厂应代收代缴消费税(　　)元。(以上款项均不含增值税,消费税税率为 15%)

    A. 6 000.00　　　　　　B. 6 750.00　　　　　　C. 7 941.18　　　　　　D. 20 250.00

8. 2017 年 1 月,某化妆品厂将一批自产高档护肤类化妆品用于集体福利,生产成本为 35 000 元,将新研制的香水用于广告样品,生产成本为 20 000 元。上述货物已全部发出,均无同类产品售价。2017 年 1 月,该化妆品厂上述业务应纳消费税(　　)元。

    A. 22 392.86　　　　　　B. 10 191.18　　　　　　C. 35 150.00　　　　　　D. 50 214.86

9. 2016 年 10 月,国内某手表生产企业进口手表机芯 6 000 只,海关审定的完税价格为每只 0.5 万元,关税税率为 30%,完税后海关放行;当月生产销售手表 8 000 只,单价 1.25 万元(不含税)。2016 年 10 月,该手表厂国内销售环节应纳增值税和消费税共计(　　)万元。(消费税税率为 20%)

    A. 2 257　　　　　　B. 3 037　　　　　　C. 3 700　　　　　　D. 4 600

10. 某酒厂为增值税一般纳税人,2016 年 10 月销售粮食白酒 4 吨,取得不含税收入 400 000 元,包装物押金 23 400 元(单独记账核算),货物由该酒厂负责运输,收取运费 47 970 元。该酒厂上述业务应纳消费税(　　)元。(白酒消费税税率 20%,1 元/千克)

    A. 84 000　　　　　　B. 88 000　　　　　　C. 92 200　　　　　　D. 96 200

二、多项选择题

1. 根据消费税现行规定,下列表述中,正确的有(　　)。

    A. 消费税税收负担具有转嫁性

    B. 消费税的税率呈现单一税率形式

    C. 消费品生产企业没有对外销售的应税消费品均不征消费税

    D. 消费税税目列举的消费品都属于消费税的征税范围

2. 根据消费税的现行规定,下列车辆不属于应税小汽车征税范围的有(　　)。

    A. 电动汽车

    B. 用厢式货车改装的商务车

    C. 用中轻型商务车底盘改装的中轻型商务客车

    D. 车身 12 米并且有 25 个座位的大客车

3. 关于消费税的税率,下列表述中,正确的有(　　)。

    A. 消费税税率形式的选择主要是根据课税对象的具体情况来确定的

    B. 消费税对卷烟、白酒实行复合税率,是为了更有效地保全消费税的税基

    C. 消费税对啤酒实行定额税率,是因为啤酒的计量单位不规范

    D. 现行消费税不再对汽车轮胎征收

4. 下列行为中,既缴纳增值税又缴纳消费税的有(　　)。

    A. 酒厂将自产的白酒赠送给协作单位

    B. 卷烟厂将自产的烟丝移送用于生产卷烟

    C. 日化厂将自产的香水精移送用于生产护肤品

D. 汽车厂将自产的应税小汽车赞助给某艺术节组委会

5. 依据消费税的规定,下列应税消费品中,准予扣除外购已纳消费税的有(　　)。

A. 以已税烟丝为原料生产的卷烟

B. 以已税珠宝玉石为原料生产的钻石首饰

C. 以已税汽油连续生产的甲醇汽油

D. 以已税润滑油为原料生产的润滑油

6. 下列各项业务中,应同时征收增值税和消费税的有(　　)。

A. 地板厂销售自产实木地板

B. 汽车厂销售自产电动汽车

C. 百货商场销售高档手表

D. 进出口公司进口高尔夫球及球具

7. 下列关于委托加工业务消费税处理的说法中,正确的有(　　)。

A. 将委托加工收回的已税消费品直接加价销售的,不征收消费税

B. 纳税人委托个体经营者加工应税消费品,由委托方收回后在委托方所在地缴纳消费税

C. 委托加工应税消费品的,若委托方未提供原材料成本,由委托方所在地主管税务机关核定其材料成本

D. 委托方委托加工应税消费品,受托方没有代收代缴税款的,一律由受托方补税

8. 某金店采取"以旧换新"方式销售 24K 纯金项链 1 条,并以同一方式销售某名牌金表1 只,下列说法中,正确的有(　　)。

A. 纯金项链只缴纳增值税　　　　　　B. 纯金项链只缴纳消费税

C. 纯金项链缴纳消费税和增值税　　　D. 金表只缴纳增值税

9. 下列关于卷烟在批发环节征收消费税的说法中,正确的有(　　)。

A. 零售商销售卷烟不征收消费税

B. 乙卷烟批发公司向卷烟零售商销售卷烟,应计算缴纳消费税

C. 乙卷烟批发公司向卷烟批发商销售卷烟,应计算缴纳消费税

D. 乙卷烟批发公司应当将卷烟销售额与其他商品销售额分开核算,未分开核算的,一并征收消费税

10. 关于消费税纳税义务发生时间的说法中,正确的有(　　)。

A. 某酒厂销售葡萄酒 20 箱并收取价款 4 800 元,其纳税义务发生时间为收款的当天

B. 某汽车厂自产自用 3 台小汽车,其纳税义务发生时间为移送使用的当天

C. 某烟花企业采用托收承付结算方式销售焰火,其纳税义务发生时间为发出焰火并办妥托收手续的当天

D. 某化妆品厂采用赊销方式销售化妆品,合同约定收款日期为 6 月 30 日,实际收到货款为 7 月 30 日,纳税义务发生时间为 6 月 30 日

三、判断题

1. 消费税是在对所有货物普遍征收增值税的基础上选择少量消费品征收的。因此,生产环节产出的应税消费品销售时,消费税纳税人同时也是增值税纳税人。　　　　　　(　　)

2. 应税消费品在生产环节纳税的含义即是在生产时缴纳消费税。　　　　　　　（　　）

3. 纳税人自产自用的应税消费品,用于连续生产应税消费品的,不纳税;用于其他方面的,于移送使用时纳税。　　　　　　　　　　　　　　　　　　　　　　（　　）

4. 实行复合计税办法计算纳税的从价定率税的组成计税价格计算公式为:组成计税价格＝(成本＋利润)÷(1－比例税率)＋自产自用数量×定额税率。　　　　（　　）

5. 应税消费品连同包装物销售的,无论包装物是否单独计价以及在会计上如何核算,均应并入应税消费品的销售额中缴纳消费税。　　　　　　　　　　　　　　　（　　）

6. 纳税人兼营不同税率的应税消费品,将不同税率的应税消费品组成成套消费品销售的,应分别核算不同税率的消费品的销售额,应按各自适用税率计算缴纳消费税。　（　　）

7. 某企业将其自己使用过的1辆小汽车作为实物投资,这一行为不缴纳增值税也不缴纳消费税。　　　　　　　　　　　　　　　　　　　　　　　　　　　　　（　　）

8. 纳税人用于以物易物(换取生产资料或消费资料)、投资入股、抵偿债务等方面的应税消费品,应当以纳税人同类应税消费品的最高销售价格为依据计算消费税。　（　　）

9. 纳税人总机构与分支机构不在同一县(市)的,应当分别在各自机构所在地的主管税务机关申报纳税,经批准,也可由总机构汇总向总机构所在地主管税务机关申报纳税。（　　）

10. 委托加工的应税消费品,一般由受托方向所在地的税务机关解缴消费税税款。但是,纳税人委托个体经营者加工的应税消费品,一律由委托方收回之后在委托方所在地纳税。
　　　　　　　　　　　　　　　　　　　　　　　　　　　　　　　　　（　　）

四、计算题

1. 某啤酒厂销售A型啤酒20吨给副食品公司,开具税控专用发票注明价款580 000元,收取包装物押金3 000元;销售B型啤酒10吨给宾馆,开具普通发票收取32 760元,收取包装物押金1 500元。

要求:计算该啤酒厂应缴纳的消费税。

2. 2017年6月,某汽车厂将自产的5辆小轿车、10台货车用于对外投资,小轿车出厂平均价格为24万元/台,最高售价为25.5万元/台,货车平均售价为8万元/台,最高售价为8.6万元/台。(以上价格均为不含税价格,小轿车消费税税率为12%)

要求:计算该汽车厂上述业务应纳消费税。

3. 某烟花厂受托加工一批烟花,委托方提供原材料成本30 000元,该厂收取加工费10 000元、代垫辅助材料款5 000元,没有同类烟花销售价格。(以上款项均不含增值税,消费税税率为15%)

要求:计算该厂应代收代缴的消费税。

4. 甲酒厂为增值税一般纳税人,2016年9月销售白酒6吨,取得不含税收入600 000元,包装物押金35 400元(单独记账核算),货物由该酒厂负责运输,收取运费56 970元。(白酒消费税税率为20%,2元/千克)

要求:计算甲酒厂上述业务应纳的消费税。

5. 某化妆品生产企业为增值税一般纳税人,2016年10月上旬从国外进口一批散装化妆品,关税完税价格为150万元,进口关税为60万元,进口消费税为90万元,进口增值税为

51万元。本月内企业将进口的散装化妆品的80%生产加工为成套化妆品7 800件,对外批发销售6 000件,取得不含税销售额290万元;向消费者零售800件,取得含税销售额51.48万元。

要求:计算该企业国内销售应缴纳的消费税。

五、案例分析题

某酒厂主要生产粮食白酒,产品销往全国各地的批发商。按照以往的经验,本地的一些商业零售户、酒店、消费者每年到工厂直接购买的白酒大约1 000箱(每箱12瓶,每瓶500克)。企业销给批发部的价格为每箱(不含税)1 200元,销售给零售户及消费者的价格为(不含税)1 400元。经过筹划,企业在本地设立了一个独立核算的经销部,企业按销售给批发商的价格销售给经销部,再由经销部销售给零售户、酒店及顾客。已知粮食白酒的税率为20%。

要求:计算同样的1 000箱白酒,直接销售给零售户、酒店、消费者,及通过先销售给经销部再向外销售两种销售方法下的应纳消费税税额,并说明所依据的消费税税法基本原理。

项目四　关税法律制度

 **学习目标**

1. 知识目标

- 了解关税的概念、特点
- 熟悉关税的纳税人、征税对象、税则与税率
- 掌握关税完税价格的确定
- 掌握关税应纳税额的计算
- 理解关税的征收管理方式

2. 能力目标

- 能准确计算关税的完税价格
- 能准确计算关税的应纳税额
- 熟悉关税税收优惠政策

【导入案例】

2016年4月1日，A公司经批准进口1台符合国家免征关税规定的科研设备用于研发项目，设备进口时经海关审定的完税价格折合人民币600万元，海关规定的监管年限为5年。2017年4月30日，A公司的研发项目完成后，将已计提折旧100万元的免税设备转售给国内另一家企业。

请思考：A公司转售该免税设备时，是否需要补缴关税？如果需要补缴，其关税的完税价格应如何确定？

任务一　关税概述

一、关税的概念

关税是由海关根据国家制定的有关法律，以进出关境的货物和物品为征税对象而征收的一种商品税。海关在征收进口货物、物品关税的同时，还代征进口增值税和消费税。

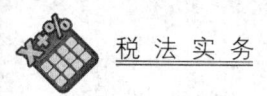

二、关税的特点

关税作为独特的税种,除了具有一般税收的特点以外,还具有以下特点。

1. 征收的对象是进出关境的货物和物品

关税是对进出关境的货品征税,在境内和境外流通的货物,不进出关境的不征关税。

2. 关税是单一环节的价外税

关税的完税价格中不包括关税,即在征收关税时,是以实际成交价格为计税依据,关税不包括在内。但海关代为征收增值税、消费税时,其计税依据包括关税在内。

3. 有较强的涉外性

关税只对进出境的货物和物品征收。随着世界经济一体化的发展,世界各国的经济联系越来越密切,贸易关系不仅反映简单经济关系,而且还成为一种政治关系。这样,关税政策、关税措施也往往和经济政策、外交政策紧密相关,具有涉外性。

三、关税的分类

(一)按征收对象分类

1. 进口关税

进口关税是指进口国海关对外国进入本国的货物和物品征收的一种关税,是一种最主要的关税。

2. 出口关税

出口关税是本国对出口的货物在运出国境时征收的一种关税。征收出口关税会增加出口货物的成本,不利于本国货物在国际市场上的竞争。目前主要是一些发展中国家在继续征收出口关税,我国仅对少数货物征收出口关税。

3. 过境关税

过境关税是一国对于通过其关境或国境的外国商品征收的关税。目前,绝大多数国家都不征收过境关税,只有伊朗、委内瑞拉等少数国家仍在征收过境关税。

(二)按征税标准分类

1. 从量税

以货物的计量单位(重量、长度、面积、容积、数量等)作为征税标准,以每一计量单位应纳的关税金额作为税率而征收的税为从量税。目前,世界各国多以货物重量为标准计征关税。

2. 从价税

以货物的价格作为征税标准而征收的税为从价税,从价税的税率表现为货物价格的百分值。经海关审定作为计征关税依据的价格为完税价格。

3. 复合税

复合税又称混合税,是指对一种进口货物同时制定出从价、从量两种方式,分别计算税额,以两种税额之和作为该货物的应征税额。

4. 选择税

选择税是对同一种货物在税则中规定从价、从量两种税率,在征税时由海关选择其中一

种计征的征税方式。海关一般是选择税额较高的一种,有时也选择税额较低的。

5. 滑动税

滑动税又称滑准税,是指对某种货物在税则中预先按该商品的价格规定几档税率。同一种货物当价格高时适用较低税率,价格低时适用较高税率,其目的是使该商品的价格在国内市场上保持相对稳定。

(三)按征税性质分类

1. 普通关税

普通关税又称一般关税,是对与本国没有签署贸易或经济互惠等友好协定的国家原产的货物征收的非优惠性关税。普通关税与优惠关税的税率差别一般较大。

2. 优惠关税

优惠关税一般是互惠关税,即优惠协定的双方互相给对方优惠关税待遇,但也有单向优惠关税,即只对受惠国给予优惠待遇,而没有反向优惠。优惠关税一般有特定优惠关税、普遍优惠关税和最惠国待遇三种。

3. 差别关税

差别关税实际上是保护主义政策的产物,是保护一国产业所采取的特别手段。差别关税最早产生并运用于欧洲,在重商主义全盛时代曾广为流行,直至近代,由于新重商主义的出现和贸易保护主义的抬头,差别关税又复出现,并得到进一步发展。一般意义上的差别关税主要分为加重关税、反补贴关税、反倾销关税、报复关税等。

(四)按保护形式和程度分类

1. 关税壁垒

关税壁垒是指一国政府以提高关税的办法限制外国商品进口的措施。关税壁垒的目的是抵制外国商品进入本国市场,最大限度地削弱外国商品在本国市场上的竞争能力,保护本国商品的竞争优势,垄断国内市场。高额关税就像高墙一样阻止或限制外国商品输入,因此称为关税壁垒。

2. 非关税壁垒

非关税壁垒是指除关税以外的一切限制进口的措施,有直接非关税壁垒和间接非关税壁垒之分。直接非关税壁垒是通过对本国产品和进口商品的差别待遇或迫使出口国限制商品出口等措施,以直接限制进口。其措施有政府采购、海关估价、进口许可制度、进口配额制、关税配额制等。间接非关税壁垒是指并非对商品进口进行直接限制,而是为了其他目的所采取的,同样能起到限制商品进口效果的各种措施,如外汇管制、进出口国家垄断、复杂的海关手续、苛刻的卫生安全和技术标准等。

四、关税的纳税人

进口货物的收货人、出口货物的发货人、进出境物品的所有人,是关税的纳税义务人。进出境货物的所有人包括该物品的所有人和推定为所有人的人。一般情况下,对于携带进境的物品,推定其携带人为所有人;对分离运输的行李,推定相应的进出境旅客为所有人;对以邮递方式进境的物品,推定其收件人为所有人;以邮递或其他运输方式出境的物品,推定

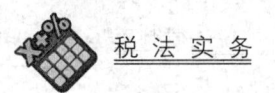

其寄件人或托运人为所有人。

五、关税的征税对象

关税的征税对象是准许进出境的货物和物品。货物是指贸易性商品;物品指入境旅客随身携带的行李物品、个人邮递物品、各种运输工具上的服务人员携带进口的自用物品、馈赠物品以及其他方式进境的个人物品。

六、关税税则与税率

(一) 关税税则

关税税则即中华人民共和国海关进出口税则,它是根据国家关税政策和经济政策,通过一定的立法程序制定和公布实施的进出口货物应税和免税的关税税率表,是海关凭以征收关税的法律依据,也是一个国家关税政策的具体体现。

关税税则一般由商品目录和税率两部分组成。目录部分主要包括商品名称和与其相对应的编码,称为税则号列,两者合称为税目或子目;子目是税目进一步细分而得的。被进一步细分子目的税目为过渡性税目,是不设税率的,只起商品范围界定的作用,实际使用的税目是设税率的税目或子目。目录部分一般还带有解释商品所在类、章、税目或子目商品范围、说明商品归类规则的注释。税率部分是税则的政策部分,体现国家的关税政策,列出一栏或多栏税率,对不同的商品或不同的国家给予相同或不同的关税待遇。

(二) 进口关税税率

我国进口税则设有最惠国税率、协定税率、特惠税率、普通税率、关税配额税率等税率形式,对进口货物在一定期限内可以实行暂定税率。

进口关税税率的选择适用是根据货物的不同原产地确定的,适用最惠国税率、协定税率、特惠税率的国家或地区的名单,由国务院税则委员会决定。

(三) 出口关税税率

我国出口税则为一栏税率,即出口税率。国家仅对少数资源性产品及易于竞相杀价、盲目出口、需要规范出口秩序的半制成品征收出口关税,采用的都是从价定率征税的方法。我国真正征收出口关税的商品仅有 100 余种,税率为 20%～40%,在一定期限内可实行暂定税率(200 余种)。

(四) 税率的运用

(1) 进出口货物,应按纳税人申报进口或者出口之日实施的税率征税。

(2) 进口货物到达之前,经海关核准先行申报的,应该按照装载此货物的运输工具申报进境之日实施的税率征税。

(3) 进出口货物的补税和退税,适用该进出口货物原申报进口或者出口之日所实施的税率,但下列情况除外:①按照特定减免税办法批准予以减免税的进口货物,后因情况改变经海关批准转让或出售或挪作他用需补税的,应当适用海关接受申报办理纳税手续之日实施的税率征税;②加工贸易进口料、件等属于保税性质的进口货物,如经批准转为内销,应按向海关申报转为内销之日实施的税率征税;如未经批准擅自转为内销的,则按海关查获日期所施行的税

率征税;③暂时进口货物转为正式进口需补税时,应按其申报正式进口之日实施的税率征税;④分期支付租金的租赁进口货物,分期付税时,应按该项货物原进口之日实施的税率征税。

任务二　关税完税价格

关税的完税价格是计算关税的基础,是对进出口货物计征应缴税款时所使用的价格,也称为海关价格。完税价格分为两种:进口货物的完税价格和出口货物的完税价格。

一、进口货物的完税价格

在正常情况下,进口货物采用以成交价格为基础的完税价格。进口货物的完税价格包括货物的货价、货物运抵我国境内输入地点起卸前的运输费及相关费用、保险费。

(一)以成交价格为基础的完税价格

进口货物的成交价格是指卖方向中华人民共和国境内销售该货物时,买方为进口该货物向卖方实付、应付的并按照规定调整后的价款总额,包括直接支付的价款和间接支付的价款。

1. 费用或者价值未包括在进口货物的实付或者应付价格中而应当计入完税价格的情形

(1)由买方负担的除购货佣金以外的佣金和经纪费。购货佣金指买方为购买进口货物向自己的采购代理人支付的劳务费用。经纪费指买方为购买进口货物向代表买卖双方利益的经纪人支付的劳务费用。

(2)由买方负担的与该货物视为一体的容器费用。

(3)由买方负担的包装材料和包装劳务费用。

(4)与该货物的生产和向中华人民共和国境内销售有关的,由买方以免费或者以低于成本的方式提供并可以按适当比例分摊的料件、工具、模具、消耗材料及类似货物的价款,以及在境外开发、设计等相关服务的费用。

(5)与该货物有关并作为卖方向我国销售该货物的一项条件,应当由买方直接或间接支付的特许权使用费。

(6)卖方直接或间接从买方对该货物进口后转售、处置或使用所得中获得的收益。

2. 费用能与该货物实付或者应付价格区分不得计入完税价格的情形

(1)厂房、机械、设备等货物进口后的基建、安装、装配、维修和技术服务的费用。

(2)货物运抵境内输入地点之后的运输费用。

(3)进口关税及其他国内税。

3. 根据进口货物不同的成交价格,海关对最终完税价格的审定方法

(1)成交价格为到岸价格(CIF价格)。

$$完税价格 = CIF 价格$$

(2)成交价格为离岸价格(FOB价格)。

$$完税价格 = FOB 价格 + 运费 + 保险费$$

或

$$完税价格 = (FOB 价格 + 运费) \div (1 - 保险费率)$$

（3）成交价格为成本加运费价格（CFR 价格）。

$$完税价格 = CFR 价格 + 保险费$$

或

$$完税价格 = CFR 价格 \div (1 - 保险费率)$$

（二）进口货物的海关估价方法

对于价格不符合成交条件或成交价格不能确定的进口货物，由海关估价确定。海关估价依次使用的方法包括：

（1）相同或类似货物成交价格方法。

（2）倒扣价格方法。

（3）计算价格方法。

（4）其他合理的方法。

（三）特殊进口货物完税价格

（1）加工贸易进口料件及其制成品。加工贸易进口料件及其制成品需征税或内销补税的，海关按照一般进口货物的完税价格规定审定完税价格。

（2）保税区、出口加工区货物。从保税区或出口加工区销往区外、从保税仓库出库内销的进口货物（加工贸易进口料件及其制成品除外），以海关审定的价格估定完税价格。对经审核销售价格不能确定的，海关应当按照一般进口货物估价办法的规定估定完税价格。

（3）运往境外修理的货物。运往境外修理的机械器具、运输工具或其他货物，出境时已向海关报明，并在海关规定期限内复运进境的，应当以海关审定的境外修理费和料件费以及该货物复运进境的运输及其相关费用、保险费估定完税价格。

（4）运往境外加工的货物。运往境外加工的货物，出境时已向海关报明，并在海关规定期限内复运进境的，应当以海关审定的境外加工费和料件费以及该货物复运进境的运输费及其相关费用、保险费估定完税价格。

（5）暂时进境货物。对于经海关批准的暂时进境的货物，应当按照一般进口货物估价办法的规定估定完税价格。

（6）租赁方式进口货物。租赁方式进口的货物中，以租金方式对外支付的租赁货物，在租赁期间以海关审定的租金作为完税价格；留购的租赁货物，以海关审定的留购价格作为完税价格；承租人申请一次性缴纳税款的，经海关同意，按照一般进口货物估价办法的规定估定完税价格。

（7）留购的进口货样等。对于境内留购的进口货样、展览品和广告陈列品，以海关审定的留购价格作为完税价格。

（8）予以补税的减免税货物。减税或免税进口的货物需予补税时，应当以海关审定的该货物原进口时的价格，扣除折旧部分价值作为完税价格，其计算公式如下：

$$完税价格 = 海关审定的该货物原进口时的价格 \times [1 - 申请补税时实际$$
$$已使用的时间（月）\div（监管年限 \times 12）]$$

（9）以其他方式进口的货物。以易货贸易、寄售、捐赠、赠送等其他方式进口的货物，应当按照一般进口货物估价法的规定估定完税价格。

二、出口货物的完税价格

出口货物的完税价格,由海关以该货物向境外销售的成交价格为基础审查确定,并应包括货物运至我国境内输出地点装载前的运输及其相关费用、保险费,但其中包含的出口关税税额,应当扣除。

(一)以成交价格为基础的完税价格

出口货物的成交价格是指该货物出口销售到我国境外时买方向卖方实付或应付的价格。

1. 出口货物的成交价格中含有支付给境外的佣金的情况

出口货物的成交价格中含有支付给境外的佣金的,如果单独列明,应当扣除。

(1) 出口货物的离岸价格应以该货物运离关境前的最后一个口岸的离岸价格为实际离岸价格。

(2) 出口货物成交价格中含有支付给国外的佣金,如与货物的离岸价格分列,应予扣除;未单独列明的,则不予扣除。

(3) 出口货物成交价格如为境外口岸的到岸价格或货价加运费价格时,应先扣除运费、保险费后,再按规定公式计算完税价格。

(4) 出口货物在离岸价格之外,买方还另行支付货物包装费,应将其列入完税价格。

2. 根据出口货物不同的成交价格,海关对最终完税价格的审定方法

(1) 以我国口岸离岸价格(FOB价格)成交:

$$完税价格 = FOB 价格 \div (1 + 出口关税税率)$$

(2) 以国外口岸到岸价格(CIF价格)成交:

$$完税价格 = (CIF 价格 - 保险费 - 运费) \div (1 + 出口关税税率)$$

(3) 以国外口岸到岸加运费价格(CFR价格)成交:

$$完税价格 = (CFR 价格 - 运费) \div (1 + 出口关税税率)$$

(4) 以国外口岸到岸含佣金价格(CIFC价格)成交:

佣金C为给定金额,则出口货物完税价格的公式如下:

$$完税价格 = (CIFC 价格 - 保险费 - 运费 - 佣金) \div (1 + 出口关税税率)$$

佣金C为百分比,则出口货物完税价格的公式如下:

$$完税价格 = [CIFC 价格 \times (1 - C) - 保险费 - 运费] \div (1 + 出口关税税率)$$

(二)出口货物完税价格的海关估价方法

出口货物的成交价格不能确定时,完税价格由海关依次使用下列方法估定:

(1) 同时或大约同时向同一国家或地区出口的相同货物的成交价格。

(2) 同时或大约同时向同一国家或地区出口的类似货物的成交价格。

(3) 根据境内生产相同或类似货物的成本、利润和一般费用、境内发生的运输费及其相

关费用、保险费计算所得的价格。

(4) 按照合理方法估定的价格。

三、完税价格中运费及相关费用的确定

进出口货物完税价格中的运费及相关费用确定如表 4-1 所示。

表 4-1　　　　　　　　完税价格中运费及相关费用的确定

进出口运载或成交方式		运费的确定	保险费的确定
一般方式进口	海运进口	运抵境内的卸货口岸	
	陆运进口	运抵关境的第一口岸或目的口岸	
	空运进口	进入境内的第一口岸或目的口岸	
	无法确定实际运保费	同期同行业运费率	货价加运费两者总额的 3‰
其他方式进口	邮运进口	邮费	
	境外边境口岸成交的铁路公路进口货物	货价的 1%	
	自驾进口的运输工具	无运费	
出口货物		最多算至离境口岸	

任务三　关税应纳税额的计算

一、从价税应纳税额的计算

$$关税应纳税额 = 应税进（出）口货物数量 \times 单位完税价格 \times 税率$$

货物的成交价格，因有不同的成交条件而有不同的价格形式，常用的价格条款有 FOB、CFR、CIF 三种。

【案例 4-1】

某公司从加拿大进口铁盘条 20 万吨，其成交价格为 CIF 上海新港 250 000 美元。计算应征关税税款是多少？已知海关填发税款缴款书之日的外汇牌价：1 美元 = 6.561 8 元人民币（买入价），1 美元 = 6.641 4 元人民币（卖出价），关税税率为 15%。

要求：计算该批进口铁盘条应纳关税税额。

【案例分析】

(1) 外汇买卖的中间价 1 美元 = (6.561 8 + 6.641 4) ÷ 2 = 6.601 6 元（人民币）。

(2) 成交价格为到岸价格（CIF 价格）时：

$$完税价格 = CIF 价格 = 250 000 \times 6.601 6 = 1 650 400 元（人民币）$$

(3) 关税应纳税额 = 1 650 400 × 15% = 247 560 元（人民币）。

【案例 4-2】

我国从国外进口一批中厚钢板共计 200 000 千克,成交价格为 FOB 伦敦 2.5 英镑/千克,已知单位运费为 0.5 英镑/千克,保险费率为 0.25%。已知海关填发税款缴款书之日的外汇牌价:1 英镑=9.951 1 元人民币(买入价),1 英镑=10.350 6 元人民币(卖出价),关税税率为 10%。

要求:计算该批中厚钢板应纳关税税额。

【案例分析】

(1) 外汇买卖的中间价 1 美元=(9.951 1+10.350 6)÷2=10.150 9 元(人民币)。

(2) 成交价格为到岸价格(FOB 价格)时:

$$完税价格=(FOB 价格+运费)÷(1-保险费率)$$
$$=(2.5+0.5)÷(1-0.25\%)×10.150 9=30.529 0 元(人民币)$$

(3) 关税应纳税额=30.529 0×200 000×10%=610 580 元(人民币)。

二、从量税应纳税额的计算

$$关税应纳税额 = 应税进(出)口货物数量×单位货物税额$$

【案例 4-3】

公司进口美国产"蓝带"牌啤酒 1 000 箱,每箱 24 瓶,每瓶容积 500 毫升,价格为 CIF 3 000 美元。已知,征税日人民币与美元的外汇折算率为 1∶6.22,适用优惠税率为 3 元人民币/升。

要求:计算该批啤酒应纳关税税额。

【案例分析】

该批啤酒适用从量计征方式,只与其进口货物数量相关。

$$应纳关税税额 = 1 000×24×500÷1 000×3 = 36 000 元(人民币)$$

三、复合税应纳税额的计算

我国目前实行的复合税都是先计征从量税,再计征从价税。

$$关税应纳税额 = 应税进(出)口货物数量×单位货物税额$$
$$+应税进(出)口货物数量×单位完税价格×税率$$

【案例 4-4】

某公司进口 2 台日本产电视摄像机,价格为 CIF 13 000 美元。已知征税日人民币与美元的外汇折算率为 1∶6.22。适用优惠税率为:每台完税价格高于 5 000 美元的,从量税为每台 13 280 元人民币,再征从价税 3%。

要求:计算这 2 台电视摄像机的应纳关税税额。

【案例分析】

应纳关税税额 = 2×13 280 + 13 000×6.22×3‰ = 26 560 + 2 425.8 = 28 985.8 元(人民币)

四、滑准税应纳税额的计算

关税应纳税额 = 应税进(出)口货物数量×单位完税价格×滑准税税率

现行税则《进(出)口商品从量税、复合税、滑准税税目税率表》后注明了滑准税税率的计算公式,该公式是一个与应税进(出)口货物完税价格相关的取整函数。

任务四　关税的税收优惠

一、法定减免

法定减免是税法中明确列出的减税或免税。符合税法规定可予以减免税的进出口货物,纳税义务人无须提出申请,海关可按规定直接予以减免。主要包括:关税税额在人民币 50 元以下的一票货物;无商业价值的广告品和货样;外国政府、国际组织无偿赠送的物资;海关放行前损失的货物;进出境运输工具装载的途中必需的燃料、物料和饮食用品等,可免征关税。

二、特定减免

特定减免是指在关税基本法规确定的法定减免以外,国家按国际通行规则和我国实际情况,制定发布的特定或政策性减免税。主要包括:科教用品;残疾人专用品;扶贫慈善性捐赠物资;加工贸易产品;边境贸易进口物资;保税区进出口货物;出口加工区进出口货物;进口设备;特定行业或用途的减免税政策;特定地区的减免税政策。

三、临时减免

临时减免是指在以上两项减免税以外,由国务院运用一案一批原则,针对某个纳税人、某类商品、某个项目或某批货物的特殊情况,特别照顾,临时给予的减免。

四、个人邮寄物品的减免

自 2010 年 9 月 1 日起,个人邮寄物品,应征进口税额在人民币 50 元(含 50 元)以下的,海关予以免税。

任务五　征　收　管　理

一、关税缴纳

进口货物自运输工具申报进境之日起 14 日内,出口货物在货物运抵海关监管区后装货的 24 小时以前,应由进出口货物的纳税义务人向货物进(出)境地海关申报,海关根据税则

归类和完税价格计算应缴纳的关税和进口环节代征税,并填发税款缴款书。纳税义务人应当自海关填发税款缴款书之日起 15 日内,向指定银行缴纳税款。如关税缴纳期限的最后 1 日是周末或法定节假日,则关税缴纳期限顺延至周末或法定节假日过后的第 1 个工作日。为方便纳税义务人,经申请且海关同意,进(出)口货物的纳税义务人可以在设有海关的指运地(启运地)办理海关申报、纳税手续。

关税纳税义务人因不可抗力或者在国家税收政策调整的情形下,不能按期缴纳税款的,经海关总署批准,可以延期缴纳税款,但最长不得超过 6 个月。

二、关税的强制执行

纳税义务人未在关税缴纳期限内缴纳税款,即构成关税滞纳。为保证海关征收关税决定的有效执行和国家财政收入的及时入库,《海关法》赋予海关对滞纳关税的纳税义务人强制执行的权利。强制措施主要有两类:

一是征收关税滞纳金。滞纳金自关税缴纳期限届满滞纳之日起,至纳税义务人缴纳关税之日止,按滞纳税款 5‰ 的比例按日征收,周末或法定节假日不予扣除。具体计算公式如下:

$$关税滞纳金金额 = 滞纳关税税额 × 滞纳金征收比率 × 滞纳天数$$

二是强制征收。如纳税义务人自海关填发缴款书之日起 3 个月仍未缴纳税款,经海关关长批准,海关可以采取强制扣缴、变价抵缴等强制措施。强制扣缴即海关从纳税义务人在开户银行或者其他金融机构的存款中直接扣缴税款。变价抵缴即海关将应税货物依法变卖,以变卖所得抵缴税款。

三、关税退还

关税退还是关税纳税义务人按海关核定的税额缴纳关税后,因某种原因的出现,海关将实际征收多于应当征收的税额(称为溢征关税)退还给原纳税义务人的一种行政行为。根据《海关法》规定,海关多征的税款,海关发现后应当立即退还。

如遇下列情况之一,可自缴纳税款之日起 1 年内,书面声明理由,连同原纳税收据向海关申请退税,并加算银行同期活期存款利息,逾期不予受理:

(1) 因海关误征,多纳税款的。

(2) 海关核准免验进口的货物,在完税后,发现有短卸情况,经海关审查认可的。

(3) 已征出口关税的货物,因故未装运出口,申报退关,经海关查验属实的。

对已征出口关税的出口货物和已征进口关税的进口货物,因货物品种或规格原因原状复运进境或出境的,经海关查验属实的,也应退还已征关税。

四、关税补征和追征

补征和追征是海关在关税纳税义务人按海关核定的税额缴纳关税后,发现实际征收税额少于应当征收的税额(称为短征关税)时,责令纳税义务人补缴所差税款的一种行政行为。《海关法》根据短征关税的原因,将海关征收原短征关税的行为分为补征和追征两种。由于

纳税人违反海关规定造成短征关税的,称为追征;非因纳税人违反海关规定造成短征关税的,称为补征。区分关税追征和补征的目的是为了区别不同情况适用不同的征收时效,超过时效规定的期限,海关就丧失了追补关税的权利。根据《海关法》规定,进出境货物和物品放行后,海关发现少征或者漏征税款,应当自缴纳税款或者货物、物品放行之日起1年内,向纳税义务人补征;因纳税义务人违反规定而造成的少征或者漏征的税款,自纳税义务人应缴纳税款之日起3年以内可以追征,并从缴纳税款之日起按日加收少征或者漏征税款5‰的滞纳金。

五、关税纳税争议

为保护纳税人的合法权益,我国《海关法》和《关税条例》都规定了纳税义务人对海关确定的进出口货物的征税、减税、补税或者退税等有异议时,有提出申诉的权利。在纳税义务人同海关发生纳税争议时,可以向海关申请复议,但同时应当在规定期限内按海关核定的税额缴纳关税,逾期则构成滞纳,海关有权按规定采取强制执行措施。

纳税争议的内容一般为进出境货物和物品的纳税义务人对海关在原产地认定、税则归类、税率或汇率适用、完税价格确定、关税减征、免征、追征、补征和退还等征税行为是否合法或适当,是否侵害了纳税义务人的合法权益,而对海关征收关税的行为表示异议。

纳税争议的申诉程序:纳税义务人自海关填发税款缴款书之日起30日内,向原征税海关的上一级海关书面申请复议。逾期申请复议的,海关不予受理。海关应当自收到复议申请之日起60日内作出复议决定,并以复议决定书的形式正式答复纳税义务人;纳税义务人对海关复议决定仍然不服的,可以自收到复议决定书之日起15日内,向人民法院提起诉讼。

【案例4-5】

从境外某公司引进钢结构产品自动生产线,境外成交价格(FOB)1 600万元。该生产线运抵我国输入地点起卸前的运费和保险费120万元,境内运输费用12万元。另支付由买方负担的经纪费10万元,买方负担的包装材料和包装劳务费20万元,与生产线有关的境外开发设计费用50万元,生产线进口后的现场培训指导费用200万元。取得海关开具的完税凭证及国内运输部门开具的运输业专用发票。

要求:计算该公司进口环节应缴纳的关税、增值税。

【案例分析】

$$进口环节关税完税价格 = 1\,600 + 120 + 10 + 20 + 50 = 1\,800(万元)$$
$$进口环节应缴纳的关税 = 1\,800 \times 30\% = 540(万元)$$
$$进口环节应缴纳的增值税 = (1\,800 + 540) \times 17\% = 397.80(万元)$$

【案例4-6】

有进出口经营权的某外贸公司,10月经有关部门批准从境外进口小轿车30辆,每辆小轿车货价15万元,运抵我国海关前发生的运输费用、保险费用无法确定,经海关查实其他运输公司相同业务的运输费用占货价的比例为2%。向海关缴纳了相关税款,并取得了完税凭证。(已知:小轿车关税税率60%、消费税税率9%)

要求:计算小轿车在进口环节应缴纳的关税、消费税、增值税。

【案例分析】

(1) 进口小轿车的货价＝15×30＝450(万元)。

(2) 进口小轿车的运输费＝450×2‰＝9(万元)。

(3) 进口小轿车的保险费＝(450＋9)×3‰＝1.38(万元)。

(4) 进口小轿车应缴纳的关税:

$$关税的完税价格 = 450＋9＋1.38 = 460.38(万元)$$

$$应缴纳关税 = 460.38×60\% = 276.23(万元)$$

(5) 进口环节小轿车应缴纳的消费税:

$$消费税组成计税价格 = (460.38＋276.23)÷(1－9\%) = 809.46(万元)$$

$$应缴纳消费税 = 809.46×9\% = 72.85(万元)$$

(6) 进口环节小轿车应缴纳增值税:

$$应缴纳增值税 = 809.46×17\% = 137.61(万元)$$

【知识拓展】

新税政后海淘如何缴税

邢　昀

为营造公平竞争的市场环境,促进跨境电子商务健康发展,经国务院批准,自2016年4月8日起,我国将实施跨境电子商务零售(企业对消费者,即B2C)进口税收政策,并同步调整行邮税政策。新政策执行伊始,朋友圈热传旅客入境时遭遇严查。海淘到底要怎么缴税?

国内消费者海淘可以大概分成三类:一是在国内跨境电商如京东全球购、考拉上购买海外商品;二是从美亚、日亚等海外电商网站购买,通过直邮或者转运方式到中国买家手里;三是找海外个人代购或者亲朋好友等(C2C)购买。

对比此前统一交行邮税的政策,新政实施后,不同商品、不同渠道的海淘税负有升有降,总体上比以前有所增加。

个人代购通过邮寄的形式入境,50元免征税额并未取消,通过旅客人肉背回国的执行最高8 000元的免税限额,所以,个人代购在限额以内的免税优势仍然存在。如果超过免税限额,通过跨境电商购买奶粉、纸尿裤、箱包鞋子、部分化妆品,可以少缴税。

此前很多个人代购入关选择不主动申报,以期侥幸避税。但是新政后,由于过关检查的严格以及税率的提高,这种方式的风险增加。

跨境电商影响最大行邮税率多上调

这次对跨境电商进口税收调整,主要影响的是第一类海淘。过去在跨境电商购买海外商品适用行邮税,而不是一般贸易进口所要缴纳的关税、进口增值税和进口消费税。

政策调整后,跨境电商平台不再适用行邮税,进口环节增值税、消费税暂按法定应纳税额的70%征收,关税税率暂设为0,过去在行邮税下跨境电商享受的50元免征税额也被取

消。同时,单次交易限值为人民币2 000元,个人年度交易限值为人民币20 000元。超过限值则要按一般贸易全额征税。

相关部门通过"正面清单"对跨境电商经营的商品品类进行管控,目前液态奶等部分热门产品未列入清单上,对电商经营和个人购买造成了不小的负面影响。

对第三种海淘模式,入境旅客行李物品和个人邮递物品,仍然适用行邮税。所谓行邮税,实际上是对进境个人物品所含关税以及进口环节海关代征税的简易征收,不同商品适用于不同的税率。

此次新税政下,行邮税税率税目调整,大部分进境物品的税率有所提升。此前的四档税目对应税率分别为10%、20%、30%、50%,新政将其调整为三档,分别对应税率为15%、30%、60%。邮递物品50元免征税额的规定仍适用。

大部分进境物品税率的提高,个人代购的第三种海淘模式也会受到不小的影响。奶粉的税率从10%提高到15%,烟酒的税率都由50%提高到60%,部分衣服从20%提高到30%,箱包鞋类由10%提高至30%。化妆品税率有升有降,日常清洁、护肤类的行邮税税率由50%下调至30%,香水、眼影等由50%上升至60%。

行邮税下,人肉背回来的和邮寄入境的情况有所差别。人肉背回来的情况,按照海关总署规定,进境的居民旅客携带在境外获取的个人自用进境物品,总值在5 000元人民币以内(含5 000元)的,海关予以免税放行。超出的话,仅对超出部分征税。2016年2月起,在国内一些特定的机场和水路口岸的进境免税店,能购买的入境免税商品总额增至8 000元。

邮寄进境的,财政部关税司此前明确,邮递物品50元免征税额依然保留。应征进口税税额在人民币50元(含50元)以下的,海关予以免征,每次限值为1 000元人民币。如果邮包里只有一件物品,价值超过1 000元限值,因为物品不可分割且确定为自用,仍可以按照个人物品规定办理通关手续。

海淘奶粉、化妆品如何避税

新政以后,不同商品选择不同渠道海淘,要交的税有升有降,选择合适的渠道和方法可以相对减轻税负。

由于个人代购邮寄入境保留了50元免征税额的优势,找直邮的个人代购海淘时,单次购买330块钱以下的奶粉,单次购买166元以下的箱包、鞋子、清洁护理类化妆品,还可以享受免税优惠。

但优惠免征税额较低,大部分海淘客都会超标。如果单次购买单价较高,或者总金额较大,超出免征税额的标准时,购买箱包、鞋子、奶粉可以考虑跨境电商。通过跨境电商购买综合税率相当于11.9%(17%×70%,规定的限额以内),而行邮税下,这些商品的税率为15%~30%不等,缴税相对较多。

举个例子,一罐海外奶粉完税价格为200元,过去行邮税税率为10%,不管是从跨境电商处购买,还是个人海淘邮寄入境,原本需要缴税20元(200×10%),因为在50元免税额以内,所以免缴。

新政实施后,个人代购邮寄入境的,缴纳的行邮税税率提高到15%,需要缴纳30元,在50元以下免缴。但如果在跨境电商平台购买,需要缴税为23.8元(200×17%×70%)。

但如果购买两罐奶粉,个人代购需要缴纳行邮税 60 元(400×15%),但从跨境电商平台购买只需缴纳 47.6 元(400×17%×70%)。

此次行邮税调整,化妆品的品类作出细化调整,税率有升有降。此前化妆品税率统一为 50%。调整后,日用清洁用品包括洗面奶、卸妆水,护肤用品包括化妆水、眼霜、面霜、精华液、面膜,以及护发用品等税率下调至 30%,香水、唇膏、睫毛膏、眼影等化妆品税率由 50% 提高至 60%。

简单计算,单次购买 166 元以下的清洁护理类化妆品,购买 83 块钱以下的睫毛膏、唇膏等,通过个人代购直邮海淘,还会享受 50 元免征税额的优惠政策,避免缴税。但目前这些热门海淘化妆单品很少有价格在这个限额以内的。

通过跨境电商渠道海淘,化妆品除了 17% 的增值税,还需要缴纳 30% 的消费税,按照新政规定打 7 折计算,相当于按 32.9% 的税率纳税。通过个人代购邮寄入境购买的是清洁、护肤类的化妆品,行邮税税率 30%,低于跨境电商平台,而购买香水、唇膏、睫毛膏等,行邮税税率 60%,通过跨境电商渠道购买更便宜。

海淘轻奢品缴税增加

此次调整以后,钟爱轻奢品牌、奢侈品牌的海淘客要缴纳更多的税了。

新政规定,跨境电商网站上单次购买超过 2 000 元,就必须按照货物贸易全额缴税,增值税税率为 17%、关税税率为 10%,其中一部分如香水等还要缴纳消费税。

个人代购选择人肉背回境内的,由于享受最高可达 8 000 元的免征额,且存在不被开包检查的可能性,有人选择不主动申报,以期避税。但这实质上是逃税行为,达到一定额度会定义为走私行为,甚至上升至走私普通货物罪。新政初期回国入关开行李箱检查的频率很高,通过这种途径期望避税风险也不小。

政策实施,将为国内跨境电子商务的发展营造稳定、统一的税收政策环境,引导电子商务企业开展公平竞争,有利于鼓励商业模式创新,推动跨境电子商务健康发展,并将有利于提升消费者客户体验,保护消费者合法权益。

(资料来源:财新网)

 课后练习题

一、单项选择题

1. 根据关税法律制度的规定,下列各项中,不计入进口货物完税价格的是(　　)。

   A. 货物成交价格

   B. 进口关税税额

   C. 由买方负担的包装材料和包装劳务费用

   D. 由买方负担的除购货佣金以外的佣金和经纪费

2. 根据关税法律制度的规定,下列各项中,应计入出口货物完税价格的是(　　)。

   A. 出口关税税额

   B. 单独列明的支付给境外的佣金

   C. 装船以后发生的费用

D. 出口货物在成交价格之外,买方另行支付的货物包装费

3. 关税的税率随着进口商品价格的变动而反方向变动的一种税率形式,即价格越高,税率越低,这种计征关税的方法称为( )。

    A. 从价税   B. 从量税   C. 复合税   D. 滑准税

4. 根据关税法律制度的规定,进出口货物,因收、发货人或者其代理人违反规定而造成少征或者漏征关税的,海关可以( )追征。

    A. 在1年内   B. 在3年内   C. 在10年内   D. 无限期

5. 下列不属于关税征税对象的是( )。

    A. 从国外进口的设备   B. 入境旅客随身携带的行李物品

    C. 企业出口的设备   D. 国家禁止出口的物品

6. 某企业进口一批货物,货物成交价格为95万元,货物运抵我国关境内输入地点起卸前的运费和保险费为5万元。已知,该货物适用的关税税率为20%。根据关税法律制度的规定,该企业应缴纳进口关税( )万元。

    A. 18   B. 20   C. 22   D. 24

7. 某汽车制造厂为增值税一般纳税人,2017年4月进口汽车配件一批,海关审定的关税完税价格为144万元,从海关运往企业所在地支付运费6万元,取得承运部门开具的运输发票,进口汽车配件的关税税率为10%。该汽车制造厂进口汽车配件应缴纳的增值税额为( )万元。

    A. 26.93   B. 27.63   C. 28.05   D. 31.88

8. 某企业为增值税一般纳税人。2017年4月进口一批化妆品,海关审定的关税完税价格为40万元。已知:化妆品关税税率为20%、消费税税率为30%。该企业进口化妆品应纳进口增值税税额为( )万元。

    A. 2.06   B. 6.80   C. 8.16   D. 11.66

9. 关税纳税义务人因不可抗力或者在国家税收政策调整的情形下,不能按期缴纳税款的,经海关总署批准,可以延期缴纳税款,但最多不得超过( )个月。

    A. 3   B. 6   C. 9   D. 12

10. 关于进出口货物完税价格中的运费、保险费的计算说法中,正确的为( )。

    A. 陆运进口的货物如成交价格中包含运、保、杂费支付至内地到达口岸的,关境的第一口岸至内地一段的运费和相关费用、保险费应扣除

    B. 进口货物以离岸价格成交的,应加上途中实际支付的运保费,如实际支付的运保费无法确定时,进口人可按以往的运费率和保险费率计算

    C. 进口货物的保险费无法确定时,可按"货价加运费"两者总额的5‰计算保险费

    D. 出口货物的离岸价格应以该项货物运离关境前的最后口岸价格为实际价格

二、多项选择题

1. 根据关税法律制度的规定,下列各项中,属于我国关税纳税人的有( )。

    A. 进口货物的发货人

    B. 进口货物的收货人

C. 出口货物的发货人

D. 入境旅客随身携带的行李、物品的持有人

2. 关于完税价格,下列说法中,正确的有(　　)。

A. 加工贸易进口料件及制成品凡内销需补税的,要按一般进口货物的完税价格规定来审定完税价格

B. 租赁方式进口的留购货物,应以该同类货物进口时到岸价格作为完税价格

C. 接受捐赠进口的货物如有类似货物成交价格的,应按该类似货物成交价格作为完税价格

D. 出口的货物一般以境外买方向卖方实付或应付的货价为基础确定完税价格

3. 下列费用中,如能与该货物实付或者应付价格区分,不得计入完税价格的有(　　)。

A. 进口关税及其他国内税收

B. 货物运抵境内输入地点之后的运输费用、保险费和其他相关费用

C. 与该货物有关并作为卖方向我国销售该货物的一项条件,应当由买方直接或间接支付的特许权使用费

D. 厂房、机械、设备等货物进口后的基建、安装、装配、维修和技术服务的费用

4. 进口货物中存在下列情形,经海关查明属实,可以酌情减免关税的有(　　)。

A. 在境外运输途中或者在起卸时,遭受损坏

B. 无商业价值的广告品和货样

C. 海关放行后,因不可抗力遭受损坏或者损失

D. 海关查验时已经破漏、损坏或者腐烂,经证明不是保管不慎造成的

5. 关税的征收管理规定中,关于补征和追征的期限为(　　)。

A. 补征期为1年内　　　　　　　　B. 追征期为1年内

C. 补征期为3年内　　　　　　　　D. 追征期为3年内

6. 下列各项中,属于《海关法》规定,可以自缴纳税款之日起1年内申请退税的有(　　)。

A. 进口后因不可抗力遭受损失或损坏的

B. 因海关误征,多纳税款的

C. 已征出口关税的货物,因故未装运出口,申报退关,经海关查验属实的

D. 海关核准免验进口的货物,在完税后,发现有短卸情况,经海关审查认可的

7. 下列出口货物完税价格确定方法中,符合关税法规定的有(　　)。

A. 海关依法估价确定的完税价格

B. 以成交价格为基础确定的完税价格

C. 根据境内生产类似货物的成本、利润和费用计算出的价格

D. 以相同或类似的进口货物在境内销售价格为基础估定的完税价格

8. 根据《进出口关税条例》的规定,下列情形中,纳税人或其代理人可以向海关申请退税的有(　　)。

A. 进口货物起卸后海关放行前,因不可抗力遭受损坏或损失的

B. 因海关误征,多纳税款的

C. 已征出口关税的货物,因故未装运出口,申报退税,经海关查验属实的

D. 海关核准免验进口的货物,在完税后,发现有短缺情况,经海关审查认可的

9. 下列属于法定减免关税的有(   )。

　　A. 进料加工剩余的料件内销的收入　　B. 进口供保税区使用的机器

　　C. 无商业价值的货样　　D. 外国政府无偿赠送的物资

10. 对于滞纳关税的纳税人,海关有权进行强制执行,强制执行措施主要有(   )。

　　A. 加收滞纳税金应该承担的利息　　B. 加收关税滞纳金

　　C. 强制扣缴和变价抵缴　　D. 扣留进口货物

三、判断题

1. 在海关对进出口货物进行完税价格审定时,如海关不接受申报价格,而认为有必要估定完税价格时,可以与进出口货物的纳税义务人进行价格磋商。　　(   )

2. 在确定进口货物完税价格时,货物成交价格中含进口人向卖方支付的佣金,应该从完税价格中扣除。　　(   )

3. 江苏某企业将一批产品从南京出口到日本,日本到岸价格为 500 万元(其中含有运费 40 万元,保险费 20 万元,支付国外的佣金 30 万元),另外还支付包装费 10 万元,出口关税税率为 40%,则应纳关税为 300 万元。　　(   )

4. 某企业向海关报明将 1 台价值 65 万元的机械设备运往境外修理,机械设备修复后准时复运进境。假设该机械设备的关税税率为 5%,支付的修理费和料件费为 35 万元(经海关审查确定),该企业缴纳的关税应为 1.75 万元。　　(   )

5. 从境外租借进口的设备以海关审查确定的成交价格作为完税价格。　　(   )

6. 在纳税义务人同海关发生纳税争议时,可以向海关申请复议,对有争议的应纳税款可以缓纳。　　(   )

7. 按海关现行规定,因收发货人或者他们的代理人违反规定而造成的少征或漏征税款,海关应当自纳税人缴纳税款或者货物放行之日起 1 年内,向收货人或者他们的代理人追征。

(   )

8. 进口货物成交价格中已包括进口人向其境外代理人支付的经纪费,并且能够单独分列的,可从完税价格中扣除。　　(   )

9. 进出口货物完税后,如发现少征或者漏征关税税款,海关应当自缴纳税款或者货物放行之日起 1 年内,向收发货人或者他们的代理人补征。　　(   )

10. 运往境外加工的货物,出境时向海关报明,并在海关规定期限内复运进境的,应当以加工后的货物进境时的到岸价格作为完税价格。　　(   )

四、计算题

1. 某进出口公司从美国进口一批化工原料共 500 吨,货物以境外口岸离岸价格成交,单价折合人民币为 20 000 元,买方承担包装费每吨 500 元,另向卖方支付的佣金每吨 1 000 元人民币,另向自己的采购代理人支付佣金 5 000 元人民币。已知该货物运抵中国海关境内输入地起卸前的包装、运输、保险和其他劳务费用为每吨 2 000 元人民币,进口后另发生运输和装卸费用 300 元人民币。

要求:计算该批化工原料的关税完税价格。

2. 某企业于 2009 年 5 月将 1 台账面余值 55 万元的进口设备运往境外修理,当月在海关规定的期限内复运进境。经海关审定的境外修理费为 4 万元、料件费为 6 万元。假定该设备的进口关税税率为 30%。

要求:计算该企业应缴纳的关税。

3. 某公司进口一批货物,CIF 成交价格为人民币 600 万元,含单独计价并经海关审核属实的进口后装配调试费用为 30 万元,该货物进口关税税率为 10%,海关填发税款缴纳证日期为 2017 年 1 月 10 日,该公司于 1 月 25 日缴纳税款。

要求:计算该公司应纳关税及滞纳金。

4. 上海某进出口公司从美国进口货物一批,货物以离岸价格成交,成交价折合人民币为 1 410 万元(包括单独计价并经海关审查属实的向境外采购代理人支付的买方佣金 10 万元,但不包括使用该货物而向境外支付的软件费 50 万元、向卖方支付的佣金 15 万元),另支付货物运抵我国上海港的运费、保险费等 35 万元。假设该货物适用关税税率为 20%、增值税税率为 17%、消费税税率为 10%。

要求:请分别计算该公司应纳关税、消费税和增值税。

五、案例分析题

某钢铁企业急需进口一批矿石,在可供选择的进货渠道中有两个国家:一是澳大利亚,二是加拿大。如果进口需求为 20 万吨,从澳大利亚进口优质高品位矿石,其价格为 20 美元/吨,运费为 20 万美元;若从加拿大进口较低品位的矿石,价格为 19 美元/吨,由于其航程是澳大利亚的 2 倍,运费及其杂费为 55 万美元。该矿石的进口关税税率为 30%。

分析:该钢铁企业应选择从哪一个国家进口矿石?

项目五　企业所得税法律制度

 学习目标

1. 知识目标

- 了解企业所得税的发展过程和特点
- 掌握企业所得税的纳税人、征税对象及税率等构成要素
- 掌握企业所得税应纳税额的计算
- 理解企业所得税征收管理方式

2. 能力目标

- 能准确计算企业收入总额、准予扣除项目及扣除标准
- 能准确计算企业应纳税所得额及应纳所得税额
- 掌握企业所得税税收优惠政策

【导入案例】

某家电企业为增值税一般纳税人，职工1 050人（其中残疾职工20人），2016年度有关生产经营情况如下：

（1）全年实现销售收入9 200万元，与收入相匹配销售成本4 000万元，实际缴纳增值税1 500万元，营业税金及附加180万元。

（2）投资收益235万元，其中投资A企业获得80万元收益，国债利息收入155万元。

（3）发生销售费用1 600万元，其中广告费1 200元，业务宣传费400万元。

（4）发生管理费用980万元，其中业务招待费95万元，研究新产品费用60万元。

（5）发生财务费用45万元，其中向非金融机构借款1年的利息支出30万元（借款年利率10%，银行同期同类贷款年利率6%）。

（6）发生营业外支出23万元，其中支付供货单位违约金5万元，通过政府部门向贫困山区捐款18万元。

（7）企业账面会计利润为1 320万元，已预缴企业所得税310万元。

根据上述资料计算该企业2016年度应退（补）的企业所得税额。

任务一　企业所得税纳税义务人、征税对象和税率

一、企业所得税的概念

企业所得税是对在中国境内从事生产经营活动的企业或者组织,就其生产经营所得和其他所得依法征收的一种税。上述所得具体包括销售货物所得、提供劳务所得、转让财产所得、股息红利等权益性投资所得、利息所得、租金所得、特许权使用费所得、接受捐赠所得和其他所得。

企业所得税法是指由国家制定,用于调节企业所得税征收与缴纳之间权利与义务关系的法律规范的总称。1993 年 12 月 13 日,国务院颁布了《中华人民共和国企业所得税暂行条例》并于 1994 年 1 月 1 日起施行。作为企业所得税法的基本规范,该《暂行条例》在组织财政收入、促进经济发展等方面都起到了积极的作用,但也存在弊端和矛盾。

为解决存在的矛盾,按照社会主义市场经济发展的要求统一和规范企业所得税制,进一步理清国家与企业的分配关系,减轻企业负担,公平税负,促进竞争,中华人民共和国第十届全国人民代表大会第五次会议于 2007 年 3 月 16 日通过了《中华人民共和国企业所得税法》,自 2008 年 1 月 1 日起施行。前述《中华人民共和国企业所得税暂行条例》同时废止。

二、企业所得税的特点

现行的企业所得税突破了我国开征所得税后长期按企业所有制性质设置不同的税种、税率和征收办法的局限,统一了税种、税率、税基和税收优惠等,体现和贯穿了市场经济对税收的公平、不歧视、鼓励平等竞争的基本要求,有利于各类企业在同一起跑线上开展竞争,优胜劣汰,提高宏观经济效益;有利于进一步增强企业活力,促进社会主义市场经济的发展和现代企业制度的建立。其作用主要体现在以下几个方面。

1. 维护税法的统一性和严肃性,确保国家财政收入

统一的内外资企业所得税,既适应了我国的混合经济形式日益发展的客观情况,又简化了税制,维护了税法的完整统一,有利于确保国家财政收入。同时,统一内外资企业所得税,既符合我国的国情,又尊重了国际惯例。

2. 理顺国家与企业之间的分配关系,促进企业转换经营机制,增强企业活力

统一的内外资企业所得税,使国家以社会管理者的身份凭借政治权力对不同所有制的企业一视同仁地征税,理顺了国家与不同经济成分和经营方式之间的分配关系,有利于促进企业转换经营机制。同时,企业缴纳所得税后的利润由企业自行支配,有利于调动企业的生产积极性,促进企业挖掘内部潜力,提高经济效益。

3. 有利于推动市场经济的发展

企业依法缴纳所得税,促进了企业所有权与经营权的分离,推动了现代企业制度的建立。企业可以根据市场需要,自行支配自己的行为,成为真正的自主经营、自负盈亏、自我约束、自我发展的生产经营者,可以在市场上参与平等竞争,优胜劣汰,从而推动整个市场经济的发展。

三、企业所得税的纳税义务人

企业所得税的纳税义务人是指在中国境内取得收入的企业或者组织(但不包括个人独资企业、合伙企业),包括居民企业和非居民企业。

居民企业是指依法在中国境内成立,或者依照外国(地区)法律成立但实际管理机构在中国境内的企业。

非居民企业是指依照外国(地区)法律成立且实际管理机构不在中国境内,但在中国境内设立机构、场所的,或者在中国境内未设立机构、场所,但有来源于中国境内所得的企业。

我国企业所得税采取收入来源地管辖权和居民管辖权相结合的双重管辖标准划分纳税人,分别确定不同的纳税义务,如表5-1所示。

表5-1 企业所得税纳税人划分标准与纳税义务

纳税人	划分标准	纳税义务
居民企业	(1) 依照中国法律、法规在我国境内成立的企业; (2) 依照外国(地区)法律、法规成立但实际管理机构在中国境内的企业	应就来源于中国"境内、境外"的全部所得在我国缴纳企业所得税
非居民企业	依照外国(地区)法律成立且实际管理机构不在中国境内,但在中国境内设立机构、场所,或者在中国境内未设立机构、场所,但有来源于中国境内所得的企业	应就来源于中国境内的所得和虽来源于境外但与境内机构、场所有实际联系的所得在我国缴纳企业所得税

四、企业所得税的征税对象及范围

(一) 征税对象的确定原则

企业所得税的征税对象是企业取得的生产经营所得和其他所得,但并不是企业取得的任何一项所得都是企业所得税的征税对象。确定企业的一项所得是否是征税对象,要遵循以下原则。

1. 必须是有合法来源的所得

企业的所得必须是国家法律允许并保护的。对企业从事非法行为取得的所得,不构成企业所得税的征税对象。

2. 应纳税所得是扣除成本费用以后的纯收益

企业取得任何一项所得,都必然要有相应的消耗和支出,只有扣除为取得这些所得而发生的成本费用后的余额,才是企业所得税的应税所得。

3. 企业所得税的应纳税所得必须是实物或货币所得

企业各种荣誉性、知识性及体能、心理上的收益,都不是应纳税所得。

4. 企业所得税的应纳税所得包括来源于中国境内、境外的所得

居民企业应当就其来源于中国境内、境外的所得缴纳企业所得税。非居民企业在中国境内设立机构、场所的,应当就其所设机构、场所取得的来源于中国境内的所得,以及发生在中国境外但与其所设机构、场所有实际联系的所得,缴纳企业所得税。非居民企业在中国境

内未设立机构、场所,或者虽设立机构、场所,但取得的所得与其所设机构、场所没有实际联系的,应当就其来源于中国境内的所得缴纳企业所得税。

（二）征税对象的具体内容

企业所得税的征税对象,是企业来源于中国境内、境外的生产经营所得和其他所得。具体包括销售货物所得、提供劳务所得、转让财产所得、股息红利等权益性投资所得、利息所得、租金所得、特许权使用费所得、接受捐赠所得和其他所得。

上述所称来源于中国境内、境外所得,按照以下原则确定:

（1）销售货物所得,按照交易活动发生地确定。

（2）提供劳务所得,按照劳务发生地确定。

（3）转让财产所得,不动产转让所得按照不动产所在地确定,动产转让所得按照转让动产的企业或者机构、场所所在地确定,权益性投资资产转让所得按照被投资企业所在地确定。

（4）股息、红利等权益性投资所得,按照分配所得的企业所在地确定。

（5）利息所得、租金所得、特许权使用费所得,按照负担、支付所得的企业或者机构、场所所在地确定,或者按照负担、支付所得的个人的住所地确定。

（6）其他所得,由国务院财政、税务主管部门确定。

五、企业所得税的税率

企业所得税的税率是指对纳税人应纳税所得额征税的比率,是计算企业所得税应纳税额的法定比率。

（一）25%的法定税率

根据 2008 年的《中华人民共和国企业所得税法》规定一般企业所得税的税率为 25%。

非居民企业在中国境内设立机构、场所的,应当就其所设机构、场所取得的来源于中国境内的所得,以及所得发生在中国境外但与其所设机构、场所有实际联系的所得税税率为 25%。

（二）20%的法定税率

非居民企业在中国境内未设立机构、场所的,或者虽设立机构、场所但取得的所得与其所设机构、场所没有实际联系的,应当就其来源于中国境内的所得缴纳企业所得税,适用税率为 20%。根据《企业所得税法》的规定,实际征收时减按 10% 的税率征收企业所得税。

符合条件的小型微利企业,减按 20% 的税率征收企业所得税。

国家需要重点扶持的高新技术企业,减按 15% 的税率征收企业所得税。

任务二　企业所得税应纳税额的计算

企业所得税的计税依据是企业的应纳税所得额,是指纳税人每一纳税年度的收入总额,减除不征税收入、免税收入、准予扣除项目金额以及允许弥补的以前年度亏损后的余额,为应纳税所得额,即:

应纳税所得额 = 收入总额 - 不征税收入 - 免税收入 - 准予扣除项目金额 - 以前年度亏损

应纳税所得额与会计利润是两个不同的概念,两者既有联系又有区别。应纳税所得额是一个税收概念,是根据《企业所得税法》按照一定的标准确定的、纳税人在一个时期内的计税所得,即企业所得税的计税依据。根据《企业所得税法》规定,它包括企业来源于中国境内、境外的全部生产经营所得和其他所得,具体包括销售货物所得、提供劳务所得、转让财产所得、股息红利等权益性投资所得、利息所得、租金所得、特许权使用费所得、接受捐赠所得和其他所得。而会计利润则是一个会计核算概念,反映的是企业在一定时期内生产经营的财务成果。它关系到企业经营成果、投资者的权益以及企业与职工的利益。会计利润是确定应纳税所得的基础,但是不能等同于应纳税所得额。企业按照财务会计制度的规定进行核算得出的会计利润,根据税法规定作相应的调整后,才能作为企业的应纳税所得额。

企业应纳税所得额的计算,以权责发生制为原则,属于当期收入和费用的,不论款项是否收付,均作为当期的收入和费用;不属于当期收入和费用的,即使款项已经在当期收付,均不作为当期的收入和费用。

一、收入总额

收入总额是指企业以货币形式和非货币形式从各种来源取得的收入。企业取得收入的货币形式,包括现金、存款、应收账款、应收票据、准备持有至到期的债券投资以及债务的豁免等。企业取得收入的非货币形式,包括固定资产、生物资产、无形资产、股权投资、存货、不准备持有至到期的债券投资、劳务以及有关权益等。企业以非货币形式取得的收入,应当按照公允价值确定收入额。

(一) 收入确定的基本规定

构成收入总额的项目包括销售货物收入、提供劳务收入、转让财产收入、股息和红利等权益性投资收益、利息收入、租金收入、特许权使用费收入、接受捐赠收入、其他收入等,具体核算范围如表 5-2 所示。

表 5-2　　　　　　　　　　　　　收入项目的核算范围

序	项　　　目	核算范围
1	销售货物收入	企业销售商品、产品、原材料、包装物、低值易耗品以及其他存货取得的收入
2	提供劳务收入	企业从事建筑安装、修理修配、交通运输、仓储租赁、金融保险、邮电通信、咨询经纪、文化体育、科学研究、技术服务、教育培训、餐饮住宿、中介代理、卫生保健、社区服务、旅游、娱乐、加工以及其他劳务服务活动取得的收入
3	转让财产收入	企业转让固定资产、生物资产、无形资产、股权、债权等财产取得的收入
4	股息和红利等权益性投资收益	企业因权益性投资从被投资方取得的收入。股息和红利等权益性投资收益,除国务院财政、税务主管部门另有规定外,按照被投资方作出利润分配决定的日期确认收入的实现

（续表）

序	项　目	核算范围
5	利息收入	企业将资金提供他人使用但不构成权益性投资,或者因他人占用本企业资金取得的收入,包括存款利息、贷款利息、债券利息、欠款利息等收入
6	租金收入	企业提供固定资产、包装物或者其他有形资产的使用权取得的收入
7	特许权使用费收入	企业提供专利权、非专利技术、商标权、著作权以及其他特许权的使用权取得的收入
8	接受捐赠收入	企业接受的来自其他企业、组织或者个人无偿给予的货币性资产、非货币性资产
9	其他收入	企业取得的除上述规定的收入外的其他收入,包括企业资产溢余收入、逾期未退包装物押金收入、确实无法偿付的应付款项、已作坏账损失处理后又收回的应收款项、债务重组收入、补贴收入、违约金收入、汇兑收益等

（二）收入确定的特殊规定

1. 分期确认收入

企业的下列生产经营业务可以分期确认收入的实现:

（1）以分期收款方式销售货物的,按照合同约定的收款日期确认收入的实现。

（2）企业受托加工制造大型机械设备、船舶、飞机,以及从事建筑、安装、装配工程业务或者提供其他劳务等,持续时间超过 12 个月的,按照纳税年度内完工进度或者完成的工作量确认收入的实现。

2. 分成取得收入

采取产品分成方式取得收入的,按照企业分得产品的日期确认收入的实现,其收入额按照产品的公允价值确定。

3. 视同销售收入

企业发生非货币性资产交换,以及将货物、财产、劳务用于捐赠、偿债、赞助、集资、广告、样品、职工福利或者利润分配等用途的,应当视同销售货物、转让财产或者提供劳务,但国务院财政、税务主管部门另有规定的除外。

4. 不征税收入

（1）财政拨款是指各级人民政府对纳入预算管理的事业单位、社会团体等组织拨付的财政资金,但国务院和国务院财政、税务主管部门另有规定的除外。

（2）行政事业性收费是指依照法律、法规等有关规定,按照国务院规定程序批准,在实施社会公共管理,以及在向公民、法人或者其他组织提供特定公共服务过程中,向特定对象收取并纳入财政管理的费用。

（3）政府性基金是指企业依照法律、行政法规等有关规定,代政府收取的具有专项用途的财政资金。

（4）国务院规定的其他不征税收入是指企业取得的,由国务院财政、税务主管部门规定专项用途并经国务院批准的财政性资金。

二、准予扣除项目

(一) 准予扣除项目应遵循的原则

《企业所得税法》所称有关的支出是指与取得收入直接相关的支出。

《企业所得税法》所称合理的支出是指符合生产经营活动常规,应当计入当期损益或者有关资产成本的必要和正常的支出。

企业发生的支出应当区分收益性支出和资本性支出。收益性支出在发生当期直接扣除;资本性支出应当分期扣除或者计入有关资产成本,不得在发生当期直接扣除。

企业的不征税收入用于支出所形成的费用或者财产,不得扣除或者计算对应的折旧、摊销扣除。

除税收法规另有规定外,税前扣除的确认一般应遵循以下原则:

(1) 权责发生制原则,即纳税人应在费用发生时而不是在实际支付时确认扣除。

(2) 配比原则,即纳税人发生的费用应在费用应配比或应分配的当期申报扣除,纳税人某一纳税年度应申报的可扣除费用不得提前或滞后申报扣除。

(3) 相关性原则,即纳税人可扣除的费用从性质和根源上必须与取得应税收入相关。

(4) 确定性原则,即纳税人可扣除的费用不论何时支付,其金额必须是确定的。

(5) 合理性原则,即纳税人可扣除费用的计算和分配方法应符合一般的经营常规和会计惯例。

(二) 扣除项目的基本范围

在计算应纳税所得额时准予从收入额中扣除的项目是指与纳税人取得收入有关的成本、费用、税金、损失和其他支出,具体核算范围如表 5-3 所示。

表 5-3 扣除项目的核算范围

序	项　　目	核算范围
1	成本	企业在生产经营活动中发生的销售成本、销货成本、业务支出以及其他耗费
2	费用	企业在生产经营活动中发生的销售费用、管理费用和财务费用,已经计入成本的有关费用除外
3	税金	企业发生的除企业所得税和允许抵扣的增值税以外的各项税金及其附加,即按规定缴纳的消费税、城建税、资源税、土地增值税等的税金。教育费附加可视同税金进行税前抵扣
4	损失	企业在生产经营活动中发生的固定资产和存货的盘亏、毁损、报废损失,转让财产损失,呆账损失,坏账损失,自然灾害等不可抗力因素造成的损失以及其他损失。企业发生的损失,减除责任人赔偿和保险赔款后的余额,依照国务院财政、税务主管部门的规定扣除。企业已经作为损失处理的资产,在以后纳税年度又全部收回或者部分收回时,应当计入当期收入
5	其他支出	除成本、费用、税金、损失外,企业在生产经营活动中发生的与生产经营活动有关的、合理的支出

（三）部分扣除项目的具体范围和标准

1. 工资、薪金支出

企业每一纳税年度支付给在本企业任职或者受雇的员工的所有现金形式或者非现金形式的劳动报酬，包括基本工资、奖金、津贴、补贴、年终加薪、加班工资，以及与员工任职或者受雇有关的其他支出。

2. 保险费和住房公积金

企业依照国务院有关主管部门或者省级人民政府规定的范围和标准，为职工缴纳的基本养老保险费、基本医疗保险费、失业保险费、工伤保险费、生育保险费等基本社会保险费和住房公积金，准予扣除。

企业为投资者或者职工支付的补充养老保险费、补充医疗保险费，在国务院财政、税务主管部门规定的范围和标准内，准予扣除。

除企业依照国家有关规定为特殊工种职工支付的人身安全保险费和国务院财政、税务主管部门规定可以扣除的其他商业保险费外，企业为投资者或者职工支付的商业保险费，不得扣除。

3. 借款费用

企业在生产经营活动中发生的合理的、不需要资本化的借款费用，准予扣除。

企业为购置、建造固定资产、无形资产和经过 12 个月以上的建造才能达到预定可销售状态的存货发生借款的，在有关资产购置、建造期间发生的合理的借款费用，应当作为资本性支出计入有关资产的成本，并依照有关的规定扣除。

企业在生产经营活动中发生的下列利息支出，准予扣除：

（1）非金融企业向金融企业借款的利息支出、金融企业的各项存款利息支出和同业拆借利息支出、企业经批准发行债券的利息支出。

（2）非金融企业向非金融企业借款的利息支出，不超过按照金融企业同期同类贷款利率计算的数额的部分。

4. 汇兑损失

企业在货币交易中以及纳税年度终了时，将人民币以外的货币性资产、负债按照期末即期人民币汇率中间价折算为人民币时产生的汇兑损失，除已经计入有关资产成本以及与向所有者进行利润分配相关的部分外，准予扣除。

5. 职工福利费、职工工会经费、职工教育经费

企业发生的职工福利费支出，不超过工资、薪金总额 14％ 的部分，准予扣除；企业拨缴的工会经费，不超过工资、薪金总额 2％ 的部分，准予扣除；除国务院财政、税务主管部门另有规定外，企业发生的职工教育经费支出，不超过工资、薪金总额 2.5％ 的部分，准予扣除；超过部分，准予在以后纳税年度结转扣除。

6. 业务招待费

企业发生的与生产经营活动有关的业务招待费支出，按照发生额的 60％ 扣除，但最高不得超过当年销售（营业）收入的 5‰。

7. 广告费和业务宣传费

企业发生的符合条件的广告费和业务宣传费支出，除国务院财政、税务主管部门另有规

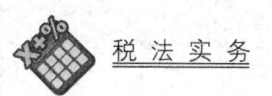

定外,不超过当年销售(营业)收入 15％的部分,准予扣除;超过部分,准予在以后纳税年度结转扣除。

8. 环保、生态专项资金

企业依照法律、行政法规有关规定提取的用于环境保护、生态恢复等方面的专项资金,准予扣除。上述专项资金提取后改变用途的,不得扣除。

9. 财产保险费

企业参加财产保险,按照规定缴纳的保险费,准予扣除。

10. 租赁费

企业根据生产经营活动的需要租入固定资产支付的租赁费,按照以下方法扣除:

(1) 以经营租赁方式租入固定资产发生的租赁费支出,按照租赁期限均匀扣除。

(2) 以融资租赁方式租入固定资产发生的租赁费支出,按照规定构成融资租入固定资产价值的部分应当提取折旧费用,分期扣除。

11. 劳动保护支出

企业发生的合理的劳动保护支出,准予扣除。

12. 公益性捐赠支出

企业发生的公益性捐赠支出,在年度利润总额 12％以内的部分,准予在计算应纳税所得额时扣除。公益性捐赠是指企业通过公益性社会团体或者县级以上人民政府及其部门,用于《中华人民共和国公益事业捐赠法》规定的公益事业的捐赠。年度利润总额是指企业依照国家统一会计制度的规定计算的年度会计利润。公益性社会团体是指同时符合下列条件的基金会、慈善组织等社会团体:

(1) 依法登记,具有法人资格。

(2) 以发展公益事业为宗旨,且不以营利为目的。

(3) 全部资产及其增值为该法人所有。

(4) 收益和营运结余主要用于符合该法人设立目的的事业。

(5) 终止后的剩余财产不归属于任何个人或者营利组织。

(6) 不经营与其设立目的无关的业务。

(7) 有健全的财务会计制度。

(8) 捐赠者不以任何形式参与社会团体财产的分配。

(9) 国务院财政、税务主管部门会同国务院民政部门等登记管理部门规定的其他条件。

13. 非居民企业有关费用扣除

非居民企业在中国境内设立的机构、场所,就其中国境外总机构发生的与该机构、场所生产经营有关的费用,能够提供总机构出具的费用汇集范围、定额、分配依据和方法等证明文件,并合理分摊的,准予扣除。

三、不得扣除项目

在计算应纳税所得额时,下列支出不得扣除:

(1) 向投资者支付的股息、红利等权益性投资收益款项。

（2）企业所得税税款。

（3）税收滞纳金。

（4）罚金、罚款和被没收财物的损失。

（5）非公益性捐赠支出。

（6）赞助支出，是指企业发生的与生产经营活动无关的各种非广告性质支出。

（7）未经核定的准备金支出，是指不符合国务院财政、税务主管部门规定的各项资产减值准备、风险准备等准备金支出。

（8）企业之间支付的管理费、企业内营业机构之间支付的租金和特许权使用费，以及非银行企业内营业机构之间支付的利息，不得扣除。

（9）与取得收入无关的其他支出。

四、弥补以前年度亏损

企业纳税年度发生的亏损，准予向以后年度结转，用以后年度的所得弥补，但结转年限最长不得超过 5 年。

企业弥补亏损的方式主要有以下三种：

（1）企业发生的亏损，可以用次年度的税前利润弥补，次年度利润不足以弥补的，可以在 5 年内延续弥补。

（2）企业发生的亏损，5 年内的税前利润不足以弥补的，用税后利润弥补。这种方式不确认递延所得税，在税法上计算应税所得时不能扣除亏损余额。

（3）企业发生的亏损，可以用盈余公积弥补。

五、应纳税额的计算

企业所得税应纳税额的计算公式如下：

$$应纳税额 ＝ 应纳税所得额 \times 适用税率 － 减免税额 － 抵免税额$$

公式中的减免税额和抵免税额，是指依照《企业所得税法》和国务院的税收优惠规定减征、免征和抵免的应纳税额。

【案例 5-1】

环星企业 2016 年发生以下业务。

本年度共取得收入如下。

（1）商品销售收入 7 200 万元。

（2）转让商标使用权取得收入 60 万元。

（3）出租包装物取得租金收入 70 万元。

（4）利息收入 105 万元（其中 80 万元为购买企业债券获得的利息，25 万元为购买国库券获得的利息）。

本年度发生各项支出如下。

（1）商品销售成本 6 200 万元。

(2) 商品销售税金 525 万元。

(3) 销售费用 280 万元。

要求:计算该企业 2016 年应纳企业所得税。

【案例分析】

(1) 按照税法规定,购买国库券获得的利息不征税,该企业其他收入为应税收入项目。企业本年度应纳税收入总额计算如下。

$$应纳税收入总额 = 7\ 200 + 60 + 70 + (105 - 25) = 7\ 410(万元)$$

(2) 商品销售成本、商品销售税金和营业费用可据实扣除计算如下。

$$准予扣除项目总额 = 6\ 200 + 525 + 280 = 7\ 005(万元)$$

(3) 应纳税所得额 = 7 410 - 7 005 = 405(万元)。

(4) 应纳所得税额 = 405 × 25% = 101.25(万元)。

【案例 5-2】

丝露电器有限责任公司 2016 年发生以下业务。

(1) 销售产品 30 000 台,每台不含税单价 0.3 万元,每台销售成本 0.22 万元。

(2) 购买企业债券利息 60 万元,买卖股票转让所得 100 万元。

(3) 销售费用 800 万元(其中广告费用 450 万元),管理费用 980 万元(其中业务招待费 120 万元)。

(4) 营业外支出 120.75 万元,其中公益性捐赠的自产产品 200 台。

(5) 以 300 台自产产品作为实物股利分配给其投资方,没有确认收入(按新会计准则应确认收入)。

要求:根据上述资料,按下列序号计算有关纳税事项,每个问题需计算出合计数。

(1) 计算全年销售(营业)收入。

(2) 计算全年准予税前扣除的销售成本。

(3) 计算全年准予税前扣除的销售费用。

(4) 计算全年准予税前扣除的管理费用。

(5) 计算全年准予税前扣除的营业外支出。

(6) 计算全年境内生产经营所得应纳税所得额。

(7) 计算 2016 年应纳企业所得税。

【案例分析】

(1) 全年销售(营业)收入 = (30 000 + 200 + 300) × 0.3 = 9 150(万元)。

(2) 全年准予税前扣除的销售成本 = (30 000 + 200 + 300) × 0.22 = 6 710(万元)。

(3) 全年准予税前扣除的销售费用计算如下。

$$广告费扣除限额 = 9\ 150 × 15\% = 1\ 372.5(万元)$$

实际广告费用 450 万元,未超过限额,可据实扣除,全年可扣除销售费用为 450 万元。

（4）全年准予税前扣除的管理费用计算如下。

$$业务招待费扣除限额 = 9\,150 \times 5‰ = 45.75（万元）$$
$$< 实际发生额的 60\%[120 \times 60\% = 72（万元）]$$
$$准予税前扣除的管理费用 = 980 - 120 + 45.75 = 905.75（万元）$$

（5）全年准予税前扣除的营业外支出计算如下。

$$会计利润 = （30\,000 + 300）\times 0.3 + 60 + 100 - （30\,000 + 300）\times 0.22 - 800 - 980 - 120.75$$
$$= 683.25（万元）$$
$$公益捐赠扣除限额 = 683.25 \times 12\% = 81.99（万元）$$
$$营业外支出中的公益捐赠额 = 200 \times 0.22 + 200 \times 0.3 \times 17\% = 54.2（万元）$$

小于扣除限额，可以据实扣除，税法准予扣除的营业外支出为 120.75 万元。

（6）全年应纳税所得额 =（9\,150 + 60 + 100）- 6\,710（成本）- 800（销售费用）- 905.75（管理费用）- 120.75（营业外支出）= 773.5（万元）。

（7）应纳企业所得税额 = 773.5 × 25% = 193.38（万元）。

六、核定征收应纳税额的计算

（一）核定征收企业所得税的适用范围

纳税人具有下列情形之一的，应采取核定征收方式征收企业所得税：

（1）依照税收法律、法规规定可以不设账簿的或按照税收法律、法规规定应设置但未设置账簿的。

（2）只能准确核算收入总额，或收入总额能够查实，但其成本费用支出不能准确核算的。

（3）只能准确核算成本费用支出，或成本费用支出能够查实，但其收入总额不能准确核算的。

（4）收入总额及成本费用支出均不能正确核算，不能向主管税务机关提供真实、准确、完整的纳税资料，难以查实的。

（5）账目设置和核算虽然符合规定，但并未按规定保存有关账簿、凭证及有关纳税资料的。

（6）发生纳税义务，未按照税收法律、法规规定的期限办理纳税申报，经税务机关责令限期申报，逾期仍不申报的。

（二）核定征收应纳税额的计算

实行核定应税所得率征收办法的，应纳所得税额的计算公式如下：

$$应纳税所得额 = 收入总额 \times 应税所得率$$
$$= 成本费用支出额 \div （1 - 应税所得率）\times 应税所得率$$
$$应纳所得税额 = 应纳税所得额 \times 适用税率$$

应税所得率应按表 5-4 规定的标准执行。

表 5-4   各行业应税所得率

行　业	应税所得率	行　业	应税所得率
工业、交通运输业、商业	7%～20%	娱乐业	20%～40%
建筑业、房地产开发业	10%～20%	其他行业	10%～30%
饮食服务业	10%～25%	—	—

任务三　资产的税务处理

企业的各项资产，包括固定资产、生物资产、无形资产、长期待摊费用、投资资产、存货等，以企业取得该项资产时实际发生的支出为计税基础。

企业持有各项资产期间，资产增值或者减值，除国务院财政、税务主管部门规定可以确认损益外，不得调整该资产的计税基础。

一、固定资产的税务处理

固定资产是指企业为生产产品、提供劳务、出租或者经营管理而持有的、使用时间超过12 个月的非货币性资产，包括房屋、建筑物、机器、机械、运输工具以及其他与生产经营活动有关的设备、器具、工具等。

（一）固定资产的计税基础

固定资产的计税基础应根据不同类别确定。

1. 外购的固定资产

外购的固定资产，以购买价款和支付的相关费用以及直接归属于使该资产达到预定用途发生的其他支出为计税基础。

2. 自行建造的固定资产

自行建造的固定资产，以竣工结算前发生的支出为计税基础。

3. 融资租入的固定资产

融资租入的固定资产，以租赁合同约定的付款总额和承租人在签订租赁合同过程中发生的相关费用为计税基础。租赁合同未约定付款总额的，以该资产的公允价值和承租人在签订租赁合同过程中发生的相关费用为计税基础。

4. 盘盈的固定资产

盘盈的固定资产，以同类固定资产的重置完全价值为计税基础。

5. 通过捐赠、投资、非货币性资产交换、债务重组等方式取得的固定资产

通过捐赠、投资、非货币性资产交换、债务重组等方式取得的固定资产，以该资产的公允价值和支付的相关税费为计税基础。

6. 改建的固定资产

改建的固定资产，除已足额提取折旧的固定资产的改建支出和租入固定资产的改建支出外，以改建过程中发生的改建支出增加计税基础。

（二）固定资产的折旧

1. 折旧的方法

固定资产按照直线法计算的折旧,准予扣除。

企业应当自固定资产投入使用月份的次月起计算折旧;停止使用的固定资产,应当自停止使用月份的次月起停止计算折旧。

企业应当根据固定资产的性质和使用情况,合理确定固定资产的预计净残值。固定资产的预计净残值一经确定,不得变更。

2. 折旧的年限

除国务院财政、税务主管部门另有规定外,固定资产计算折旧的最低年限如下:

(1) 房屋、建筑物,为 20 年。

(2) 飞机、火车、轮船、机器、机械和其他生产设备,为 10 年。

(3) 与生产经营活动有关的器具、工具、家具等,为 5 年。

(4) 除飞机、火车、轮船以外的运输工具,为 4 年。

(5) 电子设备,为 3 年。

从事开采石油、天然气等矿产资源的企业,在开始商业性生产前发生的费用和有关固定资产的折耗、折旧方法,由国务院财政、税务主管部门另行规定。

二、生产性生物资产的税务处理

（一）生产性生物资产的计税基础

生产性生物资产是指企业为生产农产品、提供劳务或者出租等而持有的生物资产,包括经济林、薪炭林、产畜和役畜等。

生产性生物资产按照以下方法确定计税基础:

(1) 外购的生产性生物资产,以购买价款和支付的相关费用为计税基础。

(2) 通过捐赠、投资、非货币性资产交换、债务重组等方式取得的生产性生物资产,以该资产的公允价值和支付的相关费用为计税基础。

（二）生产性生物资产的折旧

生产性生物资产按照直线法计算的折旧,准予扣除。

企业应当自生产性生物资产投入使用月份的次月起计算折旧;停止使用的生产性生物资产,应当自停止使用月份的次月起停止计算折旧。

企业应当根据生产性生物资产的性质和使用情况,合理确定生产性生物资产的预计净残值。生产性生物资产的预计净残值一经确定,不得变更。

生产性生物资产计算折旧的最低年限如下:

(1) 林木类生产性生物资产,为 10 年。

(2) 畜类生产性生物资产,为 3 年。

三、无形资产的税务处理

（一）无形资产的计税基础

无形资产是指企业为生产产品、提供劳务、出租或者经营管理而持有的、没有实物形态

的非货币性长期资产,包括专利权、商标权、著作权、土地使用权、非专利技术、商誉等。

无形资产按照以下方法确定计税基础:

(1)外购的无形资产,以购买价款和支付的相关税费以及直接归属于使该资产达到预定用途发生的其他支出为计税基础。

(2)自行开发的无形资产,以开发过程中该资产符合资本化条件后至达到预定用途前发生的支出为计税基础。

(3)通过捐赠、投资、非货币性资产交换、债务重组等方式取得的无形资产,以该资产的公允价值和支付的相关税费为计税基础。

(二)无形资产的摊销

1.摊销范围

在计算应纳税所得额时,企业按照规定计算的无形资产摊销费用,准予扣除。

下列无形资产不得计算摊销费用的扣除:

(1)自行开发的支出已在计算应纳税所得额时扣除的无形资产。

(2)自创商誉。

(3)与经营活动无关的无形资产。

(4)其他不得计算摊销费用扣除的无形资产。

2.摊销方法

无形资产按照直线法计算的摊销费用,准予扣除。

无形资产的摊销年限不得低于10年。

作为投资或者受让的无形资产,有关法律规定或者合同约定了使用年限的,可以按照规定或者约定的使用年限分期摊销。

外购商誉的支出,在企业整体转让或者清算时,准予扣除。

四、长期待摊费用的税务处理

在计算应纳税所得额时,企业发生的下列支出作为长期待摊费用,按照规定摊销的,准予扣除:

(1)已足额提取折旧的固定资产的改建支出。

(2)租入固定资产的改建支出。

(3)固定资产的大修理支出。

(4)其他应当作为长期待摊费用的支出。

固定资产的改建支出是指改变房屋结构或建筑物结构、延长使用年限等发生的支出。

已足额提取折旧的固定资产的改建支出,按照固定资产预计尚可使用年限分期摊销;租入固定资产的改建支出,按照合同约定的剩余租赁期限分期摊销。

改建的固定资产延长使用年限的,除按已足额提取折旧的固定资产的改建和租入固定资产的改建规定外,应当适当延长折旧年限。

固定资产的大修理支出是指同时符合下列条件的支出:

(1)修理支出达到取得固定资产时的计税基础的50%以上。

（2）修理后固定资产的使用年限延长 2 年以上。

固定资产的大修理支出，按照固定资产尚可使用的年限分期摊销。

其他应当作为长期待摊费用的支出，自支出发生月份的次月起，分期摊销，摊销年限不得低于 3 年。

五、投资资产的税务处理

投资资产是指企业对外进行权益性投资和债权性投资形成的资产。

企业在转让或者处置投资资产时，投资资产的成本，准予扣除。企业对外投资期间，投资资产的成本在计算应纳税所得额时不得扣除。

投资资产按照以下方法确定成本：

（1）通过支付现金方式取得的投资资产，以购买价款为成本。

（2）通过支付现金以外的方式取得的投资资产，以该资产的公允价值和支付的相关税费为成本。

六、存货的税务处理

存货是指企业持有以备出售的产品或者商品、处在生产过程中的在产品、在生产或者提供劳务过程中耗用的材料和物料等。

存货按照以下方法确定成本：

（1）通过支付现金方式取得的存货，以购买价款和支付的相关税费为成本。

（2）通过支付现金以外的方式取得的存货，以该存货的公允价值和支付的相关税费为成本。

（3）生产性生物资产收获的农产品，以产出或者采收过程中发生的材料费、人工费和分摊的间接费用等必要支出为成本。

企业使用或者销售存货，按照规定计算的存货成本，准予在计算应纳税所得额时扣除。

企业使用或者销售的存货的成本计算方法，可以在先进先出法、加权平均法、个别计价法中选用一种。计价方法一经选用，不得随意变更。

任务四　企业所得税的税收优惠

企业所得税的税收优惠是指国家根据经济和社会的发展，在一定期限内对特定地区、行业和企业的纳税人应缴纳的企业所得税，给予减征或者免征的一种照顾和鼓励措施。税收优惠具有很强的政策导向作用。正确制定并运用这种措施，可以更好地发挥税收的调节功能，促进国民经济的健康发展。

一、企业的免税收入

（一）国债利息收入

国债利息收入是指企业持有国务院财政部门发行的国债取得的利息收入。

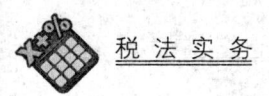

（二）股息、红利等权益性投资收益

（1）符合条件的居民企业之间的股息、红利等权益性投资收益是指居民企业直接投资于其他居民企业取得的投资收益。

（2）在中国境内设立机构、场所的非居民企业从居民企业取得与该机构、场所有实际联系的股息、红利等权益性投资收益。

上述（1）（2）项所称股息、红利等权益性投资收益，不包括连续持有居民企业公开发行并上市流通的股票不足 12 个月取得的投资收益。

（三）符合条件的非营利组织的收入

非营利组织是指同时符合下列条件的组织：

（1）依法履行非营利组织登记手续。

（2）从事公益性或者非营利性活动。

（3）取得的收入除用于与该组织有关的、合理的支出外，全部用于登记核定或者章程规定的公益性或者非营利性事业。

（4）财产及其孳息不用于分配。

（5）登记核定或者章程规定，该组织注销后的剩余财产用于公益性或者非营利性目的，或者由登记管理机关转赠给与该组织性质、宗旨相同的组织，并向社会公告。

（6）投入人对投入该组织的财产不保留或者享有任何财产权利。

（7）工作人员工资、福利开支控制在规定的比例内，不变相分配该组织的财产。

二、企业的免征、减征企业所得税所得

（一）从事农、林、牧、渔业项目的所得

1. 企业从事下列项目的所得，免征企业所得税

（1）蔬菜、谷物、薯类、油料、豆类、棉花、麻类、糖料、水果、坚果的种植。

（2）农作物新品种的选育。

（3）中药材的种植。

（4）林木的培育和种植。

（5）牲畜、家禽的饲养。

（6）林产品的采集。

（7）灌溉、农产品初加工、兽医、农技推广、农机作业和维修等农、林、牧、渔服务业项目。

（8）远洋捕捞。

2. 企业从事下列项目的所得，减半征收企业所得税

（1）花卉、茶以及其他饮料作物和香料作物的种植。

（2）海水养殖、内陆养殖。

（二）从事国家重点扶持的公共基础设施项目投资经营的所得

国家重点扶持的公共基础设施项目是指《公共基础设施项目企业所得税优惠目录》规定的港口码头、机场、铁路、公路、城市公共交通、电力、水利等项目。

企业从事上述规定的国家重点扶持的公共基础设施项目的投资经营的所得，自项目取

得第一笔生产经营收入所属纳税年度起,第一年至第三年免征企业所得税,第四年至第六年减半征收企业所得税。

企业承包经营、承包建设和内部自建自用本条规定的项目,不得享受本条规定的企业所得税优惠。

（三）从事符合条件的环境保护、节能节水项目的所得

符合条件的环境保护、节能节水项目,包括公共污水处理、公共垃圾处理、沼气综合开发利用、节能减排技术改造、海水淡化等。项目的具体条件和范围由国务院财政、税务主管部门与国务院有关部门制定,报国务院批准后公布施行。

企业从事上述规定的符合条件的环境保护、节能节水项目的所得,自项目取得第一笔生产经营收入所属纳税年度起,第一年至第三年免征企业所得税,第四年至第六年减半征收企业所得税。

上述（二）（三）项规定享受减免税优惠的项目,在减免税期限内转让的,受让方自受让之日起,可以在剩余期限内享受规定的减免税优惠;在减免税期限届满后转让的,受让方不得就该项目重复享受减免税优惠。

（四）符合条件的技术转让所得

符合条件的技术转让所得免征、减征企业所得税,是指在一个纳税年度内,居民企业技术转让所得不超过 500 万元的部分,免征企业所得税;超过 500 万元的部分,减半征收企业所得税。

（五）非居民企业在中国境内所得

非居民企业在中国境内未设立机构、场所的,或者虽设立机构、场所,但取得的所得与其所设机构、场所没有实际联系的,应当就其来源于中国境内的所得,减按 10% 的税率征收企业所得税。

下列所得可以免征企业所得税:

(1) 外国政府向中国政府提供贷款取得的利息所得。

(2) 国际金融组织向中国政府和居民企业提供优惠贷款取得的利息所得。

(3) 经国务院批准的其他所得。

三、小型微利企业的税收优惠

小型微利企业,是指从事国家非限制和禁止行业,并符合下列条件的企业。

（一）工业企业

年度应纳税所得额不超过 30 万元,从业人数不超过 100 人,资产总额不超过 3 000 万元。

（二）其他企业

年度应纳税所得额不超过 30 万元,从业人数不超过 80 人,资产总额不超过 1 000 万元。

符合条件的小型微利企业,减按 20% 的税率征收企业所得税。

四、高新技术企业减按 15% 的税率征收

国家需要重点扶持的高新技术企业是指拥有核心自主知识产权,并同时符合下列条件的企业:

(1) 产品(服务)属于《国家重点支持的高新技术领域》规定的范围。

(2) 研究开发费用占销售收入的比例不低于规定比例。

(3) 高新技术产品(服务)收入占企业总收入的比例不低于规定比例。

(4) 科技人员占企业职工总数的比例不低于规定比例。

(5) 高新技术企业认定管理办法规定的其他条件。

《国家重点支持的高新技术领域》和《高新技术企业认定管理办法》由国务院科技、财政、税务主管部门与国务院有关部门制定,报国务院批准后公布施行。

国家需要重点扶持的高新技术企业,减按 15％的税率征收企业所得税。

五、民族自治地方企业的税收优惠

民族自治地方是指依照《中华人民共和国民族区域自治法》的规定,实行民族区域自治的自治区、自治州、自治县。

民族自治地方的自治机关对本民族自治地方的企业应缴纳的企业所得税中属于地方分享的部分,可以决定减征或者免征。自治州、自治县决定减征或者免征的,须报省、自治区、直辖市人民政府批准。

对民族自治地方内国家限制和禁止行业的企业,不得减征或者免征企业所得税。

六、允许加计扣除的项目

(一) 开发新技术、新产品、新工艺发生的研究开发费用

研究开发费用的加计扣除是指企业为开发新技术、新产品、新工艺发生的研究开发费用,未形成无形资产计入当期损益的,在按照规定据实扣除的基础上,按照研究开发费用的 50％加计扣除;形成无形资产的,按照无形资产成本的 150％摊销。

(二) 安置残疾人员及国家鼓励安置的其他就业人员所支付的工资

企业安置残疾人员所支付工资的加计扣除是指企业安置残疾人员,在按照支付给残疾职工工资据实扣除的基础上,再按照支付给残疾职工工资的 100％加计扣除。残疾人员的范围适用《中华人民共和国残疾人保障法》的有关规定。

七、创业投资企业的优惠

创业投资企业从事国家需要重点扶持和鼓励的创业投资,可以按投资额的一定比例抵扣应纳税所得额。

创业投资企业采取股权投资方式投资于未上市的中小型高新技术企业 2 年以上的,可以按照其投资额的 70％在股权持有满 2 年的当年抵扣该创业投资企业的应纳税所得额;当年不足抵扣的,可以在以后纳税年度结转抵扣。

八、特殊固定资产的加速折旧

企业的固定资产由于技术进步等原因,确需加速折旧的,可以缩短折旧年限或者采取加速折旧的方法。

采取缩短折旧年限或者采取加速折旧的方法的固定资产,包括以下两种:

(1) 由于技术进步,产品更新换代较快的固定资产。

(2) 常年处于强震动、高腐蚀状态的固定资产。

采取缩短折旧年限方法的,最低折旧年限不得低于《企业所得税法》中规定折旧年限的60%;采取加速折旧方法的,可以采取双倍余额递减法或者年数总和法。

九、资源综合利用的税收优惠

企业综合利用资源,生产符合国家产业政策规定的产品所取得的收入,可以在计算应纳税所得额时减计收入。

企业以《资源综合利用企业所得税优惠目录》规定的资源作为主要原材料,生产国家非限制和禁止并符合国家和行业相关标准的产品取得的收入,减按90%计入收入总额。

上述所称原材料占生产产品材料的比例不得低于《资源综合利用企业所得税优惠目录》规定的标准。

十、购置环保、节能、安全生产等专用设备的税收优惠

企业对环境保护、节能节水、安全生产等专用设备的投资额,可以按一定比例实行税额抵免。

企业购置并实际使用《环境保护专用设备企业所得税优惠目录》《节能节水专用设备企业所得税优惠目录》和《安全生产专用设备企业所得税优惠目录》规定的环境保护、节能节水、安全生产等专用设备的,该专用设备投资额的10%可以从企业当年的应纳税额中抵免;当年不足抵免的,可以在以后5个纳税年度结转抵免。

享受上述规定的企业所得税优惠的企业,应当实际购置并自身实际投入使用上述规定的专用设备;企业购置上述专用设备在5年内转让、出租的,应当停止享受企业所得税优惠,并补缴已经抵免的企业所得税税款。

【案例5-3】

A公司会计小王在计算企业所得税时需要理清扣除项目、扣除限额及特殊规定以便提高工作效率,请问他该如何进行归纳?

【案例分析】

根据《企业所得税法》有关规定,扣除项目可分为全额扣除、限额扣除、加计扣除、不得扣除、抵扣税额、抵免税额等,具体内容如表5-5所示。

表5-5　　　　　　　　　　应纳税所得额扣除项目及扣除限额

项　　目	子　　目	扣除限额	特殊规定
有扣除限额,超过部分应调增应纳税所得额	业务招待费	① 业务招待费×60% ② 销售(营业)收入×5‰	—
	广告费和业务招待费	销售(营业)收入×15%	超过部分,准予在以后纳税年度结转扣除

(续表)

项　目	子　目	扣除限额	特殊规定
有扣除限额,超过部分应调增应纳税所得额	职工福利费	工资薪金总额×14%	—
	工会经费	工资薪金总额×2%	—
	职工教育经费	工资薪金总额×2.5%	超过部分,准予在以后纳税年度结转扣除
	公益性捐赠支出	年度利润总额×12%	—
	非金融企业向非金融企业贷款的利息支出	按照金融企业同期同类贷款利率计算的数额	—
不得扣除,应全额调增应纳税所得额	税收滞纳金		
	罚金、罚款和被没收财物的损失		不包括纳税人按照经济合同规定支付的违约金、银行罚息、罚款和诉讼费
	未经核定的准备金支出		—
	非广告性质的赞助支出		—
	企业之间支付的管理费用		—
	纳税人直接向受赠人的捐赠		—
	企业为投资者或者职工支付的商业保险费		纳税人为特殊工种职工支付的人身安全保险费可以扣除
准予全额扣除,无须进行纳税调整	合理的工资薪金	—	
	合理的劳动保护	—	
	财产保险费	—	
	非金融企业向金融企业贷款的利息支出	—	
	企业经批准发行债券的利息支出	—	
	企业在生产经营活动中发生的合理的不需要资本化的借款费用	—	
加计扣除,调减应纳税所得额	研究开发费用	未形成无形资产计入当期损益,按实际发生额加计50%	
	支付给残疾职工的工资	按照支付给残疾职工的工资加计100%	
抵扣应纳税所得额	创业投资企业	投资额×70%	在股权持有满2年的当年抵扣,不足抵扣,可以在以后纳税年度结转抵扣
抵免应纳税所得额	购置并实际使用"符合条件的环境保护、节能节水、安全生产"等设备	投资额×10%	当年不足抵免,可以在以后五个纳税年度结转抵免

任务五　征收管理

一、扣缴义务人

对非居民企业在中国境内未设立机构、场所的，或者虽设立机构、场所但取得的所得与其所设机构、场所没有实际联系的、来源于中国境内的所得应缴纳的所得税，实行源泉扣缴，以支付人为扣缴义务人。税款由扣缴义务人在每次支付或者到期应支付时，从支付或者到期应支付的款项中扣缴。

支付人是指依照有关法律规定或者合同约定对非居民企业直接负有支付相关款项义务的单位或者个人。

支付包括现金支付、汇拨支付、转账支付和权益兑价支付等货币支付和非货币支付。

到期应支付的款项是指支付人按照权责发生制原则应当计入相关成本、费用的应付款项。

对非居民企业在中国境内取得工程作业和劳务所得应缴纳的所得税，税务机关可以指定工程价款或者劳务费的支付人为扣缴义务人。

下述情况的扣缴义务人，由县级以上税务机关指定，并同时告知扣缴义务人所扣税款的计算依据、计算方法、扣缴期限和扣缴方式。

（1）预计工程作业或者提供劳务期限不足一个纳税年度，且有证据表明不履行纳税义务的。

（2）没有办理税务登记或者临时税务登记，且未委托中国境内的代理人履行纳税义务的。

（3）未按照规定期限办理企业所得税纳税申报或者预缴申报的。

应当扣缴的所得税，扣缴义务人未依法扣缴或者无法履行扣缴义务的，由纳税人在所得发生地缴纳。纳税人未依法缴纳的，税务机关可以从该纳税人在中国境内其他收入项目的支付人应付的款项中，追缴该纳税人的应纳税款。

二、纳税期限

企业所得税按纳税年度计算。纳税年度自公历1月1日起至12月31日止。

企业应当自月份或者季度终了之日起15日内，向税务机关报送预缴企业所得税纳税申报表，预缴税款。企业分月或者分季预缴企业所得税时，应当按照月度或者季度的实际利润额预缴；按照月度或者季度的实际利润额预缴有困难的，可以按照上一纳税年度应纳税所得额的月度或者季度平均额预缴，或者按照经税务机关认可的其他方法预缴。预缴方法一经确定，该纳税年度内不得随意变更。

企业应当自年度终了之日起5个月内，向税务机关报送年度企业所得税纳税申报表，并汇算清缴，结清应缴应退税款。

企业在一个纳税年度中间开业，或者终止经营活动，使该纳税年度的实际经营期不足12

个月的,应当以其实际经营期为一个纳税年度。企业依法清算时,应当以清算期间作为一个纳税年度。企业在年度中间终止经营活动的,应当自实际经营终止之日起 60 日内,向税务机关办理当期企业所得税汇算清缴。企业应当在办理注销登记前,就其清算所得向税务机关申报并依法缴纳企业所得税。

三、纳税地点

除税收法律、行政法规另有规定外,居民企业以企业登记注册地为纳税地点,登记注册地在境外的,以实际管理机构所在地为纳税地点。

居民企业在中国境内设立不具有法人资格的营业机构的,应当汇总计算并缴纳企业所得税。非居民企业在中国境内设立机构、场所,以及发生在中国境外但与其所设机构、场所有实际联系的所得,以机构、场所所在地为纳税地点。

非居民企业在中国境内未设立机构、场所的,或者虽设立机构、场所但取得的所得与其所设机构、场所没有实际联系的,以扣缴义务人所在地为纳税地点。

非居民企业在中国境内设立两个或者两个以上机构、场所的,经税务机关审核批准,可以选择由其主要机构、场所汇总缴纳企业所得税。

四、纳税申报

企业在报送企业所得税纳税申报表时,应当按照规定附送财务会计报表和其他有关资料。

企业在纳税年度内无论盈利还是亏损,都应当依照规定的期限,向税务机关报送预缴企业所得税纳税申报表、年度企业所得税纳税申报表、财务会计报告和税务机关规定应当报送的其他有关资料。

企业发生的与其经营活动有关的合理费用,税务机关要求提供证明材料的,应提供能够证明其真实性的合法凭证,否则,不得在税前扣除。

企业向税务机关报送年度企业所得税纳税申报表时,应当就其与关联方之间的业务往来,附送年度关联业务往来报告表。

企业不提供与其关联方之间业务往来资料,或者提供虚假、不完整的资料,未能真实地反映其关联业务往来情况的,税务机关有权依法核定其应纳税所得额。

【知识拓展】

中国香港税务指南之利得税

《香港税务条例》(第 112 章)规定征收 3 种直接税:利得税、薪俸税、物业税。课税年度是由 4 月 1 日至翌年 3 月 31 日。

1. 课税范围

凡在本港经营任何行业、专业或业务而从该行业、专业或业务获得于香港产生或得自香港的所有利润(由出售资本资产所得的利润除外)的人士,包括法团、合伙商号、信托人或团体,均须缴税。征税对象并无本港居民或非本港居民的分别。因此,本港居民可从海外赚取

利润而无须在本港纳税,反过来说,非本港居民如在本港赚取利润,则须在本港纳税。至于业务是否在本港经营及利润是否得自本港的问题,主要是根据事实而定,但所采用的原则可参考香港及其他奉行普通法的法院所判决的税务案例。以下各项均视为于香港产生或在本港经营行业、专业或业务的收入:

(1) 因在本港上映或使用电影或电视片胶卷或纪录带,任何录音,或任何与该等胶卷、纪录带或录音有关的宣传资料而获得的款项。因有人在本港使用或有权使用专利权、设计、商标、版权物料、秘密工序或方程式或其他类似性质的财产而收取的款项。从 2004 年 6 月 25 日起如支付人可就有关支出扣税的话,则在海外使用或有权使用此等财产而收取的款项亦包括在内。

(2) 因有人在本港使用或有权使用专利权、设计、商标、版权物料、秘密工序或方程式或其他类似性质的财产而收取的款项。从 2004 年 6 月 25 日起如支付人可就有关支出扣税的话,则在海外使用或有权使用此等财产而收取的款项亦包括在内。

(3) 因有人在本港使用或有权使用动产,而收取租赁费、租金或其他类似收费款项。由 2003/04 课税年度开始,法团业务利得税税率由 16% 调高至 17.5%。由 2008/09 年度起则降低至 16.5%。至于非法团业务,2003/04 课税年度利得税税率由 15% 调高至 15.5%,2004/05 课税年度起再调高至 16%,而 2008/09 年度起则降回至 15%。缴交利得税的营商人士及有限公司可获宽减 2007/08 及 2011/12 年度最后评税 75% 的税款,每宗个案分别以 $25 000 及 $12 000 为上限。

2. 评税的基础

利得税是根据课税年度内的应评税利润而征收的。对于按年结算账项的业务,应评税利润是按照在有关课税年度内结束的会计年度所赚得的利润计算。在有关课税年度内,经营者须根据上一年度评定的利润缴纳一项暂缴税。当有关年度的利润在下一年度评定后,首先会将已缴纳的暂缴税用于抵销该有关年度应缴纳的利得税,如有剩余,则用于抵销下一年度的暂缴税。在停止经营的业务方面,除了若干情况须特别处理外,一般来说,应评税利润是根据上一课税年度基期结束以后至停止营业日期为止所赚得的利润计算。

3. 非居港人士及为非居港人士服务的代理人

非居港人士如在本港经营任何行业、专业或业务而获得于香港产生或得自香港的所有利润,均须缴税。此税项可直接向该非居港人士或他的代理人征收,而不论该代理人有否实际收取所得利润。税务局并可由该非居港人士的资产中追回此项税款,也可向代理人追讨。代理人必须由非居港人士的资产中保留足够款项,以备缴税。

非居港人士自上述(1)和(2)分段所载获得款项,及非居港人士因非居港艺人或运动员在香港以其艺人或运动员身份演出,而直接或间接收取款项或利益(例如包税),均须缴税。此税项可以付款或以转账方式付款与上述非居港人士的名义征收。该名缴付或以转账方式缴付这些款项的人士,须在其付款或以转账方式付款时从这些款项中扣起足够支付应缴税款的款额。

居港代销人须每隔 3 个月向税务局局长申报他代非居港寄销人所作的销售总额,并须缴付相等于该总额 1% 的款项予税务局局长,但在税务局局长同意下,可缴付较少的数额。

如非居港人士与居港人士经营生意,而经营的方法令该居港人士无从获利或所获利润少于普通独立营商者可得的利润时,此项业务可被视为该非居港人士在本港经营的业务,而以该居港人士为代理人。

倘若无法确定非居港人士在本港经营行业、专业或业务实得的利润,税务局可根据该项业务在本港的营业额,按一合理的百分率计算所获的利润。

倘若非居港人士的业务总行设在香港以外地方,而账目未能显示该行设在本港的永久办事处所实得的利润,在进行评税时,该驻港分行的利润将以比例方法计算,即香港分行的利润在利润总额中所占的比率,等于此分行的营业额在营业总额中所占的比率。

此外,《税务条例》对非居港船东或非居港飞机东主,因他们的船只造访香港水域或他们的飞机降落香港机场而须缴付的税款亦有明文规定。有关进一步的详情可向税务局查询。

4. 豁免及扣除

从须缴付香港利得税的法团收取的股息,及从其他人士收取已包括在须予缴付利得税的应评税利润内的款项(例如合资经营所分配的利润),都不列入收受人应评税的利润内。一般而论,所有由纳税人为赚取应评税利润而付出的各项开支费用,均可获准扣除,其中包括:

(1) 为赚取该项利润而借款所付的利息(但须符合若干条件)及租用建筑物或土地的租金。

(2) 坏账及呆账(如日后收回须当作入息)。

(3) 为赚取该项利润而使用的处所、工业装置、机械或物品等的修葺或修理费。

(4) 为赚取应评税利润而使用之商标、设计或专利的注册费用。

(5) 为赚取应评税利润而用于购买指明知识产权的资本开支。如该知识产权属专利权或任何工业知识之权利在购买首年即享100%扣除。如属版权、注册外观设计或注册商标,则由2011/12课税年度起,可在购买年度及其后连续4个课税年度内获20%扣除。但如该知识产权的全部或部分是从相联者购入,则有关开支不会获得扣除。

(6) 研究和开发费用(包括市场、工商或管理事务研究),与设计有关的支出及工业教育的支出,但须符合某些条文的规定。

(7) 雇主对按年支付认可职业退休金计划的供款或为此项计划而按年支付的保费,或向强制性公积金计划的固定供款,或任何为该等计划而预备的款项。但就每一雇员所付出的数目,不得超过该雇员在有关期间内的薪酬总额的15%。

(8) 独资经营的东主或合伙业务的合伙人,根据《强制性公积金计划条例》(第485章)的法律责任,作为自雇人士而支付的强制性供款。在某一课税年度,这方面的扣除不得超出该课税年度的最高可获扣除额,而这上限已经包括在《税务条例》其他条文下已作出的扣除。自雇人士为配偶所作的供款则不能扣除。每一个课税年度最高可获扣除额为12 000港元。

(9) 支付予认可慈善机构的捐款,但捐款的总和须不少于$100及不得超过经调整后的应评税利润的35%(2006/07及2007/08课税年度不得超过25%)。在计算应课税利润时,以下项目不得扣除:①家庭或私人开支及任何非为产生该项利润而付出的款项;②资本的任何亏损或撤回、用于改进方面的成本,及任何资本性的开支;③可按保险计划或补偿合约收回的款项;④非为产生该利润而占用或使用楼宇所支付的租金及有关费用;⑤根据《税务条例》缴纳的各种税款(就雇员薪酬支付的薪俸税除外);⑥支付予东主或东主的配偶、合伙

人或合伙人配偶(如属合伙经营)的薪酬、资本利息、贷款利息或在《香港税务条例》第 16AA 条以外,向强制性公积金计划作出的供款。

如纳税人只有分行或附属公司在本港营业,而总行方面将部分可扣除的管理费用转账,作为本港分公司或附属公司的费用,则在计算香港税项时,此项转入的费用也可予以扣除,但只限于在有关课税年度的基期内用于赚取应评税利润的数额。

5. 亏损

纳税人于某一会计年度内的亏损可结转用于抵销随后年度的利润,但经营多于一种行业的法团,则可将某一行业的亏损,抵销另一行业的利润。申请以个人入息课税办法计税的人士,如招致营业亏损,可从总入息扣除所亏损的数额。

对于实施优惠税率征税的收益或利润,在计算其盈亏用于抵销正常收益或利润时,会作出相对的调整。

6. 折旧免税额

工业建筑物及构筑物为若干行业兴建工业建筑物及构筑物而付出的资本开支,可获特别免税额。该等行业为交通事业、船坞、水电事业、商品制造加工或贮藏业、在制作所和工厂内从事的行业,以及农业。在付出该等资本开支的课税年度内,纳税人可获开支总数 20%的初期免税额,其后每年可获开支总数 4%的免税额,直至该项开支全部注销为止。如有关资产中途变卖,则会根据该项资产的卖价与变卖时折余价值之间的差额,来决定所给予的结余免税额,或作出结余课税。

商业建筑物及构筑物任何非工业建筑物或构筑物,如用作经营行业、专业或业务(用作出售的楼宇除外)均可获商业建筑物免税额,即每年获减免为兴建该等建筑物或构筑物所招致的资本开支的 4%。如有关资产中途变卖,则会根据该项资产的卖价与变卖时折余价值之间的差额,来决定所给予的结余免税额,或作出结余课税。

工业装置及机械除那些用于上述《税务优惠》外,纳税人可就为产生应评税利润而提供工业装置及机械方面招致的资本开支费用,获得下列免税额:

(1) 工业装置及机械成本的初期免税额(即成本费用的 60%)。

(2) 根据该项资产的折余价值而计算的每年免税额。折旧率由税务委员会规定,分别为 10%、20%及 30%,视该类工业装置或机械的估计可用期而定。按同一比率计算每年免税额的资产,则列入同一"聚合组"内。

(3) 结束时无人继承的业务,可获给予根据未获免税的开支费用与变卖机械及装置所得款项之间的差额而计算的结余免税额;但变卖一项或多项资产的收入,如超过此等资产所属"聚合组"的合计折余价值,则须作出结余课税。

7. 账簿及记录

凡在香港经营业务人士,必须就其收入及开支以中文或英文保存适当的记录,以便确定其应评税利润。法例规定必须就各项业务交易记录指定的详细资料。业务记录须自交易完结后,保存至少 7 年。任何人士如没有保存足够记录,可被罚款最高达 $100 000。

(资料来源:香港税务局网站)

 **课后练习题**

一、单项选择题

1. 根据企业所得税法律制度的规定,下列关于非居民企业的表述中,正确的是（　　）。
   A. 在境外成立的企业均属于非居民企业
   B. 在境内成立但有来源于境外所得的企业属于非居民企业
   C. 依照外国法律成立,实际管理机构在中国境内的企业属于非居民企业
   D. 依照外国法律成立,实际管理机构不在中国境内但在中国境内设立机构、场所的企业属于非居民企业

2. 根据企业所得税法律制度的规定,企业的下列收入中,属于不征税收入范围的是（　　）。
   A. 财政拨款　　　　B. 租金收入　　　　C. 产品销售收入　　　　D. 国债利息收入

3. 根据企业所得税法律制度的规定,在计算企业所得税应纳税所得额时,除国务院财政、税务主管部门另有规定外,有关费用支出不超过规定比例的准予扣除,超过部分,准予在以后年度结转扣除。下列各项中,属于该有关费用的是（　　）。
   A. 工会经费　　　　B. 社会保险费　　　　C. 职工福利费　　　　D. 职工教育经费

4. 甲企业2016年度实现利润总额23万元,在营业外支出账户列支了通过公益社会团体向贫困地区捐款3万元。根据企业所得税法律制度的规定,在计算2016年度应纳税所得额时,允许扣除的捐款数额为（　　）万元。
   A. 3　　　　B. 2.76　　　　C. 2.4　　　　D. 1.5

5. 企业为开发新技术、新产品、新工艺发生的研究开发费用,未形成无形资产计入当期损益的,在按照规定据实扣除的基础上,按照研究开发费用的（　　）加计扣除。
   A. 20%　　　　B. 30%　　　　C. 50%　　　　D. 100%

6. 乙软件企业是国家需要重点扶持的高新技术企业,2016年度该企业的应纳税额为500万元,该企业2016年度应纳的企业所得税额为（　　）万元。
   A. 50　　　　B. 75　　　　C. 100　　　　D. 125

7. 根据企业所得税法律制度的规定,下列各项中,可以在企业所得税前扣除的是（　　）。
   A. 未经核定的准备金
   B. 纳税人因买卖合同纠纷而支付的诉讼费用
   C. 纳税人向关联企业支付的管理费
   D. 企业缴纳的增值税

8. 根据企业所得税法律制度的规定,下列所得中,免征企业所得税的是（　　）。
   A. 海水养殖　　　　B. 内陆养殖　　　　C. 花卉种植　　　　D. 家禽饲养

9. 林木类生产性生物资产计算折旧的最低年限为（　　）。
   A. 3年　　　　B. 5年　　　　C. 10年　　　　D. 没有具体规定

10. 计算企业所得税应纳税额时,固定资产按照（　　）计算的折旧,准予扣除。
    A. 直线法　　　　B. 工作量法　　　　C. 双倍余额递减法　　　　D. 年数总和法

二、多项选择题

1. 根据企业所得税法律制度的规定,下列各项中,不属于企业所得税纳税人的有(　　)。

   A. 有限责任公司　　　B. 股份有限公司　　　C. 个人独资企业　　　D. 合伙企业

2. 根据企业所得税法律制度的规定,下列各项中,属于企业所得税不征税收入的有(　　)。

   A. 财政拨款

   B. 国债利息收入

   C. 债务重组收入

   D. 依法收取并纳入财政管理的行政事业性收费、政府性基金

3. 根据企业所得税法律制度的规定,下列收入中,不属于企业所得税免税收入的有(　　)。

   A. 财政拨款　　　　　　　　　　　B. 国债利息收入

   C. 物资及现金溢余　　　　　　　　D. 依法收取并纳入财政的政府性基金

4. 根据企业所得税法律制度的规定,下列各项中,在计算企业所得税应纳税所得额时不得扣除的有(　　)。

   A. 向投资者支付的红利

   B. 企业内部营业机构之间支付的租金

   C. 企业内部营业机构之间支付的特许权费用

   D. 未经核定的准备金支出

5. 根据企业所得税法律制度的规定,企业的固定资产由于技术进步等原因,确实需要加速折旧的,可以采用加速折旧方法的有(　　)。

   A. 年数总和法

   B. 工作量法

   C. 双倍余额递减法

   D. 缩短折旧年限,但最低折旧年限不得低于法定折旧年限的50%

6. 根据企业所得税法律制度的规定,下列无形资产不得计算摊销费用扣除的有(　　)。

   A. 自行开发的支出已在计算应纳税所得额时扣除的无形资产

   B. 自创商誉

   C. 与经营活动无关的无形资产

   D. 其他不得计算摊销费用扣除的无形资产

7. 根据企业所得税法律制度的规定,下列表述中,正确的有(　　)。

   A. 以融资租赁方式租出的固定资产,不得计算折旧扣除

   B. 符合规定的固定资产按照直线计算的折旧,准予扣除

   C. 企业应当自固定资产投入使用的当月起计算折旧

   D. 企业停止使用的固定资产,应当自停止使用的当月起停止计算折旧

8. 根据企业所得税法律制度的规定,不列资产中,不作为计提的折旧在企业所得税税前扣除的有(　　)。

   A. 以经营租赁方式租入的固定资产　　　B. 以经营租赁方式租出的固定资产

   C. 以融资租赁方式租入的固定资产　　　D. 以融资租赁方式租出的固定资产

9. 根据企业所得税法律制度的规定,在中国境内未设立机构、场所的非居民企业从中国境内取得的下列所得中,应以收入全额为应纳税所得额的有(　　)。

A. 红利　　　　　　B. 转让财产所得　　　C. 租金　　　　　　D. 利息

10. 根据企业所得税法律制度的规定,下列各项中,不得在企业所得税税前扣除的有(　　)。

A. 税收滞纳金　　　　　　　　　　　B. 被没收财物的投资

C. 向投资者支付的股息　　　　　　　D. 银行罚息

三、判断题

1. 企业依照法律、行政法规有关规定提取的用于环境保护、生态恢复等方面的专项资金,准予扣除。　　　　　　　　　　　　　　　　　　　　　　　　　　　　(　　)

2. 企业参加商业保险,按照规定缴纳的保险费,准予扣除。　　　　　　　　　(　　)

3. 盘盈的固定资产,以该资产的公允价值和支付的相关税费为计税基础。　　(　　)

4. 符合条件的技术转让所得免征企业所得税,是指一个纳税年度内,居民企业技术转让所得超过 500 万元的部分,免征企业所得税。　　　　　　　　　　　　　　(　　)

5. 企业发生亏损,可以用次年度的税前利润弥补,次年度利润不足弥补的,可以在 5 年内延续弥补。　　　　　　　　　　　　　　　　　　　　　　　　　　　　　(　　)

6. 企业持有各项资产期间,资产增值或者减值,除国务院财政、税务主管部门规定可以确认损益外,不得调整该资产的计税基础。　　　　　　　　　　　　　　　　(　　)

7. 企业发生的公益性捐赠支出,在年度收入总额 12% 以内的部分,准予在计算应纳税所得额时扣除。　　　　　　　　　　　　　　　　　　　　　　　　　　　(　　)

8. 企业以《资源综合利用企业所得税优惠目录》规定的资源作为主要原材料,生产国家非限制和禁止并符合国家和行业相关标准的产品取得的收入,减按 90% 计入收入总额。

(　　)

9. 其他应当作为长期待摊费用的支出,自支出发生月份的次月起,分期摊销,摊销年限不得低于 5 年。　　　　　　　　　　　　　　　　　　　　　　　　　　　(　　)

10. 对非居民企业在中国境内未设立机构、场所的,或者虽设立机构、场所但取得的所得与其所设机构、场所没有实际联系的、来源于中国境内的所得应缴纳的所得税,实行源泉扣缴,以收款人为扣缴义务人。　　　　　　　　　　　　　　　　　　　(　　)

四、计算题

1. 甲企业 2016 年已计入成本、费用中的全年实发工资总额为 800 万元(属于合理的范围),拨缴的工会经费为 12 万元,实际发生的职工福利费为 120 万元、职工教育经费为 30 万元。

要求:计算该企业工会经费、职工福利费、职工教育经费并确定是否准予税前扣除。

2. 2016 年,某居民企业实现商品销售收入为 2 400 万元,视同销售收入为 800 万元,发生的成本费用为 3 200 万元,其中业务招待费为 40 万元。

要求:计算该企业准予税前扣除的管理费用。

3. 乙企业 2016 年度取得商品销售收入为 200 万元,出租设备取得租金收入为 500 万元,广告费支出为 400 万元。

要求:计算该企业准予税前扣除的广告费。

4. 丙企业 2016 年度实现会计利润 240 万元,营业外支出 200 万元,其中包括通过市民政局向某灾区捐赠 40 万元,直接向某希望小学捐赠 60 万元。

要求:计算该企业准予税前扣除的公益性捐赠额。

五、综合实训题

1. 乐思企业为居民企业,2016 年经营业务如下:

(1) 取得销售收入 2 800 万元。

(2) 销售成本 1 200 万元。

(3) 发生销售费用 680 万元(其中广告费 450 万元),管理费用 480 万元(其中业务招待费 15 万元),财务费用 80 万元。

(4) 销售税金 160 万元(含增值税 120 万元)。

(5) 营业外收入 85 万元,营业外支出 50 万元(含通过公益性社会团体向贫困山区捐赠 30 万元,支付税收滞纳金 6 万元)。

(6) 计入成本、费用中的实发工资总额为 150 万元,计提职工工会经费 3 万元、职工福利费 23 万元、职工教育经费 4 万元。

要求:计算该企业 2016 年度实际应纳的企业所得税额。

2. 星曼企业为增值税一般纳税人、企业所得税居民企业,2016 年取得不含税收入 9 500 万元,年度利润表反映的其他内容如下:

(1) 产品销售成本 4 800 万元。

(2) 销售税金及附加 300 万元。

(3) 销售费用 2 000 万元(其中广告费 200 万元),管理费用 1 200 万元(其中业务招待费 85 万元,新产品研究开发费 30 万元),财务费用 200 万元。

(4) 营业外支出 900 万元(其中通过省教育厅捐赠给某高校 100 万元,非广告性赞助支出 50 万元)。

要求:计算该企业 2016 年度实际应纳的企业所得税额。

项目六　个人所得税法律制度

 **学习目标**

1. 知识目标

- 了解个人所得税的概念
- 掌握个人所得税的纳税人、征税范围及税率等构成要素
- 掌握个人所得税应纳税额的计算
- 理解个人所得税征收管理方式

2. 能力目标

- 能准确判断个人所得税应税所得项目
- 能准确计算个人所得税应纳税所得额及应纳税额
- 掌握个人所得税税收优惠政策

【导入案例】

中国公民张先生是广州市某设计公司经理,为独生子,自己有两个子女,其父亲68岁,2019年其收入情况如下:

(1) 每月取得工资收入50 000元;

(2) 为朋友兼职设计制图,3月份取得收入9 000元;

(3) 4月份取得公司股权分红10 000元;

(4) 5月份出售位于市区的房屋(原值280万元),取得转让收入380万元,按规定缴纳其他税费20万元;

(5) 6月份购买体育彩票,中奖40 000元,并通过市教育局捐赠3 000元给希望小学。

请思考:张先生在取得工资时是按年计算还是月计算个人所得税?各项收入允许扣除的项目有哪些?各项收入具体缴纳个人所得税为多少?是否需要自行纳税申报?

任务一 个人所得税概述

一、个人所得税的概念

个人所得税是以自然人取得的各类应税所得为征税对象而征收的一种所得税,是政府利用税收对个人收入进行调节的一种手段。它是调整征税机关与自然人(居民、非居民)之间在个人所得税的征纳与管理过程中所发生社会关系的法律规范的总称。个人所得税的计税原理与企业所得税一致,但纳税人为自然人,还包括具有自然人性质的企业。我国个人独资企业和合伙企业投资者将依法缴纳个人所得税。

从世界范围看,个人所得税的税制模式有三种:分类征收制、综合征收制与混合征收制。分类征收制,就是将纳税人不同来源、性质的所得项目,分别规定不同的税率征税;综合征收制,是对纳税人全年的各项所得加以汇总,就其总额进行征收;混合征收制,是对纳税人不同来源、性质的所得先分别按照不同的税率征税,然后将全年的各项所得进行汇总征收。三种不同的征收模式各有其优缺点。目前,我国个人所得税已初步建立分类与综合相结合的征收模式,即混合征收制。个人所得税在组织财政收入、提高公民纳税意识,尤其在调节个人收入分配差距方面具有重要作用。

我国社会主义市场经济体制改革的目标确定后,为了统一、规范和完善对个人所得税的课税制度,第八届全国人民代表大会常务委员会在对原三部个人所得课税的法律、法规进行修改、合并的基础上,于1993年10月31日公布了修改后的《中华人民共和国个人所得税法》(以下简称《个人所得税法》),自1994年1月1日起施行。国务院于1994年1月28日发布了《中华人民共和国个人所得税法实施条例》(以下简称《个人所得税法实施条例》)。全国人大常委会于1999年8月30日、2005年10月27日、2007年6月29日、2007年12月29日对《个人所得税法》进行了四次修订,国务院相应地对《个人所得税法实施条例》进行了两次修订;2011年6月30日,第十一届全国人民代表大会常务委员会第二十一次会议对《个人所得税法》再次进行了修订,国务院相应地对《个人所得税法实施条例》进行修订,并自2011年9月1日起施行;2018年8月31日第十三届全国人民代表大会常务委员会第五次会议通过了关于修改《中华人民共和国个人所得税法》的决定,2018年12月18日国务院令第707号公布了修订后的《中华人民共和国个人所得税法实施条例》,并自2019年1月1日起施行,这也是截至目前历次修订中改革力度最大、涉及面最广、影响最为深远的一次改革,中国个人所得税法将翻开历史新篇章。

二、个人所得税的纳税义务人

个人所得税的纳税义务人,包括中国公民、个体工商业户、个人独资企业、合伙企业投资者、在中国有所得的外籍人员(包括无国籍人员)和香港、澳门、台湾同胞。上述纳税义务人依据住所和居住时间两个标准,区分为居民个人和非居民个人,分别承担不同的纳税义务。

（一）居民个人

居民个人的判定标准有：

（1）在中国境内有住所的个人。

（2）在中国境内无住所，而在中国境内居住累计满 183 天（一个纳税年度）的个人。

我国税法规定的住所标准和居住时间标准，是判断居民身份的两个并列标准，个人只要符合或达到其中任何一个标准，即可被认定为居民个人，就其来源于中国境内、境外的所得，缴纳个人所得税，负有无限纳税义务。

中国境内有住所，是指因户籍、家庭、经济利益关系而在中国境内习惯性居住。这里所说的习惯性居住，是判断纳税义务人属于居民个人还是非居民个人的一个重要依据。它是指个人因学习、工作、探亲等原因消除之后，没有理由在其他地方继续居留时，所要回到的地方，而不是指实际居住或在某一个特定时期内的居住地。一个纳税人因学习、工作、探亲、旅游等原因，原来是在中国境外居住，但是在这些原因消除之后，如果必须回到中国境内居住的，则中国为该人的习惯性居住地。尽管该纳税义务人在一个纳税年度内，甚至连续几个纳税年度，都未在中国境内居住过 1 天，他仍然是中国居民纳税义务人，应就其来自全球的应纳税所得，向中国缴纳个人所得税。

一个纳税年度在境内居住累计满 183 天，是指在一个纳税年度（即公历 1 月 1 日起至 12 月 31 日止）内，在中国境内居住累计满 183 日。在计算居住天数时，按其一个纳税年度内在境内的实际居住时间确定，取消了原有的临时离境规定。即境内无住所的某人在一个纳税年度内无论出境多少次，只要在我国境内累计住满 183 天，就可判定为我国的居民个人。例如，一个外籍人员从 2018 年 10 月起到中国境内的公司任职，在 2019 年纳税年度内，虽然多次离境回国，但在我国境内的居住停留时间累计达 206 天，已经超过了一个纳税年度内在境内累计居住满 183 天的标准，因此该外籍个人应为我国个人所得税的居民个人。

从中国境内和境外取得的所得，分别是指来源于中国境内的所得和来源于中国境外的所得。除国务院财政、税务主管部门另有规定外，下列所得，不论支付地点是否在中国境内，均为来源于中国境内的所得：

- 因任职、受雇、履约等在中国境内提供劳务取得的所得。
- 将财产出租给承租人在中国境内使用而取得的所得。
- 许可各种特许权在中国境内使用而取得的所得。
- 转让中国境内的不动产等财产或者在中国境内转让其他财产取得的所得。
- 从中国境内企业、事业单位、其他组织以及居民个人取得的利息、股息、红利所得。

（二）非居民个人

非居民个人判定标准有：

（1）在中国境内无住所且不居住的个人。

（2）在中国境内无住所且居住累计不满 183 天（一个纳税年度）的个人。

非居民个人负有限的纳税义务，仅就其来源于中国境内的所得，向中国缴纳个人所得税。

三、个人所得税的征税范围

(一) 工资、薪金所得

工资、薪金所得是指个人因任职或者受雇取得的工资、薪金、奖金、年终加薪、劳动分红、津贴、补贴以及与任职或者受雇有关的其他所得。除工资、薪金以外,奖金、年终加薪、劳动分红、津贴、补贴也被确定为工资、薪金范畴;而年终加薪、劳动分红不分种类和取得情况,一律按工资、薪金所得课税;津贴、补贴等则有例外,其中,不属于工资、薪金性质的津贴、补贴,不征收个人所得税的项目有:

- 独生子女补贴。
- 执行公务员工资制度未纳入基本工资总额的补贴、津贴差额和家属成员的副食补贴。
- 托儿补助费。
- 差旅费津贴、误餐补助。
- 外国来华留学生,领取的生活津贴费、奖学金。

退休人员再任职取得的收入,在减除按税法规定的费用扣除标准后,按"工资、薪金所得"项目缴纳个人所得税。

离退休人员按规定领取离退休工资或养老金外,另从原任职单位取得的各类补贴、奖金、实物,不属于免税项目,应按"工资、薪金所得"应税项目的规定缴纳个人所得税。

(二) 劳务报酬所得

劳务报酬所得是指个人从事劳务取得的所得,包括从事设计、装潢、安装、制图、化验、测试、医疗、法律、会计、咨询、讲学、翻译、审稿、书画、雕刻、影视、录音、录像、演出、表演、广告、展览、技术服务、介绍服务、经纪服务、代办服务以及其他劳务取得的所得。

上述各项所得一般属于个人独立从事自由职业取得的所得或属于独立个人劳动所得。

个人担任董事职务所取得的董事费收入:属于劳务报酬性质的,按"劳务报酬所得"项目征税;属于任职受雇,同时兼任董事、监事的,按"工资、薪金所得"项目征税。

在商品营销活动中,单位对营销业绩突出的雇员以培训班、研讨会、工作考察等名义组织旅游活动,通过免收差旅费、旅游费对个人实行的营销业绩奖励(包括实物、有价证券等),所发生的费用按照"工资、薪金所得"税目征收个人所得税;如果为非雇员,则按照"劳务报酬所得"税目征收个人所得税。

(三) 稿酬所得

稿酬所得是指个人因其作品以图书、报刊等形式出版、发表而取得的所得。作品包括文学作品、书画作品、摄影作品以及其他作品。

作者去世后,财产继承人取得的遗作稿酬,也应征收个人所得税。

(四) 特许权使用费所得

特许权使用费所得是指个人提供专利权、商标权、著作权、非专利技术以及其他特许权的使用权取得的所得;提供著作权的使用权取得的所得,不包括稿酬所得。

对于作者将自己的文字作品手稿原件或复印件公开拍卖(竞价)取得的所得,属于提供

著作权的使用所得,应按"特许权使用费所得"项目征收个人所得税。

个人取得特许权的经济赔偿收入,应按"特许权使用费所得"项目征收个人所得税。

编剧从电视剧的制作单位取得的剧本使用费,统一按"特许权使用费所得"项目征收个人所得税。

(五) 经营所得

经营所得,是指:

(1) 个体工商户从事生产、经营活动取得的所得,个人独资企业投资人、合伙企业的个人合伙人来源于境内注册的个人独资企业、合伙企业生产、经营的所得。

(2) 个人依法从事办学、医疗、咨询以及其他有偿服务活动取得的所得。

(3) 个人对企业、事业单位承包经营、承租经营以及转包、转租取得的所得。

(4) 个人从事其他生产、经营活动取得的所得。

个体工商户或个人专营种植业、养殖业、饲养业、捕捞业,其经营项目属于农业税、牧业税征税范围,由于我国已经取消了农业税,因此从事上述行业目前暂不征收个人所得税。

个体工商户和从事生产经营的个人,取得与生产、经营活动无关的其他各项应税所得,应分别按照有关规定,计算征收个人所得税。

出租车归属为个人的,属于"经营所得",包括:从事个体出租车运营的出租车驾驶员取得的收入;出租车属个人所有,但挂靠出租汽车经营单位或企事业单位,驾驶员向挂靠单位缴纳管理费的;出租汽车经营单位将出租车所有权转移给驾驶员的,出租车驾驶员从事客货运营取得的收入。出租汽车经营单位对出租车驾驶员采取单车承包或承租方式运营,出租车驾驶员从事客货运营取得的收入,按照"工资、薪金所得"税目征税。

(六) 利息、股息、红利所得

利息、股息、红利所得,是指个人拥有债权、股权等而取得的利息、股息、红利所得。个人取得国债利息、国家发行的金融债券利息、教育储蓄存款利息,均免征个人所得税。

自 2008 年 10 月 9 日(含)起,暂免征收储蓄存款利息所得税。

按照国家或省级地方政府规定的比例缴付的住房公积金、医疗保险金、基本养老保险金、失业保险金存入银行个人账户所取得的利息所得,免予征收个人所得税。

除个人独资企业、合伙企业以外的其他企业的个人投资者,以企业资金为本人、家庭成员及其相关人员支付与企业生产经营无关的消费性支出及购买汽车、住房等财产性支出,视为企业对个人投资者的红利分配,依照"利息、股息、红利所得"项目计征个人所得税。

纳税年度内个人投资者从其投资企业(个人独资企业、合伙企业除外)借款,在该纳税年度终了后既不归还又未用于企业生产经营的,其未归还的借款可视为企业对个人投资者的红利分配,依照"利息、股息、红利所得"项目计征个人所得税。

(七) 财产租赁所得

财产租赁所得是指个人出租不动产、机器设备、车船以及其他财产取得的所得。

个人取得的财产转租收入,属于"财产租赁所得"的征税范围,由财产转租人缴纳个人所

得税。

（八）财产转让所得

财产转让所得是指个人转让有价证券、股权、合伙企业中的财产份额、不动产、机器设备、车船以及其他财产取得的所得。

在现实生活中,个人进行的财产转让主要是个人财产所有权的转让。财产转让实际上是一种买卖行为,当事人双方通过签订、履行财产转让合同,形成财产买卖的法律关系,使出让财产的个人从对方取得价款(收入)或其他经济利益。财产转让所得因其性质的特殊性,需要单独列举项目征税。对个人取得的各项财产转让所得,除股票转让所得外,都要征收个人所得税。具体规定如下。

1. 股票转让所得

根据《个人所得税法实施条例》规定,对股票转让所得征收个人所得税的办法,由国务院另行规定,并报全国人民代表大会常务委员会备案。鉴于我国证券市场发育还不成熟,股份制改革仍需完善,对股票转让所得的计算、征税办法和纳税期限的确认等都需要做深入的调查研究后,结合国际通行的做法,作出符合我国实际的规定。因此国务院决定,对股票转让所得暂不征收个人所得税。

2. 量化资产股份转让

集体所有制企业在改制为股份合作制企业时,对职工个人以股份形式取得的拥有所有权的企业量化资产,暂缓征收个人所得税;待个人将股份转让时,就其转让收入额,减除个人取得该股份时实际支付的费用支出和合理转让费用后的余额,按"财产转让所得"项目计征个人所得税。

（九）偶然所得

偶然所得,是指个人得奖、中奖、中彩以及其他偶然性质的所得。

个人取得的所得,难以界定应纳税所得项目的,由国务院税务主管部门确定。

四、个人所得税的税率

个人所得税实行分类税率,即对不同的所得项目,分别采取超额累进税率和比例税率两种形式。

（一）综合所得

这类所得适用3%~45%的七级超额累进税率。

(1) 居民个人取得工资、薪金所得,劳务报酬所得,稿酬所得和特许权使用费所得等综合所得,适用税率表如表6-1所示。

表中,全年应纳税所得额是指居民个人取得综合所得以每一纳税年度收入额减除费用6万元以及专项扣除、专项附加扣除和依法确定的其他扣除后的余额。

(2) 非居民个人取得工资、薪金所得,劳务报酬所得,稿酬所得和特许权使用费所得,依照表6-1按月换算后计算应纳税额,税率表如表6-2所示。

表 6-1　　　　　　　　　　　居民个人取得综合所得税率表

级数	全年应纳税所得额	税率	速算扣除数
1	不超过 36 000 元的	3%	0
2	超过 36 000 元至 144 000 元的部分	10%	2 520
3	超过 144 000 元至 300 000 元的部分	20%	16 920
4	超过 300 000 元至 420 000 元的部分	25%	31 920
5	超过 420 000 元至 660 000 元的部分	30%	52 920
6	超过 660 000 元至 960 000 元的部分	35%	85 920
7	超过 960 000 元的部分	45%	181 920

表 6-2　　　非居民个人取得工资、薪金所得,劳务报酬所得,稿酬所得和特许权使用费所得税率表

级数	全月应纳税所得额	税率	速算扣除数
1	不超过 3 000 元的部分	3%	0
2	超过 3 000 元至 12 000 元的部分	10%	210
3	超过 12 000 元至 25 000 元的部分	20%	1 410
4	超过 25 000 元至 35 000 元的部分	25%	2 660
5	超过 35 000 元至 55 000 元的部分	30%	4 410
6	超过 55 000 元至 80 000 元的部分	35%	7 160
7	超过 80 000 元的部分	45%	15 160

(二)经营所得

这类所得适用 5%～35% 的五级超额累进税率,如表 6-3 所示。

表 6-3　　　　　　　　　　　经营所得税率表

级数	全年应纳税所得额	税率	速算扣除数
1	不超过 30 000 元的	5%	0
2	超过 30 000 元至 90 000 元的部分	10%	1 500
3	超过 90 000元至 300 000元的部分	20%	10 500
4	超过300 000元至500 000元的部分	30%	40 500
5	超过500 000元的部分	35%	65 500

(三) 利息、股息、红利所得,财产租赁所得,财产转让所得和偶然所得

这类所得适用 20% 比例税率。

任务二　个人所得税应纳税额的计算

居民个人取得工资、薪金所得、劳务报酬所得、稿酬所得、特许权使用费所得四种形式的所得(以下称综合所得),按纳税年度合并计算个人所得税;非居民个人取得上述所得,按月或者按次分项计算个人所得税。纳税人取得的经营所得、利息、股息、红利所得、财产租赁所得、财产转让所得、偶然所得,依照规定分别计算个人所得税。

一、居民个人综合所得应纳税额的计算

(一) 应纳税所得额的确定

居民个人的综合所得,以每一纳税年度的收入额减除费用6万元以及专项扣除、专项附加扣除和依法确定的其他扣除后的余额,为应纳税所得额,其计算公式如下:

居民个人应纳税所得额＝每一纳税年度的收入额－60 000－专项扣除－专项附加扣除－其他扣除

1) 劳务报酬所得、稿酬所得、特许权使用费所得以收入减除20%的费用后的余额为收入额;稿酬所得的收入额再减按70%计算。

2) 专项扣除包括居民个人按照国家规定的范围和标准缴纳的基本养老保险、基本医疗保险、失业保险等社会保险费和住房公积金等。

3) 专项附加扣除是指个人所得税法规定的子女教育、继续教育、大病医疗、住房贷款利息或者住房租金、赡养老人等6项附加扣除。

(1) 子女教育。纳税人的子女接受学前教育和全日制学历教育的相关支出,按照每个子女每月1 000元(每年12 000元)的标准定额扣除。

学前教育包括年满3岁至小学入学前教育。学历教育包括义务教育(小学、初中教育)、高中阶段教育(普通高中、中等职业、技工教育)、高等教育(大学专科、大学本科、硕士研究生、博士研究生教育)。

父母可以选择由其中一方按扣除标准的100%扣除,也可以选择由双方分别按扣除标准的50%扣除,具体扣除方式在一个纳税年度内不能变更。

纳税人子女在中国境外接受教育的,纳税人应当留存境外学校录取通知书、留学签证等相关教育的证明资料备查。

(2) 继续教育。纳税人在中国境内接受学历(学位)继续教育的支出,在学历(学位)教育期间按照每月400元(每年4 800元)定额扣除。同一学历(学位)继续教育的扣除期限不能超过48个月(4年)。纳税人接受技能人员职业资格继续教育、专业技术人员职业资格继续教育的支出,在取得相关证书的当年,按照3 600元定额扣除。

个人接受本科及以下学历(学位)继续教育,符合本办法规定扣除条件的,可以选择由其父母扣除,也可以选择由本人扣除。

纳税人接受技能人员职业资格继续教育、专业技术人员职业资格继续教育的,应当留存相关证书等资料备查。

（3）大病医疗。在一个纳税年度内,纳税人发生的与基本医保相关的医药费用支出,扣除医保报销后个人负担（指医保目录范围内的自付部分）累计超过15 000元的部分,由纳税人在办理年度汇算清缴时,在80 000元限额内据实扣除。

纳税人发生的医药费用支出可以选择由本人或者其配偶扣除;未成年子女发生的医药费用支出可以选择由其父母一方扣除。纳税人及其配偶、未成年子女发生的医药费用支出,按本规定分别计算扣除额。

纳税人应当留存医药服务收费及医保报销相关票据原件（或者复印件）等资料备查。医疗保障部门应当向患者提供在医疗保障信息系统记录的本人年度医药费用信息查询服务。

（4）住房贷款利息。纳税人本人或者配偶单独或者共同使用商业银行或者住房公积金个人住房贷款为本人或者其配偶购买中国境内住房,发生的首套住房贷款利息支出,在实际发生贷款利息的年度,按照每月1 000元（每年12 000元）的标准定额扣除,扣除期限最长不超过 240 个月（20 年）。纳税人只能享受一次首套住房贷款的利息扣除。

首套住房贷款是指购买住房享受首套住房贷款利率的住房贷款。经夫妻双方约定,可以选择由其中一方扣除,具体扣除方式在一个纳税年度内不能变更。

夫妻双方婚前分别购买住房发生的首套住房贷款,其贷款利息支出,婚后可以选择其中一套购买的住房,由购买方按扣除标准的 100% 扣除,也可以由夫妻双方对各自购买的住房分别按扣除标准的 50% 扣除,具体扣除方式在一个纳税年度内不能变更。

纳税人应当留存住房贷款合同、贷款还款支出凭证备查。

（5）住房租金。纳税人在主要工作城市没有自有住房而发生的住房租金支出,可以按照以下标准定额扣除:

直辖市、省会（首府）城市、计划单列市以及国务院确定的其他城市,扣除标准为每月1 500元（每年18 000元）。除上述所列城市以外,市辖区户籍人口超过 100 万的城市,扣除标准为每月1 100元（每年13 200元）;市辖区户籍人口不超过 100 万的城市,扣除标准为每月800 元（每年9 600元）。

纳税人的配偶在纳税人的主要工作城市有自有住房的,视同纳税人在主要工作城市有自有住房。

市辖区户籍人口,以国家统计局公布的数据为准。

主要工作城市是指纳税人任职受雇的直辖市、计划单列市、副省级城市、地级市（地区、州、盟）全部行政区域范围;纳税人无任职受雇单位的,为受理其综合所得汇算清缴的税务机关所在城市。

夫妻双方主要工作城市相同的,只能由一方扣除住房租金支出。

住房租金支出由签订租赁住房合同的承租人扣除。

纳税人及其配偶在一个纳税年度内不能同时分别享受住房贷款利息和住房租金专项附加扣除。

纳税人应当留存住房租赁合同、协议等有关资料备查。

（6）赡养老人。纳税人赡养一位及以上被赡养人的赡养支出,统一按照以下标准定额扣除:纳税人为独生子女的,按照每月2 000元（每年24 000元）的标准定额扣除;纳税人为非

独生子女的,由其与兄弟姐妹分摊每月2 000元(每年24 000元)的扣除额度,每人分摊的额度不能超过每月1 000元(每年12 000元)。可以由赡养人均摊或者约定分摊,也可以由被赡养人指定分摊。约定或者指定分摊的须签订书面分摊协议,指定分摊优先于约定分摊。具体分摊方式和额度在一个纳税年度内不能变更。

被赡养人是指年满60岁的父母,以及子女均已去世的年满60岁的祖父母、外祖父母。

4) 其他扣除,包括个人缴付符合国家规定的企业年金、职业年金,个人购买符合国家规定的商业健康保险、税收递延型商业养老保险的支出,以及国务院规定可以扣除的其他项目。

5) 专项扣除、专项附加扣除和其他扣除,以居民个人一个纳税年度应纳税所得额为限额;一个纳税年度扣除不完的,不结转以后年度扣除。

（二）应纳税额计算

根据应纳税所得额,查找3%～45%的七级超额累进税率表6-1后,确定适用税率及速算扣除数,其计算公式如下:

$$应纳税额＝年应纳税所得额×适用税率－速算扣除数$$

【案例6-1】

张某为我国居民个人,2019年收入及家庭情况如下:

1. 工资收入15万元(已扣除三险一金),劳务报酬所得3万元,稿酬所得2万元。各相关单位已经代缴税款1 804元。

2. 张某有两个孩子,一个读小学,一个上幼儿园,由其夫妻双方分别按扣除标准的50%扣除;自有唯一一套住房,还未还完房贷,由张某按扣除标准的100%扣除;当年扣除医保报销后个人负担医药费为3万元;自己父亲年满67岁,张三为独生子女。

要求:计算张某2019年应缴纳的个人所得税。

【案例分析】

1. 张某2019年收入总额＝150 000＋30 000×(1－20%)＋20 000×(1－20%)×70%＝150 000＋24 000＋11 200＝185 200(元)

2. 张某2019年个人所得税应纳税所得额＝185 200－60 000－(12 000＋12 000＋30 000＋24 000)＝47 200(元)

3. 查税率表6-1可知,税率10%,速算扣除数2 520

4. 张某2019年个人所得税应纳税额＝47 200×10%－2 520＝2 200(元)

由于各相关单位已经代缴税款1 804元,因此2020年3月1日至6月30日内汇算清缴时,张三需要补缴个人所得税2 200－1 804＝396(元)。

二、非居民个人工资、薪金所得应纳税额的计算

（一）应纳税所得额的确定

非居民个人的工资、薪金所得,以每月收入额减除费用5 000元后的余额为应纳税所得额。

（二）应纳税额计算

非居民个人的工资、薪金所得根据应纳税所得额,查找 3‰～45‰ 的七级超额累进税率表 6-2 后,确定适用税率及速算扣除数,其计算公式如下:

应纳税额＝月应纳税所得额×适用税率－速算扣除数

＝（每月工资、薪金所得的收入额－5 000）×适用税率－速算扣除数

【案例 6-2】

某外商投资企业中工作的美国专家詹姆斯（非居民个人）,2019 年 3 月由该企业发放的税前工资为 12 000 元。

要求:计算詹姆斯 3 月份应缴纳的个人所得税。

【案例分析】

1. 詹姆斯 3 月份个人所得税应纳税所得额＝12 000－5 000＝7 000（元）。

2. 查税率表 6-2 可知,税率 10‰,速算扣除数 210。

3. 詹姆斯 3 月份个人所得税应纳税所得额＝7 000×10‰－210＝490（元）。

三、非居民个人劳务报酬所得、稿酬所得、特许权使用费所得应纳税额

（一）应纳税所得额的确定

非居民个人劳务报酬所得、稿酬所得、特许权使用费所得,以每次收入额为应纳税所得额。劳务报酬所得、稿酬所得、特许权使用费所得以收入减 20‰ 的费用后的余额为收入额;稿酬所得的收入额再减按 70‰ 计算。

劳务报酬所得、稿酬所得、特许权使用费所得,其中属于一次性收入的,以取得该项收入为一次;属于同一项目连续性收入的,以 1 个月内取得的收入为一次。具体规定如下:

（1）就劳务报酬所得来看,从事设计、安装、装潢、制图、化验、测试等劳务,往往是接受客户的委托,按照客户的要求,完成一次劳务后取得收入。因此,是属于只有一次性的收入,应以每次提供劳务取得的收入为一次。但如果一次性劳务报酬收入是以分月支付方式取得的,就适用同一事项连续取得收入,以 1 个月内取得的收入为一次的规定。

（2）就稿酬所得来看,以每次出版、发表取得收入为一次,不论出版单位是预付还是分笔支付稿酬,或者加印该作品后再付稿酬,均应合并其稿酬所得按一次计征个人所得税。具体又可细分为:

• 同一作品再版取得所得,应视作另一次稿酬所得计征个人所得税。

• 同一作品在报刊上连载取得收入的,以连载完成后取得的所有收入合并为一次,计征个人所得税。

• 同一作品先在报刊上连载,然后再出版,或先出版,再在报刊上连载的,应视为两次稿酬所得征税。即连载作为一次,出版作为另一次。

• 同一作品在出版和发表时,以预付稿酬或分次支付稿酬等形式取得的稿酬收入,应合并计算为一次。

● 同一作品出版、发表后，因添加印数而追加稿酬的，应与以前出版、发表时取得的稿酬合并计算为一次，计征个人所得税。

● 在两处或两处以上出版、发表或再版同一作品而取得稿酬所得，则可按分别各处取得的所得或再版所得分次计征个人所得税。

（3）就特许权使用费来看，以某项使用权的一次转让所取得的收入为一次。一个非居民个人，可能不仅拥有一项特许权利，每一项特许权的使用权也可能不止一次地向我国境内提供。因此，对特许权使用费所得的"次"的界定，明确为每一项使用权的每次转让所取得的收入为一次。如果该次转让取得的收入是分笔支付的，则应将各笔收入相加为一次的收入，计征个人所得税。

（二）应纳税额计算

非居民个人的劳务报酬所得、稿酬所得、特许权使用费所得各自根据自己的应纳税所得额，分别查找 3%～45% 的七级超额累进税率表 6-2 后，确定适用税率及速算扣除数，其计算公式如下：

$$\text{非居民个人的劳务报酬所得应纳税额} = \text{应纳税所得额} \times \text{适用税率} - \text{速算扣除数} = \text{劳务报酬所得每次收入} \times (1-20\%) \times \text{适用税率} - \text{速算扣除数}$$

$$\text{非居民个人的稿酬所得应纳税额} = \text{应纳税所得额} \times \text{适用税率} - \text{速算扣除数} = \text{稿酬所得每次收入} \times (1-20\%) \times 70\% \times \text{适用税率} - \text{速算扣除数}$$

$$\text{非居民个人的特许权使用费所得应纳税额} = \text{应纳税所得额} \times \text{适用税率} - \text{速算扣除数} = \text{特许权使用费所得每次收入} \times (1-20\%) \times \text{适用税率} - \text{速算扣除数}$$

【案例 6-3】

2019 年 5 月，非居民个人玛丽一次性取得劳务报酬 10 000 元，一次性取得稿酬 4 000 元，一次性取得特许权使用费 16 000 元。上述收入均为税前收入。

要求：计算玛丽 2019 年 5 月应缴纳的个人所得税。

【案例分析】

非居民个人就其取得的劳务报酬所得、稿酬所得、特许权使用费所得应分别计算个人所得税。

1.（1）玛丽 5 月份劳务报酬所得应纳税所得额＝10 000×（1－20%）＝8 000（元）。

（2）玛丽 5 月份稿酬所得应纳税所得额＝4 000×（1－20%）×70%＝2 240（元）。

（3）玛丽 5 月份劳务报酬所得应纳税所得额＝16 000×（1－20%）＝12 800（元）。

2. 将上述所得查税率表 6-2 可知，劳务报酬所得适用税率为 10%，速算扣除数为 210；稿酬所得适用税率为 3%，速算扣除数为 0；特许权使用费所得适用税率为 20%，速算扣除数为 1 410。

3.（1）玛丽 5 月份劳务报酬所得应纳税额＝8 000×10%－210＝590（元）。

（2）玛丽 5 月份稿酬所得应纳税额＝2 240×3%＝67.2（元）。

（3）玛丽 5 月份劳务报酬所得应纳税额＝12 800×20%－1 410＝1 150（元）。

（4）玛丽 2019 年 5 月应缴纳的个人所得税＝590＋67.2＋1 150＝1 807.2（元）。

四、经营所得应纳税额的计算

(一) 应纳税所得额的确定

经营所得,以每一纳税年度的收入总额减除成本、费用以及损失后的余额,为应纳税所得额。

成本、费用是指生产、经营活动中发生的各项直接支出和分配计入成本的间接费用以及销售费用、管理费用、财务费用;损失是指生产、经营活动中发生的固定资产和存货的盘亏、毁损、报废损失,转让财产损失,坏账损失,自然灾害等不可抗力因素造成的损失以及其他损失。

取得经营所得的个人,没有综合所得的,计算其每一纳税年度的应纳税所得额时,应当减除费用60 000元、专项扣除、专项附加扣除以及依法确定的其他扣除。专项附加扣除在办理汇算清缴时减除。

从事生产、经营活动,未提供完整、准确的纳税资料,不能正确计算应纳税所得额的,由主管税务机关核定应纳税所得额或者应纳税额。

对个体工商户业主、个人独资企业和合伙企业自然人投资者的生产经营所得依法计征个人所得税时,个体工商户业主、个人独资企业和合伙企业是自然人投资者本人的费用扣除标准统一确定为60 000元/年(5 000元/月)。个体工商户业主的工资、薪金支出不得税前扣除。

对企事业单位的承包经营、承租经营所得,以每一纳税年度的收入总额,减除必要费用后的余额,为应纳税所得额。每一纳税年度的收入总额,是指纳税义务人按照承包经营、承租经营合同规定分得的经营利润和工资、薪金性质的所得;减除必要费用是指按年减除60 000元。

(二) 应纳税额计算

根据应纳税所得额,查找5%～35%的五级超额累进税率表6-3后,确定适用税率及速算扣除数,其计算公式如下:

$$应纳税额＝年应纳税所得额×适用税率－速算扣除数$$

【案例6-4】

某小型运输公司系个体工商户,账证健全,2019年12月取得经营收入为320 000元,准许扣除的当月成本、费用(不含业主工资)及相关税金共计250 600元。1～11月累计应纳税所得额88 400元(未扣除业主费用减除标准),1～11月累计已预缴个人所得税10 200元。除经营所得外,业主本人没有其他收入,且2019年全年均享受赡养老人一项专项附加扣除。不考虑专项扣除和符合税法规定的其他扣除。

要求:试计算该个体工商户就2019年度汇算清缴时应补(退)税额。

【案例分析】

纳税人取得经营所得,按年计算个人所得税,由纳税人自月度或季度终了后15日内,向经营管理所在地主管税务机关办理预缴纳税申报;在取得所得的次年3月31日前,向经营

管理所在地主管税务机关办理汇算清缴。因此,按照税收法律、法规和文件规定,先计算全年应纳税所得额,再计算全年应纳税额,并根据全年应纳税额和当年已预缴税额计算出当年度应补(退)税额。

1. 全年应纳税所得额＝320 000－250 600＋88 400－60 000－24 000＝73 800(元)。

2. 查找5%～35%的五级超额累进税率表6-3后,确定适用税率10%,速算扣除数为1 500。

3. 全年应缴纳个人所得税＝73 800×10%－1 500＝5 880(元)。

4. 该个体工商户1～11月已经预缴个人所得税10 200,因此,2019年度汇算清缴时应申请的个人所得税退税,退税额＝10 200－5 880＝4 320(元)。

五、利息、股息、红利所得应纳税额的计算

(一)应纳税所得额的确定

利息、股息、红利所得个人所得税按次征收,以每次取得的收入为一次,不扣除任何费用,也就是说,其应纳税所得额即为每次收入额。

利息、股息、红利所得以支付利息、股息、红利时取得的收入为一次。

1. 股息、红利差别化个税规定

(1) 个人从公开发行和转让市场取得的上市公司股票,持股期限在1个月以内(含1个月)的,其股息、红利所得全额计入应纳税所得额;持股期限在1个月以上至1年(含1年)的,暂减按50%计入应纳税所得额;持股期限超过1年的,股息、红利所得暂免征收个人所得税。

(2) 对个人持股1年以内(含1年)的,上市公司暂时不扣缴个人所得税;待个人转让股票时,证券登记结算公司根据其持股期限计算应纳税额。

(3) 持股期限是指个人从公开发行和转让市场取得上市公司股票之日至转让交割该股票之日前一日的持有时间。

(4) 个人转让股票时,按照先进先出的原则计算持股期限,即证券账户中先取得的股票视为先转让。

2. 中小企业股份转让系统挂牌公司股息、红利征税规定

个人持有全国中小企业股份转让系统挂牌公司的股票,持股期限在1个月以内(含1个月)的,其股息、红利所得全额计入应纳税所得额;持股期限在1个月以上至1年(含1年)的,暂减按50%计入应纳税所得额;持股期限超过1年的,股息、红利所得暂免征收个人所得税。

3. 沪港股票市场交易互联互通机制试点有关税收政策

1) 对于内地投资者。

(1) 股票转让差价所得,自2 014年11月17日起至2019年12月4日止,暂免征收个人所得税。

(2) 通过沪港通从上市H股、非H股取得的股息、红利,按照20%的税率缴纳个人所得税。

个人投资者在国外已缴纳的预提税,可持有效扣税凭证到中国结算的主管税务机关申请税收抵免。

2) 关于香港市场投资者。

(1) 对香港市场投资者(包括企业和个人)投资上交所上市 A 股取得的转让差价所得,暂免征收所得税。

(2) 对香港市场投资者(包括企业和个人)投资上交所上市 A 股取得的股息、红利所得,暂不执行按持股时间实行差别化征税政策,由上市公司按照 10％的税率代扣所得税。

4. 股票、红利税收政策

股份制企业在分配股息、红利时,以股票形式向股东个人支付应得的股息、红利(即派发红股),应以派发红股的股票票面金额为收入额,按利息、股息、红利项目计征个人所得税。

5. 其他免征所得税政策

自2008年10月9日(含)起,暂免征收储蓄存款利息所得税。国债利息收入、金融债券利息收入、教育储蓄存款利息所得,免征个人所得税。按照国家或省级地方政府规定的比例缴付的住公积金、医疗保险金、基本养老保险金、失业保险金存入银行个人账户所取得的利息所得,免予征收个人所得税。

(二) 应纳税额计算

$$应纳税额 = 应纳税所得额 \times 适用税率 = 每次收入额 \times 20\%$$

【案例 6-5】

孟某自2018年11月开始持有 A 上市公司股票,2019 年 4 月,其获得该公司派发的红股 10 000 股,红股票面价值 1 元/股,派发当日股票市值 4 元/股。

要求:计算孟某所获得的股息、红利应缴纳个人所得税。

【案例分析】

对于股份制企业在分配股息、红利时,以股票形式向股东个人支付应得的股息、红利(即派发红股),应以派发红股的股票票面金额为收入额,计算征收个人所得税。个人从公开发行和转让市场取得的上市公司股票,持股期限在 1 个月以上至 1 年(含 1 年)的,股息、红利所得暂减按 50％计入应纳税所得额。

所以,孟某所获得的股息、红利应缴纳的个人所得税 = 10 000 × 1 × 20％ × 50％ = 1 000 (元)

六、财产租赁所得应纳税额的计算

(一) 应纳税所得额的确定

财产租赁所得一般以个人每次取得收入,定额或定率减除规定费用后的余额为应纳税所得额。每次收入不超过4 000元的,减除费用 800 元;4 000元以上的,减除 20％的费用,其余额为应纳税所得额。

在确定财产租赁的应纳税所得额时,纳税人在出租财产过程中缴纳的税金和教育费附加,可持完税(缴款)凭证,从其财产租赁收入中扣除。准予扣除的项目除了规定费用和有关

税费外,还准予扣除能够提供有效、准确凭证,证明由纳税人负担的该出租财产实际开支的修缮费用。允许扣除的修缮费用,以每次800元为限。一次扣除不完的,准予在下一次继续扣除,直到扣完为止。

个人出租财产取得的财产租赁收入,在计算缴纳个人所得税时,应依次扣除以下费用:

- 准予扣除项目:主要指财产租赁过程中缴纳的税费。
- 由纳税人负担的该出租财产实际开支的修缮费用。修缮费用的扣除以每次800元为限。一次扣除不完的,准予在下一次继续扣除,直到扣完为止。
- 税法规定的费用扣除标准(即定额减除费用800元或定率减除20%的费用)。

财产租赁所得,以1个月内取得的收入为一次。

应纳税所得额的计算公式如下。

(1) 每次(月)收入不超过4 000元的,适用公式如下:

$$应纳税所得额=每次(月)收入额-准予扣除项目-修缮费用(800元为限)-800元$$

(2) 每次(月)收入超过4 000元的,适用公式如下:

$$应纳税所得额=[每次(月)收入额-准予扣除项目-修缮费用(800元为限)]\times(1-20\%)$$

(二) 应纳税额计算

财产租赁所得适用20%的比例税率,但对个人按照市场价格出租的居民住房取得的所得暂减按10%的税率征收个人所得税。

应纳税额的计算公式如下。

(1) 每次(月)收入不超过4 000元的,适用公式如下:

$$应纳税额=应纳税所得额\times适用税率(20\%或10\%)$$

或

$$=[每次(月)收入额-准予扣除项目-修缮费用(800元为限)$$
$$-800元]\times适用税率(20\%或10\%)$$

(2) 每次(月)收入超过4 000元的,适用公式如下:

$$应纳税额=应纳税所得额\times适用税率(20\%或10\%)$$

或

$$=[每次(月)收入额-准予扣除项目-修缮费用(800元为限)]$$
$$\times(1-20\%)\times适用税率(20\%或10\%)$$

【案例6-6】

周某2019年1月将市区内原居住的一处价值为170万元的住房,以市价出租用于他人居住,租期1年,每月租金收入3 500元。3月发生修缮费1 200元,每月的相关税费为150元,能提供有效凭证。

要求:计算周某2019年3月、4月、5月租金收入各缴纳的个人所得税。

【案例分析】

个人以市场价出租的居民住房,个人所得税减按 10% 的税率。纳税人在出租财产过程中缴纳的税金和教育费附加,可持完税(缴款)凭证,从其财产租赁收入中扣除。准予扣除的项目除了规定费用和有关税、费外,还准予扣除能够提供有效、准确凭证,证明由纳税人负担的该出租财产实际开支的修缮费用,但以每次 800 元为限,一次扣除不完的,准予在下一次继续扣除,直到扣完为止。所以,每月租金收入允许扣除 150 元的相关税费;收入小于 4 000元,每月允许定额扣除 800 元;而 1 200 元的修缮费用,在 3 月份时允许扣除 800 元,剩余的400 元在 4 月份扣除。

3 月租金应纳税额=(3 500−150−800−800)×10%=175(元)。

4 月租金应纳税额=(3 500−150−400−800)×10%=215(元)。

5 月租金应纳税额=(3 500−150−800)×10%=255(元)。

七、财产转让所得应纳税额的计算

(一) 应纳税所得额的确定

财产转让所得一般以收入总额扣除财产原值和合理费用后的余额为应纳税所得额,其计算公式如下:

$$应纳税所得额=收入总额-财产原值-合理费用$$

财产原值,按照下列方法确定:

- 有价证券,为买入价以及买入时按照规定缴纳的有关费用。
- 建筑物,为建造费或者购进价格以及其他有关费用。
- 土地使用权,为取得土地使用权所支付的金额、开发土地的费用以及其他有关费用。
- 机器设备、车船,为购进价格、运输费、安装费以及其他有关费用。
- 其他财产,参照以上方法确定。

纳税人未提供完整、准确的财产原值凭证,不能按照上述方法确定财产原值的,由主管税务机关核定财产原值。

合理费用,是指卖出财产时按照规定支付的有关税费。

财产转让所得以一件财产的所有权一次转让取得的收入为一次。

(二) 应纳税额计算

财产转让所得适用 20% 的比例税率,其计算公式如下:

$$应纳税额=应纳税所得额×适用税率=(收入总额-财产原值-合理税费)×20\%$$

【案例 6-7】

刘某 2019 年 1 月转让私有住房一套,取得转让收入 240 000 元,转让时支付有关税费16 000 元,该套住房购进时原价为 100 000 元。

要求:计算刘某 2019 年 1 月转让住房应缴纳的个人所得税。

【案例分析】

1. 刘某转让住房应纳税所得额＝财产转让收入额－财产原值－合理税费＝240 000－100 000－16 000＝124 000（元）。

2. 刘某转让住房应纳税额＝124 000×20％＝24 800（元）。

八、偶然所得应纳税额的计算

（一）应纳税所得额的确定

偶然所得和其他所得以个人每次取得的收入额为应纳税所得额，不扣除任何费用。

（1）个人取得单张有奖发票奖金不超过 800 元（含 800 元）的，暂免征收个人所得税；个人取得单张有奖发票所得超过 800 元的，应全额按照"偶然所得"征收个人所得税。

（2）个人购买社会福利彩票、体育彩票中奖获取的所得，一次中奖收入不超过10 000元的，不用缴纳个人所得税；一次中奖收入超过10 000元的，应全额按照"偶然所得"征收个人所得税。

$$应纳税所得额＝每次收入额$$

除有特殊规定外，每次收入额即是应纳税所得额，以每次取得该项收入为一次。

（二）应纳税额计算

偶然所得适用 20％的比例税率，其计算公式如下：

$$应纳税额＝应纳税所得额×适用税率＝每次收入额×20％$$

九、个人所得税几种特殊情况应纳税额的计算

（一）对公益救济性捐赠支出的扣除

（1）个人将其所得对教育、扶贫、济困等公益慈善事业进行捐赠，捐赠额未超过纳税人申报的应纳税所得额 30％的部分，可以从其应纳税所得额中扣除；国务院规定对公益慈善事业捐赠实行全额税前扣除的，从其规定。

个人将其所得对教育、扶贫、济困等公益慈善事业进行捐赠，是指个人将其所得通过中国境内的公益性社会组织、国家机关向教育、扶贫、济困等公益慈善事业的捐赠。应纳税所得额，是指计算扣除捐赠额之前的应纳税所得额。

$$捐赠扣除限额＝申报的应纳税所得额×30％$$

如果实际捐赠额小于捐赠扣除限额，则按实际捐赠额扣除；如果实际捐赠额大于捐赠扣除限额，只能按捐赠扣除限额扣除。

（2）个人通过中国境内的非营利的社会团体和国家机关向"红十字事业、农村义务教育、公益性青少年活动场所"进行捐赠，可以全额从其应纳税所得额中扣除。

（3）个人直接给受赠者进行捐赠，不得从其应纳税所得额中扣除。

【案例6-8】

2019年1月19日，位于肇庆市怀集县怀城镇国泰路 103 号44171114福彩投注站传来喜讯，一位怀集彩民李先生以一张 10 元 5 注自选单式票中得 1 注一等奖，总奖金 500 万元，成

为2019年肇庆市福利彩票第1位500万元以上大奖得主。

要求:如果李先生在其中奖所得中拿出部分所得进行捐赠,试根据下列不同的捐赠方式,计算其中奖所得应该缴纳的个人所得税。

1. 由李先生直接给贫困山区捐款30万元。

2. 通过教育局向贫困山区捐款30万元。

3. 通过教育局向贫困山区捐款160万元。

4. 通过教育局向农村义务教育捐款160万元。

【案例分析】

1. 如果直接捐赠30万元,不能在税前扣除。

所以,应纳个人所得税＝500×20％＝100(万元)

2. 如果通过教育局向贫困山区捐款30万元,则符合限额扣除标准,所以,捐赠可以全部扣除。

扣除限额＝500×30％＝150(万元)＞30(万元)

应纳个人所得税＝(500－30)×20％＝94(万元)

3. 如果通过教育局向贫困山区捐款160万元,则符合限额扣除标准,所以,捐赠最多扣除150万元。

扣除限额＝500×30％＝150(万元)＜160(万元)

应纳个人所得税＝(500－150)×20％＝70(万元)

4. 如果通过教育局向农村义务教育捐款160万元,则符合全额扣除标准,所以,捐赠允许全部扣除。

应纳个人所得税＝(500－160)×20％＝68(万元)

(二) 两个或两个以上的个人共同取得一项收入的个人所得税的计算

两个或两个以上的个人共同取得同一项收入的,每个人应以各自取得的收入分别按照税法规定减除费用后计算纳税,即按"先分、后扣、再税"的办法计算各自应该承担的个人所得税。

(三) 境外所得已纳税款抵免的计算

居民个人从中国境外取得的所得,可以从其应纳税额中抵免已在境外缴纳的个人所得税税额,但抵免额不得超过该纳税人境外所得依照我国个人所得税法规定计算的应纳税额。

已在境外缴纳的个人所得税税额,是指居民个人来源于中国境外的所得,依照该所得来源国家(地区)的法律应当缴纳并且实际已经缴纳的所得税税额。

纳税人境外所得依照我国个人所得税法规定计算的应纳税额,是居民个人抵免已在境外缴纳的综合所得、经营所得以及其他所得的所得税税额的限额(以下简称抵免限额)。除国务院财政、税务主管部门另有规定外,来源于中国境外一个国家(地区)的综合所得抵免限额、经营所得抵免限额以及其他所得抵免限额之和,为来源于该国家(地区)所得的抵免限额。

居民个人在中国境外一个国家(地区)实际已经缴纳的个人所得税税额,低于依照规定计算出的来源于该国家(地区)所得的抵免限额的,应当在中国缴纳差额部分的税款;超过来源于该国家(地区)所得的抵免限额的,其超过部分不得在本纳税年度的应纳税额中抵免,但是可以在以后纳税年度来源于该国家(地区)所得的抵免限额的余额中补扣。补扣期限最长不得超过5年。

居民个人申请抵免已在境外缴纳的个人所得税税额,应当提供境外税务机关出具的税款所属年度的有关纳税凭证。

任务三 个人所得税的税收优惠

一、免税项目

(1) 省级人民政府、国务院部委和中国人民解放军以上单位,以及外国组织、国际组织颁发的科学、教育、技术、文化、卫生、体育、环境保护等方面的奖金。

(2) 国债和国家发行的金融债券利息。

(3) 按照国家统一规定发给的补贴、津贴。

(4) 福利费、抚恤金、救济金。

(5) 保险赔款。

(6) 军人的转业费、复员费、退役金。

(7) 按照国家统一规定发给干部、职工的安家费、退职费、基本养老金或者退休费、离休费、离休生活补助费。

(8) 依照有关法律规定应予免税的各国驻华使馆、领事馆的外交代表、领事官员和其他人员的所得。

(9) 中国政府参加的国际公约、签订的协议中规定免税的所得。

(10) 国务院规定的其他免税所得。

上述免税规定,由国务院报全国人民代表大会常务委员会备案。

二、减税项目

有下列情形之一的,可以减征个人所得税,具体幅度和期限,由省、自治区、直辖市人民政府规定,并报同级人民代表大会常务委员会备案:

(1) 残疾、孤老人员和烈属的所得。

(2) 因严重自然灾害造成重大损失的。

(3) 其他经国务院财政部门批准减免的。

国务院可以规定其他减税情形,报全国人民代表大会常务委员会备案。

三、暂免征税项目

根据《国家税务总局关于个人所得税若干政策问题的通知》和有关文件的规定,对下列所得暂免征收个人所得税:

(1) 外籍个人以非现金形式或实报实销形式取得的住房补贴、伙食补贴、搬迁费、洗衣费。

(2) 外籍个人按合理标准取得的境内、境外出差补贴。

（3）外籍个人取得的探亲费、语言训练费、子女教育费等，经当地税务机关审核批准为合理的部分。

（4）外籍个人从外商投资企业取得的股息、红利所得。

（5）个人举报、协查各种违法、犯罪行为而获得的奖金。

（6）个人转让自用达5年以上、并且是唯一的家庭生活用房取得的所得。

（7）对个人购买福利彩票、赈灾彩票、体育彩票，一次中奖收入在1万元以下的（含1万元）暂免征收个人所得税，超过1万元的，全额征收个人所得税。

（8）达到离休、退休年龄，但确因工作需要，适当延长离休、退休年龄的高级专家，其在延长离休、退休期间的工资、薪金所得，视同离休、退休工资免征个人所得税。

（9）对国有企业职工，因企业依法被宣告破产，从破产企业取得的一次性安置费收入，免予征收个人所得税。

（10）职工与用人单位解除劳动关系取得的一次性补偿收入（包括用人单位发放的经济补偿金、生活补助费和其他补助费用），在当地上年职工年平均工资3倍数额以内的部分，可免征个人所得税；超过该标准的一次性补偿收入，应按照国家有关规定征收个人所得税。

（11）城镇企业事业单位及其职工个人按照《失业保险条例》规定的比例，实际缴付的失业保险费，均不计入职工个人当期的工资、薪金收入，免予征收个人所得税。

（12）企业和个人按照国家或地方政府规定的比例，提取并向指定金融机构实际缴付的住房公积金、医疗保险金、基本养老保险金，免予征收个人所得税。

（13）个人领取原提存的住房公积金、医疗保险金、基本养老保险金，以及具备《失业保险条例》规定条件的失业人员领取的失业保险金，免予征收个人所得税。

（14）个人取得的教育储蓄存款利息所得和按照国家或省级地方政府规定的比例缴付的住房公积金、医疗保险金、基本养老保险金、失业保险金存入银行个人账户所取得的利息所得，免予征收个人所得税。

（15）自2008年10月9日（含）起，对储蓄存款利息所得暂免征收个人所得税。

（16）自2009年5月25日（含）起，以下情形的房屋产权无偿赠与，对当事双方不征收个人所得税：①房屋产权所有人将房屋产权无偿赠与配偶、父母、子女、祖父母、外祖父母、孙子女、外孙子女、兄弟姐妹；②房屋产权所有人将房屋产权无偿赠与对其承担直接抚养或者赡养义务的抚养人或者赡养人；③房屋产权所有人死亡，依法取得房屋产权的法定继承人、遗嘱继承人或者受遗赠人。

任务四 征收管理

我国通用实行的是自行申报纳税和全员全额扣缴申报纳税两种征收管理办法。

一、自行申报纳税

自行申报纳税，是由纳税人自行在税法规定的纳税期限内，向税务机关申报取得的应税所得项目和税额，如实填写个人所得税纳税申报表，并按照税法规定计算应纳税额，据此缴纳个人所得税的一种方法。

（一）自行申报纳税的情形

有下列情形之一的,纳税人应当依法办理纳税申报:

(1) 取得综合所得需要办理汇算清缴。

(2) 取得应税所得没有扣缴义务人。

(3) 取得应税所得,扣缴义务人未扣缴税款。

(4) 取得境外所得。

(5) 因移居境外注销中国户籍。

(6) 非居民个人在中国境内从两处以上取得工资、薪金所得。

(7) 国务院规定的其他情形。

（二）自行申报纳税的期限

纳税人需要办理汇算清缴的,应当在取得所得的次年3月1日至6月30日内办理汇算清缴。纳税人取得应税所得没有扣缴义务人的,应当在取得所得的次月15日内向税务机关报送纳税申报表,并缴纳税款。

纳税人取得应税所得,扣缴义务人未扣缴税款的,纳税人应当在取得所得的次年6月30日前,缴纳税款;税务机关通知限期缴纳的,纳税人应当按照期限缴纳税款。

居民个人从中国境外取得所得的,应当在取得所得的次年3月1日至6月30日内申报纳税。

非居民个人在中国境内从两处以上取得工资、薪金所得的,应当在取得所得的次月15日内申报纳税。

纳税人因移居境外注销中国户籍的,应当在注销中国户籍前办理税款清算。

（三）自行申报纳税的地点

(1) 在中国境内有任职、受雇单位的,向任职、受雇单位所在地主管税务机关申报。

(2) 在中国境内有两处或者两处以上任职、受雇单位的,选择并固定向其中一处单位所在地主管税务机关申报。

(3) 在中国境内无任职、受雇单位,年所得项目中有个体工商户的生产、经营所得或者对企事业单位的承包经营、承租经营所得(以下统称生产、经营所得)的,向其中一处实际经营所在地主管税务机关申报。

(4) 在中国境内无任职、受雇单位,年所得项目中无生产、经营所得的,向户籍所在地主管税务机关申报。在中国境内有户籍,但户籍所在地与中国境内经常居住地不一致的,选择并固定向其中一地主管税务机关申报。在中国境内没有户籍的,向中国境内经常居住地主管税务机关申报。

(5) 其他各种所得纳税人,纳税申报地方分别如下:①从两处或者两处以上取得工资、薪金所得的,选择并固定向其中一处单位所在地主管税务机关申报。②从中国境外取得所得的,向中国境内户籍所在地主管税务机关申报。在中国境内有户籍,但户籍所在地与中国境内经常居住地不一致的,选择并固定向其中一地主管税务机关申报。在中国境内没有户籍的,向中国境内经常居住地主管税务机关申报。③取得经营所得的个人向实际经营所在

地主管税务机关申报。④个人独资、合伙企业投资者兴办两个或两个以上企业的,区分不同情形确定纳税申报地点。

兴办的企业全部是个人独资性质的,分别向各企业的实际经营管理所在地主管税务机关申报;兴办的企业中含有合伙性质的,向经常居住地主管税务机关申报;兴办的企业中含有合伙性质,个人投资者经常居住地与其兴办企业的经营管理所在地不一致的,选择并固定向其参与兴办的某一合伙企业的经营管理所在地主管税务机关申报;除以上情形外,纳税人应当向取得所得所在地主管税务机关申报。

(四)纳税申报方式

纳税人可以采用远程办税端、邮寄等方式申报,也可以直接到主管税务机关申报。纳税人办理自行纳税申报时,除填报《个人所得税申报表》外,还应一并报送税务机关要求报送的其他有关资料;首次申报或者个人基础信息发生变化的,还应报送《个人所得税基础信息表(B表)》。

二、全员全额扣缴申报纳税

全员全额扣缴申报,是指扣缴义务人向个人支付应税所得时,不论其是否属于本单位人员、支付的应税所得是否达到纳税标准,扣缴义务人应当在代扣税款的次月内,向主管税务机关报送其支付应税所得个人的基本信息、支付所得项目和数额、扣缴税款数额以及其他相关涉税信息。这种方法有利于控制税源、防止漏税和逃税。

(一)扣缴义务人

个人所得税以取得应税所得的个人为纳税义务人;以支付所得的单位或者个人为扣缴义务人。扣缴义务人扣缴税款时,纳税人应当向扣缴义务人提供纳税人识别号。纳税人有中国公民身份号码的,以中国公民身份号码为纳税人识别号;纳税人没有中国公民身份号码的,由税务机关赋予其纳税人识别号。

(二)代扣预扣税款的范围

实行个人所得税全员全额扣缴申报的应税所得包括:

(1)工资、薪金所得。

(2)劳务报酬所得。

(3)稿酬所得。

(4)特许权使用费所得。

(5)利息、股息、红利所得。

(6)财产租赁所得。

(7)财产转让所得。

(8)偶然所得。

扣缴义务人应当按照国家规定办理全员全额扣缴申报,并向纳税人提供其个人所得和已扣缴税款等信息。扣缴义务人在向纳税人支付各项应纳税所得时,必须履行代扣代缴税款的义务。扣缴义务人对纳税人的应扣未扣税款应由纳税人予以补缴。对扣缴义务人按照所扣缴的税款,税务机关应付给2%的手续费。

居民个人取得综合所得,按年计算个人所得税;有扣缴义务人的,由扣缴义务人按月或者按次预扣预缴税款。预扣预缴办法由国务院税务主管部门制定。

居民个人向扣缴义务人提供专项附加扣除信息的,扣缴义务人按月预扣预缴税款时应当按照规定予以扣除,不得拒绝。

非居民个人取得工资、薪金所得,劳务报酬所得,稿酬所得和特许权使用费所得,有扣缴义务人的,由扣缴义务人按月或者按次代扣代缴税款,不办理汇算清缴。

纳税人取得经营所得,按年计算个人所得税,由纳税人在月度或者季度终了后15日内向税务机关报送纳税申报表,并预缴税款;在取得所得的次年3月31日前办理汇算清缴。

纳税人取得利息、股息、红利所得,财产租赁所得,财产转让所得和偶然所得,按月或者按次计算个人所得税,有扣缴义务人的,由扣缴义务人按月或者按次代扣代缴税款。

(三)代扣代缴期限

扣缴义务人每月或者每次预扣、代扣的税款,应当在次月15日内缴入国库,并向税务机关报送扣缴《个人所得税扣缴申报表》。

扣缴义务人首次向纳税人支付所得时,应当按照纳税人提供的纳税人识别号等基础信息,填写《个人所得税基础信息表(A表)》,并于次月扣缴申报时向税务机关报送。扣缴义务人对纳税人向其报告的相关基础信息变化情况,应当于次月扣缴申报时间向税务机关报送。

【案例6-9】

中国公民李某是甲公司的一名员工,2019年收入及家庭情况如下:

(一)家庭情况

李某双亲健在,年龄分别为71岁、70岁,自己为独生子女;其自身有两个子女,一个读小学,一个读初中;在市区有唯一一套价值500万元的住房,房贷还未还清;当年扣除医保报销后个人负担医药费为5万元;上述涉及夫妻双方个人所得税专项附加扣除时,由其夫妻双方分别按扣除标准的50%扣除。

(二)收入情况

1. 每月取得工资收入1.8万元(已扣除三险一金)。

2. 2月份利用业余时间为乙公司绘制宣传画,一次取得绘画收入2万元。

3. 3月份为向某报社投稿,取得稿酬收入8 000元。

4. 4月份转让2009年购买的一临街商铺,售价为230万元,转让过程中支付相关税费13.8万元,均取得合法有效凭证,该商铺的购进成本为100万元。

5. 5月份取得保险赔偿收入2 000元。

6. 6月份参加某商场组织的有奖销售活动,取得中奖所得共计3万元,并通过市教育局向贫困地区捐款2 000元。

7. 7月取得5年期国债利息收入8 700元,1年期储蓄存款利息收入500元,某上市公司发行的企业债利息收入1 500元。

8. 8月因持有两年前购买的某上市公司股票1万股,取得该公司年中股票分红所得2 000元。

要求:计算李某2019年以上各项收入应缴纳的个人所得税。

【案例分析】

1. 李某为我国中国公民系居民个人,所以需就其工资薪金所得、劳务报酬所得、稿酬所得、特许权使用费所得按年综合计算个人所得税。2019年,李某综合所得收入主要有工资收入、劳务报酬收入、稿酬收入,允许扣除的专项扣除三险一金已经扣除,专项附加扣除主要有子女教育12 000元×2×50%,大病医疗50 000元,住房贷款利息12 000元×50%,赡养老人24 000元。则

李某综合所得应纳税所得额=每一纳税年度的收入额−60 000−专项扣除−专项附加扣除−其他扣除=18 000×12+20 000×(1−20%)+8 000×(1−20%)×70%−60 000−(12 000×2×50%+50 000+12 000×50%+24 000)=216 000+16 000+4 480−60 000−92 000=84 480(元)

查七级超额累进税率表表6-1可知,税率为10%,速算扣除数为2 520。

李某综合所得应纳税额=年应纳税所得额×适用税率−速算扣除数=84 480×10%−2 520=5 928(元)

2. 转让商铺取得收入,应按照财产转让所得计算个人所得税,

李某财产转让所得应纳税额=应纳税所得额×适用税率=(收入总额−财产原值−合理税费)×20%=(230−13.8−100)×20%=23.24(万元)

3. 李某取得的保险赔款是免征个人所得税的,所以李某取得保险赔偿收入应缴纳的个人所得税为0。

4. 李某中奖所得,应按偶然所得计算个人所得税,同时通过国家机关贫困地区的捐款,在不超过其应纳税所得额30%的部分,可以从其应纳税所得额中扣除。

(1)捐赠扣除限额=30 000×30%=9 000(元)>2 000(元)。

(2)允许扣除的捐赠额=实际捐赠额=2 000(元)。

(3)李某中奖所得个人所得税应纳税额=(30 000−2 000)×20%=28 000×20%=5 600(元)。

5. 李某取得国债利息免征个人所得税,储蓄存款利息暂免征收个人所得税。而企业债券利息收入需要缴纳个人所得税=1 500×20%=300(元)

6. 李某从公开发行和转让市场取得的上市公司股票,持股期已经有两年,超过1年,股息、红利所得暂免征收个人所得税。

7. 李某2019年各项收入应缴纳的个人所得税=5 928+232 400+5 600+300=244 228(元)

【知识拓展】

营销活动及网络红包个税征免与税收策划

财政部、国家税务总局在2011年即以财税〔2011〕50号文件发布《关于企业促销展业赠送礼品有关个人所得税问题的通知》(简称"50号文件"),依照个人所得税法的规定,对企业和单位在营销活动中以折扣折让、赠品、抽奖等方式,向个人赠送现金、消费券、物品、服务等(以下简称礼品)相关个人所得税三种征税与三种不征税情形予以了明确。对于三种应征税

的情形,依照税法规定,税款由赠送礼品的企业代扣代缴。

同时还就计税依据作出规定,企业赠送的礼品是自产产品(服务)的,按该产品(服务)的市场销售价格确定个人的应税所得;是外购商品(服务)的,按该商品(服务)的实际购置价格确定个人的应税所得。

现就"50号文件"应引起注意的几个问题,作如下理解。

一、适用对象

"50号文件"所称"企业"包括:各类企业、事业单位、社会团体、个人独资企业、合伙企业和个体工商户等(注意:与平时理解的企业范围有很大不同)。上述"企业"以折扣折让、赠品、抽奖等方式,向个人赠送现金、消费券、物品、服务等时,均应按规定划分个人所得税的征免。

二、"三征三免"

总的划分标准:一看向个人赠送现金、消费券、物品、服务等是否与销售商品(产品)和提供服务有直接关联;二看消费者个人获得的是抽奖机会还是直接获得的赠品。

1. 明确了凡是通过价格折扣、折让方式向个人销售商品(产品)和提供服务的,或在向个人销售商品(产品)和提供服务的同时给予赠品的,均不征收个人所得税。

例如:甲休闲中心,为鼓励客户长期来消费,采取打折的方式出售消费卡,顾客实际支付850元即可获得1 000元的消费卡;乙休闲中心,采取的则是赠送消费的方式,顾客支付1 000元可获得1 200元的消费卡。对于前种情形不征税,基本没有争议,因为在市场经济中,企业自主定价已经广为接受,对降低价格销售商品(提供服务)不视为是个人所得也好理解;但是对于后者是否应征收个税,在税收征管中是有争议的,有的认为应按"其他所得"征收个人所得税。

实际上,这两者情形的本质是相同的,只是体现的价格金额不同,因此"50号文件"明确对这两种情形均不征收个税。

2. 必须是在向个人销售商品(产品)和提供服务的同时,也就是必须与当次销售业务有关联,给予特定个人的赠品方不征收个税。

如通信企业对个人购买手机的同时赠话费(预交话费送手机)则不征税个税;但是如果恰逢"电信日",向没有办理业务的路人赠送20元话费卡,则属于企业在年会、座谈会、庆典以及其他活动中向本单位以外的不特定个人赠送礼品,应按照'其他所得'项目,全额适用20%的税率缴纳个人所得税的情形。

3. 对于累积消费一定额度的个人发放奖品和反馈礼品的征免划分。企业对累积消费达到一定额度的顾客,给予额外抽奖机会,由此获得的物品为"获奖所得",需要按照"偶然所得"征收20%的个税;对累积消费达到一定额度的个人按消费积分赠送的物品则为"反馈礼品",不征收个税。

两者看似差不多,都是以"累积消费达到一定额度"为条件,但区别在于前者的消费者个人只是通过购买商品(产品)或接受服务获得了参加商家举办的抽奖活动的资格,能否抽中奖品未定,抽取的奖品价值高低也不同,由于所获得的物品是活动的奖品,因此要征税;而后者,消费者个人是在购买商品(产品)或接受服务的同时,所有达到商家规定的条件的消费者

都可以均等地获得物品，实质是一种与折扣、折让相同的返利行为，因此不征收个税。

其实，商家在举办该类活动时，对个税问题是可以策划的。现在有的商家对消费达到一定额度的消费者，设立几种档次的奖励，由消费者通过抽奖获得奖品，这是要征收个税的；如果将活动方式改变一下，商家按照不同的消费额度（积分）还是事先设立几个档次的奖励，额度级次可以适当拉大、奖品价值也相应悬殊大点，但是无需消费者再抽奖，而是按相应的档次直接给予发放奖品，对于消费者而言更实惠，达到标准的人人都可获得奖品，对商家来说促销的效果也达到了，但就个税而言，这种方式的促销活动所赠送的物品属于"反馈礼品"，则无需扣缴消费者的个税了。

4. 企业在业务宣传、广告活动、年会、座谈会、庆典以及其他活动中向本单位以外的个人赠送礼品，对个人取得的礼品所得，按照"其他所得"项目依 20% 的税率征收个人所得税。

需注意的是，这里规定的是"本单位以外的个人"按"其他所得"征税，而对本单位员工在这些活动中取得的礼品，则应并入"工资、薪金所得"征收个税。

三、不依法扣缴个税将导致的涉税风险

按照规定，对于应缴纳个人所得税的三种情形的税款应由赠送礼品的企业代扣代缴。

对于未依法扣缴个税的，一般情况下，税务机关会依照国家税务总局下发的国税发〔2003〕47 号文件"责成扣缴义务人限期将应扣未扣的税款补扣"，另外再视情况依照《税收征管法》第 69 条之规定对扣缴义务人处以 50% 至 3 倍以下的罚款。由于涉及的个税税款的纳税人是成千上万零散的不知名的消费者个人，企业是无法再向消费者个人补扣的，税务机关更是无法向个人去追缴的，那么为了挽回国家财政收入的损失，同时对扣缴义务人不履行扣缴义务的违法行为给予惩戒，税务机关所处以的罚款一般都会在 1 倍以上，企业为此将面临很大的涉税风险。

例如，某次促销活动，预计奖品费用 100 万元，按规定需要扣缴个税 20 万元，而按照我国的消费习俗，如果先足额配置 100 万元奖品，在发放奖品时再分别向中奖的众多消费者收取合计 20 万元的个税，这种方法显然是不被人接受也是不现实的，至于企业举办年会、座谈会、庆典以及其他活动，向本单位以外的个人赠送礼品，更是不可能向接受礼品的个人去扣缴个税。但是如果按 100 万元配置奖品而不代扣个税，事后被税务机关查出，将可能受到 20 万元以上的罚款处罚（责成企业向众多不知名的受礼者追缴已不现实）。那么这次促销活动的费用就达到了 120 万元以上（罚款还不能在企业所得税前扣除）。

因此，在配置奖品（奖金）时就应该先考虑个税问题，在奖品（奖金）费用 100 万元的含税总额内，只能实际配置不含税的 80 万元奖品（奖金），据此在发放（支付）前先按奖品（奖金）费用总额 100 万元代扣个税 20 万元，实际发放（支付）奖品（奖金）80 万元，这样总费用还是 100 万元，同时又依法履行了扣缴义务。

由此可见，由于未按扣缴税款以后的税后金额配置奖品，而以含税的金额配置奖品发给了中奖消费者，实际就是连同税金一起发给了消费者，事后还要承担罚款，这就意味着是双倍以上的经济支出。因此，企业在策划举办需向本单位以外的个人赠送礼品的各类营销活动，举办年会、座谈会、庆典以及其他活动，应首先考虑个税的计算和扣缴问题，及时依法扣缴个税，方能避免涉税风险的发生。

四、企业网络红包相关的个人所得税问题。

近几年来,随着互联网的迅猛发展,微信等网络工具成了很多企业宣传的重要阵地,为广告或其他商业目的,通过网络随机向个人派发红包(包括现金和非现金红包)的情形很普遍。依据个人所得税法规定,对于个人通过网络取得的红包,应按前述"50号文件"确定的原则划分征税与不征税。

1. 个人取得企业派发的现金网络红包,按照"偶然所得项目"依20%的税率征收个人所得税,税款由派发网络红包的企业代扣代缴。

2. 个人取得企业派发的且用于购买该企业商品(产品)或服务才能使用的非现金网络红包,包括各种消费券、代金券、抵用券、优惠券等,以及个人因购买该企业商品或服务达到一定额度而取得企业返还的现金网络红包,因与企业销售业务有直接关联,属于经营行为的价格折扣、折让,不征收个人所得税。

五、至于网友之间互相抢红包(个人之间派发现金网络红包)如何缴个税,哎,我说您就省省吧,就别操这份闲心了,这种个人之间的馈赠、娱乐,根本就不属于个人所得税法规定的应税所得范围,不应征收个人所得税。

 **课后练习题**

一、单项选择题

1. 下列人员不属于个人所得税居民个人的是( )。

A. 在中国境内有住所的个人

B. 在中国境内无住所,而一个纳税年度在中国境内居住累计满183天但不满200天的个人

C. 在中国境内无住所,而一个纳税年度在中国境内居住累计满200天但不满365天的个人

D. 在中国境内无住所,而一个纳税年度在中国境内居住累计满90天但不满180天的个人

2. 国内某大学教授取得下列所得中,免予征收个人所得税的是( )。

A. 因任某高校兼职教授取得的课酬

B. 购买的福利彩票中奖5 000元

C. 因拥有持有期不足1年的某上市公司股票取得股息

D. 被学校评为校级优秀教授获得的奖金

3. 下列项目中,属于"劳务报酬所得"的是( )。

A. 发表论文取得的报酬

B. 提供著作的版权而取得的报酬

C. 将国外的作品翻译出版取得的报酬

D. 高校教师受出版社委托进行审稿取得的报酬

4. 出租车属于个人所有的,但挂靠出租车经营单位或企事业单位,驾驶员向挂靠单位缴纳

管理费的,出租车驾驶员从事客货运营取得的收入,比照(   )项目征收个人所得税。

A. 工资、薪金所得   B. 经营所得

C. 财产租赁所得   D. 劳务报酬所得

5. 对商品营销活动中,企业和单位对营销成绩突出的非雇员以培训班、研讨会、工作考察等名义组织旅游活动,通过免收差旅费、旅游费对个人实行的营销业绩奖励(包括实物、有价证券等),应根据所发生费用的全额作为该营销人员当期的劳务收入,按照(   )征收个人所得税。

A. 劳务报酬所得   B. 工资、薪金所得

C. 利息、股息、红利所得   D. 财产转让所得

6. 王某 2019 年 5 月将拥有的一间闲置住房以市价对外出租,当月取得租金收入 6 000 元,发生的准予扣除的项目合计为 800 元,修缮费用 1 300 元,均取得合法票据。王某 5 月应缴纳的个人所得税为(   )元。

A. 472   B. 512   C. 944   D. 1 024

7. 对个人代销彩票取得所得计征个人所得税时,适用的税目是(   )。

A. 劳务报酬所得   B. 工资、薪金所得

C. 经营所得   D. 偶然所得

8. 某作家的一部长篇小说从 2019 年 3 月 1 日起在某报纸副刊上连载,每日刊出一期,至 5 月 31 日结束,共刊出 92 期,每期稿酬 500 元。2019 年 2 月 10 日,该作家取得该社预付稿酬 3 000 元,开始连载后报社每周支付一次稿酬,至 5 月 31 日已结清全部稿酬。下列关于报社代扣代缴稿酬个人所得税的表述中,正确的是(   )。

A. 应以预付稿酬作为一次稿酬据以代扣代缴个人所得税

B. 应以每周支付稿酬作为一次稿酬据以代扣代缴个人所得税

C. 应以每月实际支付的稿酬作为一次稿酬据以代扣代缴个人所得税

D. 应以实际支付的全部稿酬作为一次稿酬据以代扣代缴个人所得税

9. 以下个人所得,需要缴纳个人所得税的是(   )。

A. 个人取得的保险赔款   B. 境内上市公司股票转让所得

C. 国债利息收入   D. 企业债券利息收入

10. 下列所得按照"特许权使用费所得"征收个人所得税的是(   )。

A. 个人授权某杂志连载自著小说取得的所得

B. 个人受托开发软件取得的报酬

C. 个人讲学取得的报酬

D. 作者将自己的文字作品手稿原件或复印件拍卖取得的所得

二、多项选择题

1. 下列各项中,应列入"工资、薪金所得"计算缴纳个人所得税的有(   )。

A. 年终加薪   B. 劳动分红

C. 季度奖金   D. 独生子女补贴

2. 下列属于个人所得税专项附加扣除的有(   )。

   A. 子女教育费　　　　B. 继续教育费　　　　C. 大病医疗费　　　　D. 住房租金

3. 根据个人所得税法律制度的规定,下列各项按照"特许权使用费所得"项目缴纳个人所得税的有(　　)。

   A. 个人提供著作权使用权取得的所得

   B. 作者将自己的文字作品手稿原件公开拍卖取得的所得

   C. 编剧从电视剧的制作单位取得的剧本使用费

   D. 个人取得特许权的经济赔偿收入

4. 根据个人所得税法律制度的规定,下列各项中,免征个人所得税的有(　　)。

   A. 国家发行的金融债券利息

   B. 军人取得的复员费

   C. 外籍个人取得的探亲费

   D. 按照国家有关城镇房屋拆迁管理办法规定的标准,被拆迁人取得的拆迁补偿款

5. 下列项目应当作为一次性收入计缴个人所得税的有(　　)。

   A. 甲出租房屋,期限 1 年,6 月取得本月租金收入 3 000 元

   B. 乙出书一本,出版社分两次支付稿酬,每次稿酬 5 600 元

   C. 丙在 3 月 10 日、3 月 18 日和 3 月 27 日在某单位共讲课 3 次,共取得讲课收入 3 000 元

   D. 丁转让两项专利,分别为 3.5 万元、4.5 万元,合计 8 万元

6. 下列个人所得按"劳务报酬所得"项目缴纳个人所得税的有(　　)。

   A. 个人兼职收入

   B. 个人兼任董事所取得的收入

   C. 演员参加本单位义演取得的奖金

   D. 演员参加外单位义演取得的报酬

7. 下列所得中,应按"偶然所得"征收个人所得税的有(　　)。

   A. 个人因参加企业的有奖销售活动而取得的奖品所得

   B. 个人取得单张有奖发票奖金

   C. 购买福利彩票所得奖金

   D. 销售彩票取得的所得

8. 下列各项中,可以采用五级超额累进税率计算个人所得税的有(　　)。

   A. 私营有限公司

   B. 合伙企业的生产经营所得

   C. 个人独资企业的生产经营所得

   D. 个体工商户的生产经营所得

9. 居民个人取得下列四项所得中,按纳税年度综合计算个人所得税的有(　　)。

   A. 工资、薪金所得、财产转让所得、偶然所得、稿酬所得

   B. 工资、薪金所得、劳务报酬所得、经营所得、特许权使用费所得

   C. 工资、薪金所得、劳务报酬所得、稿酬所得、利息、股息、红利所得

   D. 工资、薪金所得、劳务报酬所得、稿酬所得、特许权使用费所得

10. 根据个人所得税法律制度的规定,下列说法中,正确的有( )。
    A. 任职、受雇于报纸、杂志等单位的记者、编辑等专业人员,因在本单位的报纸、杂志上发表作品取得的所得,按照"稿酬所得"项目缴纳个人所得税
    B. 除专业人员外的其他人员在本单位的报纸、杂志上发表作品取得的所得,按照"稿酬所得"项目缴纳个人所得税
    C. 出版社的专业作者撰写、编写或翻译的作品,由本社以图书形式出版而取得的稿费收入,应按"工资、薪金所得"项目征收个人所得税
    D. 出版社的专业作者撰写、编写或翻译的作品,由本社以图书形式出版而取得的稿费收入,应按"稿酬所得"项目征收个人所得税

三、判断题

1. 在中国境内无住所又不居住,或者无住所而在境内居住累计不满 180 天(一个纳税年度)的个人,属于我国的非居民个人。( )

2. 作者去世后,财产继承人取得的遗作稿酬,不计算缴纳个人所得税。( )

3. 个人取得单张有奖发票奖金所得不超过 800 元(含 800 元)的,暂免征收个人所得税。( )

4. 纳税人从两处或两处以上取得工资、薪金的,可选择并固定在其中一地税务机关申报纳税。( )

5. 居民个人,应就其来源于中国境内和境外的所得,依照个人所得税法律制度的规定向中国政府履行全面纳税义务,缴纳个人所得税。( )

6. 同一作品出版、发表后,因添加印数而追加稿酬的,应与以前出版、发表时取得稿酬所得区别,作为两次所得分别计算个人所得税。( )

7. 企业和个人按照省级人民政府规定的比例收取缴付的基本养老金、失业保险金,不计入个人当期的工资、薪金收入,免于征收个人所得税。但个人领取时,则应征收个人所得税。( )

8. 根据《中华人民共和国个人所得税法》规定,纳税人从中国境外取得的所得,准予其在应纳税额中据实扣除已在境外缴纳的个人所得税。( )

9. 对个人转让自用达 5 年以上的家庭居住用房取得的所得,可以免征个人所得税。( )

10. 扣缴义务人未履行扣缴个人所得税义务的,由扣缴义务人承担应纳的税款、滞纳金和罚款。( )

四、计算题

1. 2019 年 1 月,周某有一套闲置住房,以市价出租给附近的学生居住,每月租金 1 200 元。
要求:计算周某 2019 年 1 月租金应缴纳的个人所得税(不考虑增值税等其他税费)。

2. 在我国某外商投资企业中工作的非居民个人约翰,2019 年 5 月取得该企业发放的含税工资收入 10 400 元,此外还从国内别处取得劳务报酬 10 000 元。
要求:计算当月约翰在我国应缴纳的个人所得税。

3. 某高校李教授 2019 年取得部分收入项目如下:
(1) 自 1 月 1 日起将自有的面积为 130 平方米的住房按市场价格出租给张某居住,每月

租金 5 500 元,租期为 1 年,全年租金收入 66 000 元。其中 7 月因墙面开裂发生维修费用 3 200 元,取得装修公司开具的正式发票。

(2) 7 月取得国债利息收入 1 850 元,1 年期定期储蓄存款利息 375 元,某上市公司发行的企业债利息收入 1 000 元。

要求:

(1) 计算李教授 7 月取得的租金收入应缴纳的个人所得税(不考虑租金收入应缴纳的其他税收及附加)。

(2) 计算李教授 7 月取得的利息收入应缴纳的个人所得税。

4. 中国公民孙某是某单位退休职工,2019 年收入情况如下:

(1) 每月退休工资 7 000 元。

(2) 储蓄存款利息收入 2 500 元。

(3) 国债利息收入 1 000 元。

(4) 国债转让收入 5 000 元,原购入价格 3 000 元。

要求:

(1) 计算该年的工资收入应缴纳的个人所得税总和。

(2) 计算存款和国债利息收入应缴纳的个人所得税。

(3) 计算国债转让收入应缴纳的人所得税。

5. 居民个人刘某为独生女,2019 年交完社保和住房公积金后取得税前工资收入 15 万元,劳务报酬 2 万元,稿酬 2 万元。李某有一个小孩且均由其扣除子女教育专项附加,纳税人的父母健在且均已年满 60 岁。

要求:计算刘某 2019 年上述收入应纳的个人所得税。

五、案例分析题

国内某高校张教授为独生子,2019 年取得部分收入项目如下:

1. 5 月出版了一本书稿,获得稿酬 15 000 元,后因出版社添加印数获追加稿酬 5 000 元。

2. 9 月教师节期间获得全国教学名师奖,获得教育部颁发的奖金 50 000 元。

3. 10 月取得 5 年期国债利息收入 8 700 元,1 年期储蓄存款利息收入 500 元,某上市公司发行的企业债券利息收入 1 500 元。

4. 11 月因持有两年前购买的某上市公司股票 10 000 股,取得该公司年中股票分红所得 2 000 元,随后将该股票卖出,获得股票转让所得 50 000 元。

5. 张教授每月扣除三险一金后工资收入为 10 000 元。

假设,张教授全年可以扣除的专项附加项目只有赡养费用一项。

要求:

(1) 9 月,张教授获得全国教学名师奖金是否需要纳税,说明理由。如需要,计算其应纳税额。

(2) 计算张教授全年综合所得应缴纳的个人所得税。

(3) 计算 10 月张教授取得的利息收入应缴纳的个人所得税。

(4) 计算 11 月张教授取得的股息和股票转让所得应缴纳的个人所得税。

项目七 资源税类法律制度

 **学习目标**

1. 知识目标

- 掌握资源税各税的概念
- 掌握资源税各税的纳税人、征税对象及税率等构成要素
- 掌握资源税各税应纳税额的计算
- 理解资源税各税征收管理方式

2. 能力目标

- 能准确计算资源税各税应纳所得税额
- 掌握资源税各税税收优惠政策

【导入案例】

某地方税务局稽查局于 2017 年 3 月对于城郊的国有企业东方公司 2017 年第一季度纳税情况进行了检查,在检查城镇土地使用税纳税情况时,检查人员发现东方公司提供的相关部门核发的土地使用证书显示该公司实际占用土地面积 60 000 平方米,其中:

(1) 公司内学校和医院共占用土地 2 200 平方米。

(2) 公司区域外公共绿化用地 4 500 平方米,公园区域内生活小区绿化用地 1 200 平方米。

(3) 2017 年 1 月 1 日,公司将一块 1 000 平方米的土地对外出租给一家公司,用于生产经营。

(4) 2017 年 2 月 1 日,公司将一块 1 800 平方米的土地无偿借给某国家机关作公务用地。

(5) 除上述土地外,其余土地均为公司生产经营用地(该公司所在地适用税额为 5 元/平方米)。

请思考:该公司不同用途的土地都需要缴纳城镇土地使用税吗? 该企业 2017 年第一季度实际需要缴纳多少城镇土地使用税?

任务一 资源税法律制度

资源税法是国家制定,用于调整资源税征收与缴纳之间权利与义务关系的法律规范。现行资源税法的基本规范,是 2011 年 9 月 30 日国务院公布的《中华人民共和国资源税暂行条例》

及 2011 年 10 月 28 日财政部、国家税务总局公布的《中华人民共和国资源税暂行条例实施细则》。根据《关于资源税改革具体政策问题的通知》(财税〔2016〕54 号),我国自 2016 年 7 月 1 日起全面推进资源税改革,改革内容是资源税从价计征改革及在河北省开展水资源税改革试点。

一、资源税的概念

资源税是对在我国境内从事应税矿产品开采和生产盐的单位和个人课征的一种税,属于对自然资源占用课税的范畴。其征税范围只包括矿产品资源(原油、天然气、煤炭、其他非金属矿原矿、黑色金属矿原矿、有色金属矿原矿)和盐资源。另外,根据《关于全面推进资源税改革的通知》(财税〔2016〕53 号)的有关规定,从 2016 年 7 月 1 日开始,在河北省开展水资源税改革试点工作,将地表水和地下水纳入资源税的征税范围。

二、纳税义务人和扣缴义务人

在中华人民共和国境内开采应税资源的矿产品或者生产盐,以及利用取水工程或者设施直接从江河、湖泊(含水库)和地下取用地表水、地下水的单位和个人是资源税的纳税人,包括内外资企业、行政单位、事业单位、军事单位、社会团体、个人。2011 年 11 月 1 日之前订立中外合作开采石油、天然气合同的企业,在已约定的合同有效期内不是资源税的纳税义务人。

资源税的扣缴义务人是指收购未税矿产品的单位。收购未税矿产品的单位是指独立矿山、联合企业和其他单位(包括个体户)。规定资源税的扣缴义务人,主要是针对零星、分散、不定期开采的情况,为了加强管理,避免漏税,由扣缴义务人在收购矿产品时代扣代缴资源税。

三、税目、税率

(一) 税目

资源税的征税范围主要分为矿产品和盐两大类,具体分为原油、天然气、煤炭、其他非金属矿产品、黑色金属矿原矿、有色金属矿原矿、盐共 7 个税目。

(1) 原油,是指开采的天然原油,不包括人造石油。

(2) 天然气,是指专门开采和与原油同时开采的天然气;煤矿生产出的天然气暂不征税。

(3) 煤炭,包括原煤和以未税原煤加工的洗选煤。

(4) 其他非金属矿产品,是指原油、天然气、煤炭和井矿盐以外的非金属矿原矿,如宝石、金刚石、玉石、石墨等。

(5) 黑色金属矿原矿,包括铁矿石、锰矿石、铬矿石等。

(6) 有色金属矿原矿,包括铜矿石、铝土矿石、黄金矿等。

(7) 盐,包括固体盐和液体盐。固体盐包括海盐原盐、湖盐、井矿盐;液体盐是指氯化钠含量达到一定浓度的溶液。

(二) 税率

自 2016 年 7 月 1 日起,我国实施资源税从价计征改革。

已实施从价计征的原油、天然气、煤炭、稀土、钨、钼等 6 个资源税政策暂不调整,仍按原办法执行。原油和天然气实行 5%～10% 的比例税率;煤炭实行 2%～10% 的比例税率;轻

稀土按地区执行不同的适用税率,其中,内蒙古为 11.5%、四川为 9.5%、山东为 7.5%;中重稀土资源适用税率为 27%;钨资源税适用税率为 6.5%;钼资源税适用税率为 11%。

其他 21 种资源品目和未列举名称的其他金属矿也改为实行从价计征为主、从量计征为辅。本次从价计征改革涉及的税目、税率幅度具体如表 7-1 所示。

表 7-1　　　　　　　　　　　　　　　　　资源税税目、税率表

序号	税目	征税对象		税率幅度
1	金属矿	铁矿	精矿	1%～6%
2		金矿	金锭	1%～4%
3		铜矿	精矿	2%～8%
4		铝土矿	原矿	3%～9%
5		铅锌矿	精矿	2%～6%
6		镍矿	精矿	2%～6%
7		锡矿	精矿	2%～6%
8		未列举名称的其他金属矿产品	原矿或精矿	税率不超过 20%
9	非金属矿	石墨	精矿	3%～10%
10		硅藻土	精矿	1%～6%
11		高岭土	原矿	1%～6%
12		萤石	精矿	1%～6%
13		石灰石	原矿	1%～6%
14		硫铁矿	精矿	1%～6%
15		磷矿	原矿	3%～8%
16		氯化钾	精矿	3%～8%
17		硫酸钾	精矿	6%～12%
18		井矿盐	氯化钠初级产品	1%～6%
19		湖盐	氯化钠初级产品	1%～6%
20		提取地下卤水晒制的盐	氯化钠初级产品	3%～15%
21		煤层(成)气	原矿	1%～2%
22		黏土、砂石	原矿	每吨或每立方米 0.1～5 元
23		未列举名称的其他非金属矿产品	原矿或精矿	从量税率每吨或每立方米不超过 30 元;从价税率不超过 20%
24	海盐		氯化钠初级产品	1%～5%

注:(1) 铝土矿包括耐火级矾土、研磨级矾土等高铝黏土。

(2) 氯化钠初级产品,是指井矿盐、湖盐原盐、提取地下卤水晒制的盐和海盐原盐,包括固体和液体形态的初级产品。

(3) 海盐,是指海水晒制的盐,不包括提取地下卤水晒制的盐。

四、资源税计税依据与应纳税额的计算

(一) 计税依据

1. 从价定率征收

实行从价征收的,计税依据为应税产品的销售额。销售额确定的基本规定为:销售额为纳税人销售应税产品(原油、天然气和煤炭)向购买方收取的全部价款和价外费用,但不包括收取的增值税销项税额。资源税从价定率计税的销售额,与增值税计税的销售额规定是一致的。

另外,纳税人以人民币以外的货币结算销售额的,应当折合人民币计算。其销售额的人民币折合率可以选择销售额发生的当天或者当月 1 日人民币汇率的中间价。纳税人应事先确定采用何种折合率计算方法,确定后 1 年内不得变更。

2. 从量定额征收

未列举名称的其他非金属矿产品,按照从价计征为主、从量计征为辅的原则,由省级人民政府确定计征方式。

(二) 应纳税额的计算

1. 按从价定率征收办法计算应纳税额

(1) 应纳税额=销售额×适用比例税率。

(2) 纳税人将其开采的原煤加工为洗选煤销售的,以洗选煤销售额乘以折算率作为应税煤炭销售额计算缴纳资源税,其计算公式如下:

$$洗选煤应纳税额=洗选煤销售额×折算率×适用税率$$

2. 按从量定额征收办法计算应纳税额

$$应纳税额=课税数量×适用的单位税额$$

【案例 7-1】

某油田原油价格为每吨 6 000 元(不含增值税,下同),天然气价格为每立方米 2 元。2017 年 3 月,该油田开采原油 25 万吨,当月销售 20 万吨,将 3 万吨原油赠送给协作单位;开采天然气 700 万立方米,当月销售 600 万立方米,待售 100 万立方米,原油、天然气的资源税税率均为 5%。

要求:计算该油田 2017 年 3 月应纳资源税额。

【案例分析】

该油田 2017 年 3 月应纳资源税额=(20+3)×6 000×5%+600×2×5%=6 900+60=6 960(万元)

【案例 7-2】

某煤矿厂 2017 年 3 月共开采煤 6 500 吨,对外销售 2 000 吨,每吨不含税销售额 100 元,剩余 4 500 吨全部移送生产选洗煤,本月销售选洗煤 1 500 吨,取得不含税销售额 25 万元。已知该企业开采煤炭资源税税率为 4%,当地政府规定的折算率为 80%。

要求:计算该企业本月应纳资源税额。

【案例分析】

该油田2017年3月应纳资源税额＝2 000×100×4％＋250 000×80％×4％＝16 000(元)

【案例7-3】

2017年3月某矿山销售某种未列举名称的非金属矿产品25万吨,适用3元/吨的单位税额。要求:计算当月该矿山应纳资源税额。

【案例分析】

应纳资源税额＝25×3＝75(万元)

五、资源税的税收优惠

(1) 开采原油过程中用于加热、修井的原油,免税。

(2) 纳税人开采或者生产应税产品过程中,因意外事故或者自然灾害等原因遭受重大损失的,由省、自治区、直辖市人民政府酌情决定减税或者免税。

(3) 铁矿石资源税减按80％征收资源税。

(4) 尾矿再利用的,不再征收资源税。

(5) 自2007年1月1日起,对地面抽采煤层气暂不征收资源税。煤层气是指储存于煤层及其围岩中与煤炭资源伴生的非常规天然气,也称煤矿瓦斯。

(6) 自2014年12月1日起,对衰竭期煤矿开采的煤炭,资源税减征30％。衰竭期煤矿是指剩余可采储量下降到原设计可采储量的20％(含)以下,或者剩余服务年限不超过5年的煤矿。对充填开采置换出来的煤炭,资源税减征50％。纳税人开采的煤炭,同时符合上述减税情形的,纳税人只能选择其中一项执行,不能叠加使用。

(7) 自2018年4月1日至2021年3月31日,对页岩气资源税(按6％的规定税率)减征30％。

六、资源税的征收管理

(一) 纳税义务发生时间

(1) 纳税人采取分期收款结算方式销售应税产品的,其纳税义务发生时间为销售合同规定的收款日期的当天。

(2) 纳税人采取预收货款结算方式销售应税产品的,其纳税义务发生时间为发出应税产品的当天。

(3) 纳税人采取除分期收款和预收货款以外的其他结算方式销售应税产品,其纳税义务发生时间为收讫价款或者取得索取价款凭证的当天。

(4) 纳税人自产自用应税产品,其纳税义务发生时间为移送使用应税产品的当天。

(5) 扣缴义务人代扣代缴税款,其纳税义务发生时间为支付首笔货款或首次开具支付货款凭据的当天。

(二) 纳税地点

(1) 纳税人应当向应税产品的开采地或者生产所在地主管税务机关缴纳。

(2) 纳税人跨省开采资源税应税产品,其下属生产单位与核算单位不在同一省、自治区、直辖市的,对其开采的矿产品,一律在开采地或者生产地纳税。

(3) 扣缴义务人代扣代缴的资源税,应当向收购地主管税务机关缴纳。

(三)纳税期限

(1) 以 1 日、3 日、5 日、10 日、15 日或 1 个月为纳税期限的,由主管税务机关根据实际情况具体核定,不能按固定期限计算纳税的(如不定期开采矿产品的纳税人),可以按次计算纳税。

(2) 以 1 个月为一期纳税的,期满之日起 10 日内申报纳税;以 1 日、3 日、5 日、10 日或 15 日为一期的,自期满之日起 5 日内预缴税款,以次月 1 日起 10 日内申报纳税并结清上月税款。

任务二 城镇土地使用税法律制度

城镇土地使用税法是指国家制定的调整城镇土地使用税征收与缴纳权利与义务关系的法律规范。现行城镇土地适用税法的基本规范,是 2006 年 12 月 31 日国务院修改并颁布的《中华人民共和国城镇土地使用税暂行条例》,2013 年 12 月 4 日国务院第三十二次常务会议作了部分修订(2013 年 12 月 7 日起实施)。

一、城镇土地使用税的概念

城镇土地使用税是以城市、县城、建制镇和工矿区内的国有土地或集体土地为征税对象,以实际占用的土地面积为计税标准,按规定税额对拥有土地使用权的单位和个人征收的一种税。

二、纳税人及征税范围

(一)纳税人

凡在城市、县城、建制镇、工矿区范围内使用土地的单位和个人,为城镇土地使用税的纳税义务人。

(1) 城镇土地使用税由拥有土地使用权的单位或个人缴纳。

(2) 土地使用权未确定或权属纠纷未解决的,由实际使用人纳税。

(3) 拥有土地使用权的单位和个人不在土地所在地的,土地的实际使用人或土地的代管人为纳税人。

(4) 土地使用权共有的,共有各方都是纳税人,由共有各方分别纳税。

(二)征税范围

城镇土地使用税的征税范围包括城市、县城、建制镇、工矿区内的国家所有和集体所有的土地。其中,城市的土地是指市区和郊区的土地;县城的土地是指县人民政府所在地的城镇的土地;建制镇的土地是指镇人民政府所在地的土地。

三、税额标准

城镇土地使用税采用定额税率,实行分级幅度的差别税额,按大、中、小城市和县城、建

制镇、工矿区,分别规定每平方米土地使用税年应纳税额。

城镇土地使用税税率如表7-2所示。

表7-2 城镇土地使用税税率表

级 别	人口	每平方米税额(元)	级 别	人口	每平方米税额(元)
大城市	50万人以上	1.5～30	小城市	20万人以下	0.9～18
中等城市	20万～50万人	1.2～24	县城、建制镇、工矿区		0.6～12

注:(1)省、自治区、直辖市人民政府,应当在规定的税额幅度内,根据市政建设状况、经济繁荣程度等条件,确定所辖地区的适用税额幅度。市、县人民政府应当根据实际情况,将本地区土地划分为若干等级,在省、自治区、直辖市人民政府确定的税额幅度内,制定相应的适用税额标准,报省、自治区、直辖市人民政府批准执行。

(2)经省、自治区、直辖市人民政府批准,经济落后地区土地使用税的适用税额标准可以适当降低,但降低额不得超过规定最低税额的30%。经济发达地区土地使用税的适用税额标准可以适当提高,但须报经财政部批准。

四、计税依据与应纳税额的计算

(一)计税依据

城镇土地使用税以纳税人实际占用的土地面积为计税依据,以每平方米为计量标准。

(1)纳税人实际占用的土地面积,以房地产管理部门核发的土地使用证书与确认的土地面积为准。

(2)尚未核发土地使用证书的,应由纳税人据实申报土地面积,据以纳税,待核发土地使用证书后再作调整。

(3)土地使用权由几方共有的,由共有各方按照各自实际使用的土地面积占总面积的比例,分别计算并缴纳土地使用税。

(二)应纳税额的计算

$$年应纳税额=实际占用应税土地面积(平方米)×单位税额$$

【案例7-4】

某盐场2016年办公楼占地20 000平方米,盐场内部绿化占地50 000平方米。该盐场所在地城镇土地使用税单位年税额为每平方米0.7元。

要求:计算该盐场2016年应缴纳的城镇土地使用税。

【案例分析】

$$该盐场2016年应纳城镇土地使用税=实际占用应税土地面积×单位税额$$
$$=(20\ 000+50\ 000)×0.7$$
$$=49\ 000(元)$$

五、税收优惠

(一)减免税政策的基本规定

下列土地免缴土地使用税:

(1)国家机关、人民团体、军队自用的土地。

（2）由国家财政部门拨付事业经费的单位自用的土地。企业办的学校、医院、托儿所、幼儿园，其自用的土地免征土地使用税。

（3）宗教寺庙、公园、名胜古迹自用的土地。

宗教寺庙自用的土地是指举行宗教仪式等的用地和寺庙内的宗教人员生活用地。

公园、名胜古迹自用的土地是指供公共参观游览的用地及其管理单位的办公用地。以上单位的生产、经营用地和其他用地，不属于免税范围，应按规定缴纳土地使用税，如公园、名胜古迹中附设的营业单位（影剧院、饮食部、茶社、照相馆等）使用的土地。

（4）市政街道、广场、绿化地带等公共用地（企业内部绿化用地不免）。

（5）直接用于农、林、牧、渔业的生产用地（不包括农副产品加工场地和生活办公用地）。它是指直接从事种植、养殖、饲养的专业用地。农副产品加工厂占地和从事农、林、牧、渔业生产单位的生活、办公用地不包括在内。

（6）开山填海整治的土地。自行开山填海整治的土地和改造的废弃土地，从使用的月份起免缴土地使用税5～10年。开山填海整治的土地是指纳税人经有关部门批准后自行填海整治的土地，不包括纳税人通过出让、转让、划拨等方式取得的已填海整治的土地。

（7）由财政部另行规定免税的能源、交通、水利用地和其他用地。

（8）省、自治区、直辖市税务机关确定减免土地使用税的规定如下：①个人所有的居住房屋及院落用地；②免税单位职工家属宿舍用地；③集体和个人举办的各类学校、医院、托儿所、幼儿园用地。

（二）特殊规定

1. 免税单位与纳税单位之间无偿使用的土地

对免税单位无偿使用纳税单位的土地（如公安、海关等单位使用铁路、民航等单位的土地），免征土地使用税；对纳税单位无偿使用免税单位的土地，纳税单位应照章缴纳土地使用税。

2. 房地产开发公司建造商品房的用地

房地产开发公司建造商品房的用地，除经批准开发建设经济适用房的用地外，对各类房地产开发用地一律不得减免城镇土地使用税。

3. 企业的绿化用地

对企业厂区（包括生产、办公及生活区）以内的绿化用地，应照章征收土地使用税，厂区以外的公共绿化用地和向社会开放的公园用地，暂免征收土地使用税。

4. 盐场、盐矿用地

（1）盐场、盐矿的生产厂房、办公、生活区用地征收城镇土地使用税。

（2）盐场的盐滩、盐矿的矿井用地暂免征收土地使用税。

（3）其他用地，由省、自治区、直辖市税务机关根据实际情况确定征收或给予定期减免。

5. 民航机场用地

（1）机场飞行区用地、场内外通讯导航设施用地和飞行区四周排水防洪设施用地，免征城镇土地使用税。

（2）在机场道路中，场外道路用地免征城镇土地使用税；场内道路用地依照规定征收城镇土地使用税。

（3）机场工作区（包括办公、生产和维修用地及候机楼、停车场）用地、生活区用地、绿化用地，均须依照规定征收城镇土地使用税。

6. 福利性、非营利性的老年服务机构自用地

对政府部门和企事业单位、社会团体以及个人等社会力量投资兴办的福利性、非营利性的老年服务机构自用土地，暂免征收城镇土地使用税。

7. 供热的企业自用地

对向居民供热而收取采暖费的供热企业，为居民供热使用的土地继续免征。对既向居民供热，又向单位或者兼营其他生产经营活动的供热的企业，按其向居民供热收取的采暖费收入占企业总收入的比例划分征免税界限。

8. 城市公交站场、道路客运站场的运营用地

城市公交站场运营用地包括城市公交首末车站、停车场、保养场、站场办公用地、生产辅助用地，道路客运站场运营用地包括站前广场、停车场、发车位、站务用地、站场办公用地、生产辅助用地。对以上用地，免征城镇土地使用税。

六、征收管理

（一）纳税义务发生时间

（1）购置新建商品房，自房屋交付使用之次月起，计征城镇土地使用税。

（2）购置存量房，自办理房屋权属转移、变更登记手续，房地产权属登记机关签发房屋权属证书之次月起，计征城镇土地使用税。

（3）出租、出借房产，自交付出租、出借房产之次月起，计征城镇土地使用税。

（4）房地产开发企业自用、出租、出借本企业建造的商品房，自房屋使用或交付之次月起，计征城镇土地使用税。

（5）纳税人新征用的耕地，自批准征用之日起满1年时，开始缴纳城镇土地使用税。

（6）纳税人新征用的非耕地，自批准征用次月起，缴纳城镇土地使用税。

（二）纳税期限

城镇土地使用税按年计算、分期缴纳，缴纳期限由省、自治区、直辖市人民政府确定。

纳税人新征用的土地，必须于批准新征用之日起30日内申报登记。

（三）纳税地点

城镇土地使用税由土地所在地的税务机关负责征收。土地不属于同一市（县）管辖范围内的，由纳税人分别向土地所在地的税务机关申报缴纳。在同一省（自治区、直辖市）管辖范围内，纳税人跨地区使用的土地，由各省、自治区、直辖市税务局确定纳税地点。

任务三　土地增值税法律制度

土地增值税法是指国家制定的用于调整土地增值税征收与缴纳之间权利与义务关系的法律规范。现行土地增值税的基本规范，是1993年12月13日国务院公布的《中华人民共和国土地增值税暂行条例》，从1994年1月1日起开征土地增值税。

一、土地增值税的概念

土地增值税是对有偿转让国有土地使用权及地上建筑物和其他附着物产权,取得增值收入的单位和个人征收的一种税。

土地增值税是1994年税制改革中新开征的一个税种,它是一种收益税,是对纳税人转让房地产取得的土地增值额征收的一种税。其具有以下特点:

(1) 在房地产转让环节征收。土地增值税实行按次计征制度,在房地产转让环节征收。

(2) 以房地产转让实现的增值额为计税依据。增值额是纳税人转让房地产收入减去税法规定准予扣除项目金额后的余额,有增值额就征收土地增值税,无增值额就不征收土地增值税。

(3) 征税面比较广。土地增值税的征税范围包括在我国境内转让房地产并取得增值额的所有单位和个人。

(4) 采用扣除法和评估法计税增值额。以纳税人转让房地产取得的收入,减除法定准予扣除项目金额后的余额作为计税依据。

(5) 实行超率累进税率。土地增值税以转让房地产的增值率高低为依据,按照累进原则设计,实行分级计税。

二、纳税义务人

土地增值税的纳税人为转让国有土地使用权及地上的一切建筑物和其他附着物产权,并取得收入的单位和个人,包括机关、团体、部队、企事业单位、个体工商业户及国内其他单位和个人,还包括外商投资企业、外国企业及外国机构、华侨、中国港澳台同胞及外国公民等。

三、征税范围

(1) 土地增值税只对转让国有土地使用权的行为征税,对转让非国有土地和出让国有土地的行为均不征税。

(2) 土地增值税既对转让土地使用权征税,也对转让地上建筑物和其他附着物的产权征税。

(3) 土地增值税只对有偿转让的房地产征税,对以继承、赠与等方式无偿转让的房地产则不予征税。

土地增值税征税范围的界定,以转让的土地是否为国有、产权是否发生转让、是否取得了收入为判定标准。具体情况归纳如表7-3所示。

表7-3　　　　　　　　　　　　　**土地增值税征税范围界定**

具体事项	征收规定
以房地产进行投资、联营	房地产作价入股转让到投资联营企业,暂免征收;投资、联营的企业属于从事房地产开发的,或者房地产开发企业以其建造的商品房进行投资和联营的,征税。将投资、联营的上述房地产再转让,征税

（续表）

具体事项	征收规定
合作建房	① 建成后自用,暂免;② 建成后转让,征税
企业兼并转让房地产	暂免
房地产交换	① 单位之间换房,征税;② 个人之间互换自有居住用房,免征
房地产抵押	① 抵押期不征;② 抵押期满、不能偿还债务、房地产抵债,征税
房地产出租	不征
房地产评估增值	不征
国家收回国有土地使用权、征用地上建筑物及附着物	免征
代建房行为	不征
土地使用者转让、抵押、置换土地	征税

注:房地产的继承、赠与,虽然发生了房地产的权属变更,但作为房屋产权、土地使用权的原所有人并没有因为权属变更而取得任何收入,故不属于土地增值税的征税范围。这里的赠与仅指以下情况:

① 房产所有人、土地使用权所有人将房屋产权、土地使用权赠与直系亲属或承担直接赡养义务人的行为。

② 房产所有人、土地使用权所有人通过中国境内非营利的社会团体、国家机关将房屋产权、土地使用权赠与教育、民政和其他社会福利、公益事业的行为。

四、税率

土地增值税实行四级超率累进税率,按照增值额占扣除项目的比例,划分税率累进级次。土地增值税超率累进税率如表 7-4 所示。

表 7-4　　　　　　　　　　　**土地增值税四级超率累进税率表**

级 数	增值额占扣除项目的比例	税 率	速算扣除系数
1	50%以下(含 50%)	30%	0
2	50%～100%(含 100%)	40%	5%
3	100%～200%(含 200%)	50%	15%
4	200%以上	60%	35%

五、应纳税额的计算

土地增值税的增值额＝应税收入(转让房地产取得的收入)－扣除项目

(一) 应税收入的确定

纳税人转让房地产取得的收入,包括转让房地产取得的全部价款及有关的经济收益。"营改增"后,土地增值税纳税人转让房地产取得的收入为不含增值税收入。从形式上来看,这种收入包括货币收入、实物收入和其他收入。

(1) 货币收入:包括纳税人转让房地产而取得的现金、银行存款、支票、银行本票、汇票等各种信用票据和国库券、金融债券、企业债券、股票等有价证券。这种类型收入的实质都是

转让方因转让土地使用权、房屋产权而向取得方收取的价款。货币收入一般比较容易确定。

（2）实物收入：纳税人转让房地产而取得的各种实物形态的收入，如钢材、水泥等建材，房屋、土地等不动产等。实物收入的价值不太容易确定，一般要对这些实物形态的财产进行估价。

（3）其他收入：纳税人转让房地产而取得的无形资产收入或具有财产价值的权利，如专利权、商标权、著作权、专有技术使用权、土地使用权、商誉等。这种类型的收入比较少见，其价值需要进行专门的评估。

（二）扣除项目的确定

1．取得土地使用权所支付的金额

取得土地使用权所支付的金额包括以下两方面内容。

（1）纳税人为取得土地使用权支付的地价款：以出让方式取得的地价款为支付的土地出让金；以行政划拨方式取得的地价款为按规定补交的土地出让金；以转让方式取得的地价款为向原土地使用权人实际支付的地价款。

（2）纳税人在取得土地使用权时国家统一规定缴纳的有关费用，如登记、过户手续费和契税。

2．房地产开发成本

房地产开发成本是指开发土地和新建房及配套设施的成本，是纳税人房地产开发项目实际发生的成本，包括以下六方面内容。

（1）土地征用及拆迁补偿费，包括土地征用费、耕地占用税、劳动力安置费及有关地上、地下附着物拆迁补偿的净支出、安置动迁用房支出等。

（2）前期工程费，包括规划、设计、项目可行性研究和水文、地质、勘察、测绘、"三通一平"等支出。

（3）建筑安装工程费，是指以出包方式支付给承包单位的建筑安装工程费，以自营方式发生的建筑安装工程费。

（4）基础设施费，包括开发小区内道路、供水、供电、供气、排污、排洪、通讯、照明、环卫、绿化等工程发生的支出。

（5）公共配套设施费，包括不能有偿转让的开发小区内公共配套设施发生的支出。

（6）开发间接费，是指直接组织、管理开发项目发生的费用，包括工资、职工福利费、折旧费、修理费、办公费、水电费、劳动保护费、周转房摊销等。

3．房地产开发费用

房地产开发费用是指与开发土地和新建房及配套设施有关的销售费用、管理费用、财务费用。根据《会计法》的规定，这三项费用作为期间费用，直接冲减当期利润，不按成本核算对象分摊。故土地增值税扣除项目的房地产开发费用，不按实际发生额进行扣除，而是按以下标准计算：

（1）纳税人能够按转让房地产项目计算分摊利息支出，并能提供金融机构的贷款证明的。利息支出据实扣除，但最高不能超过按商业银行同类同期贷款利率计算的金额。

其他开发费用按地价款和房地产开发成本计算的金额之和的5%扣除，用公式表示如下：

$$房地产开发费用＝利息＋（取得土地使用权所支付的金额＋房地产开发成本）×5\%$$

(2) 纳税人不能按转让房地产项目计算分摊利息支出,或不能提供金融机构贷款证明的,房地产开发费用按地价款和房地产开发成本金额之和的 10% 计算扣除,用公式表示如下:

$$房地产开发费用 = (取得土地使用权所支付的金额 + 房地产开发成本) \times 10\%$$

注:(1) 利息的上浮幅度按国家的有关规定执行,超过上浮幅度的部分不允许扣除。

(2) 超过贷款期限的利息部分和加罚的利息不允许扣除。

(3) 全部使用自有资金,没有利息支出的,按照以上方法扣除。

(4) 房地产开发企业既向金融机构借款,又有其他借款的,其房地产开发费用计算扣除时不能同时适用上述(1)(2)项所述两种办法。

(5) 土地增值税清算时,已经计入房地产开发成本的利息支出,应调整至财务费用中计算扣除。

4. 与转让房地产有关的税金

与转让房地产有关的税金,是指在转让房地产时缴纳的"两税一费",即:城市维护建设税、印花税、教育费附加。

5. 财政部规定的其他扣除项目

对从事房地产开发的纳税人可按 1、2 两项规定计算的金额之和,加计 20% 的扣除,用公式表示为:加计扣除费用 = (取得土地使用权支付的金额 + 房地产开发成本) × 20%。此项优惠仅适用于从事房地产开发的纳税人,其他纳税人不适用。

6. 旧房和建筑物的扣除项目的确定

纳税人转让旧房的,应按房屋及建筑物的评估价格、取得土地使用权所支付的地价款或出让金,按国家统一规定缴纳的有关费用和转让环节缴纳的税金作为扣除项目金额计征土地增值税。对取得土地使用权时未支付地价款或不能提供已支付地价款凭据的,在计征土地增值税时不允许扣除。

(1) 房屋及建筑物的评估价格计算公式如下:

$$评估价格 = 重置成本价 \times 成新度折扣率(成新度不等同于会计的折旧)$$

纳税人转让旧房及建筑物,凡不能取得评估价格,但能提供购房发票的,经当地税务部门确认,可按发票所载金额并从购买年度起至转让年度止每年加计 5% 计算扣除。计算扣除项目时"每年"按购房发票所载日期起至售房发票开具之日止,每满 12 个月计 1 年;超过 1 年,未满 12 个月但超过 6 个月的,可以视同为 1 年。对纳税人购房时缴纳的契税,凡能提供契税完税凭证的,准予作为"与转让房地产有关的税金"予以扣除,但不作为加计 5% 的基数。

(2) 取得土地使用权所支付的地价款(未支付或无凭据不扣)和国家统一规定缴纳的有关费用(评估费可以扣除,但隐瞒、虚报情形下的评估费不得扣除)。

(3) 转让环节的税金,包括城市维护建设税、教育费附加、印花税。

对于个人购入房地产再转让的,其在购入环节缴纳的契税,由于已经包含在旧房及建筑物的评估价格之中,故计征土地增值税时,不另作为与转让房地产有关的税金予以扣除。

(三) 土地增值税应纳税额的计算

1. 土地增值税的计算顺序

(1) 计算转让房地产取得的收入(货币收入、实物收入和其他收入)。

（2）计算扣除项目金额。

（3）计算增值额。

（4）计算土地增值率。

（5）根据土地增值率确定适用税率。

2. 速算扣除计算法

$$土地增值税税额＝增值额×适用税率－扣除项目金额×速算扣除系数$$

【案例7-5】

某外商投资房地产开发公司于2017年3月将一座写字楼整体转让给某单位,合同约定的转让价为20 000万元,公司按税法规定缴纳增值税1 240万元、印花税10万元;公司为取得土地使用权而支付的地价款和按国家统一规定缴纳的有关费用和税金为3 500万元;投入房地产开发成本为4 200万元;房地产开发费用中的利息支出为1 200万元(不能按转让房地产项目计算分摊利息支出,也不能提供金融机构证明)。

已知:该公司所在省级人民政府规定的房地产开发费用的计算扣除比例为10%。城市维护建设税税率为7%,教育费附加为3%。

要求:计算该公司转让写字楼应缴纳的土地增值税税额。

【案例分析】

（1）房地产转让收入＝20 000(万元)。

（2）确定下列转让房地产的扣除项目金额:

① 取得土地使用权所支付的金额＝3 500(万元)。

② 房地产开发成本＝4 200(万元)。

③ 房地产开发费用＝(3 500＋4 200)×10%＝770(万元)。

④ 与转让房地产有关的税金＝10＋1240×(7%＋3%)＝134(万元)。

⑤ 从事房地产开发的加计扣除额＝(3 500＋4 200)×20%＝1 540(万元)。

⑥ 扣除项目金额＝3 500＋4 200＋770＋134＋1 540＝10 144(万元)。

（3）增值额＝20 000－10 144＝9 856(万元)。

（4）增值率＝9 856÷10 144＝97.16%。

（5）应纳土地增值税税额＝9 856×40%－10 144×5%＝3 435.2(万元)。

六、税收优惠

（1）建造普通标准住宅出售,其增值率未超过20%的,予以免税;增值率超过20%的,应就其全部增值额按规定计税。其中,普通标准住宅标准必须同时满足:住宅小区建筑容积率在1.0以上、单套建筑面积在120平方米以下;实际成交价格低于同级别土地上住房平均交易价格1.2倍以下;允许单套建筑面积和价格标准适当浮动,但向上浮动的比例不得超过上述标准的20%。

（2）因国家建设需要而被政府征用、收回的房地产免税,此类房地产是指因城市实施规划、国家建设的需要而被政府批准征用的房产或收回的土地使用权。纳税人自行转让原房

地产的,免征土地增值税。

（3）企事业单位、社会团体以及其他组织转让旧房作为廉租房、经济适用房房源且增值额未超过扣除项目金额20%的,免征土地增值税。

七、征收管理

（一）纳税申报

土地增值税的纳税义务人应于转让房地产合同签订之日起7日内到房地产所在地的税务机关办理纳税申报,并向税务机关提交房屋及建筑物产权、土地使用权证书、土地转让和房产买卖合同、房地产评估报告以及其他与转让房地产有关的资料。

纳税人因经常发生房地产转让而难以在每次转让后申报,是指房地产开发企业开发建造的房地产、因分次转让而频繁发生纳税义务、难以在每次转让后申报的纳税情况,土地增值税可按月或按各省、自治区、直辖市和计划单列市地方税务局规定的期限申报缴纳。纳税人选择定期申报方式的,应向纳税所在地的地方税务机关备案。定期申报方式确定后,1年之内不得变更。

纳税人应按照税务机关核定的税额及规定的期限缴纳土地增值税。纳税人没有依法缴纳土地增值税的,土地管理和房产管理部门可拒办权属变更手续。

（二）纳税地点

纳税申报地点为房地产所在地,房地产所在地是指房地产的坐落地。纳税人转让房地产坐落在两个或两个以上地区的,应按房地产所在地分别申报纳税。

【知识拓展】

土地增值税纳税筹划方法

一、收入分散筹划法

按相关税法规定,土地增值额是纳税人转让房地产所取得的收入减去规定扣除项目金额后的余额。在扣除项目金额一定的情况下,转让收入越少,土地增值额就越小,当然税率和税额就越低。因此,如何通过分散转让房地产的收入,就是一个着眼点。一般常见的方法是将可以分开单独处理的部分从整个房地产中分离,分次单独签订合同。例如,某房产开发企业准备开发一栋精装修的楼房,预计精装修房屋的市场售价是1 800万元（含装修费600万元）,该企业可以分两次签订合同,在毛坯房建成后先签1 200万元的房屋买卖合同,等装修时再签600万元的装修合同,则纳税人只就第一份合同上注明金额缴纳土地增值税,而第二份合同上注明的金额属于增值税征税范围,不用缴纳土地增值税。这样就使应纳税额有所减少,达到节税的目的。

二、费用迁移筹划法

房地产开发费用即期间费用（管理费用、财务费用、销售费用）不以实际发生数扣除,而是根据利息是否按转让房地产项目计算分摊作为一定条件,按房地产项目直接成本的一定比例扣除。纳税人可以通过事前筹划,把实际发生的期间费用转移到房地产开发项目直接成本中去,例如属于公司总部人员的工资、福利费、办公费、差旅费、业务招待费等都属于期间费用的

开支范围,由于它的实际发生数不能增加土地增值税的扣除金额,因此,人事部门可以在不影响总部工作的同时把总部的一些人员安排或使其兼职于每一个具体房地产项目中。那么这些人的有关费用就可以分摊一部分到房地产开发成本中。期间费用少了又不影响房地产开发费用的扣除,而房地产的开发成本却增大了。也就是说,房地产开发公司在不增加任何开支的情况下,通过费用迁移法,就可以增大土地增值税允许扣除项目的金额,从而达到节税的目的。

三、"临界点"筹划法

房地产开发公司开发一个项目,总要获得一定的利润,但利润率越高,缴纳的土地增值税就越多,税后利润可能反而越小。因此,如何做到使房价在同行中最低、应缴土地增值税最少、所获利润最多是房地产公司应认真考虑的问题。税法有关优惠政策规定:纳税人建造普通标准住宅出售,增值额未超过扣除项目金额 20% 的,免征土地增值税;增值额超过扣除项目金额 20% 的,应就其全部增值额按规定计税。这里的"20% 的增值额"就是"临界点"。根据临界点的税负效应,可以对此进行纳税筹划。

实际工作中,首先要测算增值率(增值额与允许扣除项目金额的比率),然后设法调整增值率。改变增值率的方法有两种:一是合理定价,如在销售过程中增值率略高于两级税率档次交界的增值率,通过适当降低价格可以减少增值额,降低土地增值税的适用税率,从而减轻税负。二是增加扣除额,主要是通过加大投入来提高市场竞争力。按《土地增值税暂行实施细则》规定,房地产开发成本中包括可以扣除的项目有:土地征用及拆迁补偿费、前期工程费、建筑安装费、基础设施费、公共配套设施费、开发间接费用等。纳税人可以通过改善住房环境,提高房产的质量来适当增加扣除项目,以高质低价来占领市场。例如:某房地产公司建成一栋普通标准住宅,扣除项目金额为 800 万元,当地同类住宅的市场售价约为 1 000 万元,假如定价为 1 000 万元,增值率为 25%,应纳土地增值税为 60 万元。假如不考虑其他因素,获利为 140 万元(1 000−800−60)。但如果定价为 960 万元,增值率为 20%[增值率=增值额÷扣除项目金额=(960−800)÷800],由于纳税人建造的是普通标准住宅出售,且增值额未超过扣除项目金额的 20%,所以就可以免征土地增值税,则获利为 160 万元(960−800),两者相比税后利润增加 20 万元。从这个例子可以看出,企业在出售普通标准住宅时,通过合理定价进行纳税筹划,完全可以使自己保持较低价格并获得较高的利润。

四、费用均分筹划法

这种方法主要是针对房地产开发业务较多的企业。因为这类企业可能同时进行几处房地产的开发业务,不同地方开发成本因为地价或其他原因可能不同,这就会导致有的房屋开发出来销售后的增值率较高,而有的房屋增值率较低,这种不均匀的状态实际上会加重企业的税收负担。这就要求企业对开发成本进行必要的调整,使得各处开发业务的增值率大致相同,从而节省税款。因此,平均费用分摊是抵销增值额、减少纳税的极好选择。房地产开发企业可将一段时间内发生的各项开发成本进行最大限度的调整分摊,就可以将获得的增值额进行最大限度的平均,这样就不会出现某段时间增值率过高的现象,从而节省部分税款的缴纳。如果结合其他筹划方法,使增值率刚好在某一临界点以下,则节税就更明显。

五、利息支出筹划法

房地产开发企业属于高负债的行业,一般都会发生大量的借款,因此利息支出是不可避免的。利息支出的不同扣除方法也会对企业的应纳税额产生很大的影响。财务费用中的利息支出,凡能够按转让房地产项目计算分摊并提供金融机构证明的,允许据实扣除,但最高不能超过按商业银行同类同期贷款利率计算的金额,其房地产开发的其他费用还可按该项目地价款和开发成本之和的5%再扣除;凡不能按转让房地产项目计算分摊利息支出或不能提供金融机构证明的,房地产开发费用按该项目地价款和开发成本之和的10%直接扣除成本,其实际利息支出就不能扣除了。这给纳税人提供了可供选择的余地:如果房地产开发企业在开发过程中主要依靠借款筹资,利息费用较高,则应尽可能提供金融机构贷款证明,并按房地产项目计算分摊利息支出,实现利息据实扣除,降低税额;反之,开发过程中借款不多,利息费用较低,则可不计算应分摊的利息支出或不提供金融机构的贷款证明,这样就可多扣除房地产开发费用,以实现企业利润最大化。

(资料来源:中国税网)

 **课后练习题**

一、单项选择题

1. 某油田于2017年5月份生产原油10 500吨,其中已销售8 000吨,每吨不含税价格为5 000元,领用1 500吨用于非生产经营项目,另有1 000吨待销售。该油田当月应纳资源税为( )万元(资源税税率为6%)。

   A. 265   B. 144   C. 285   D. 200

2. 下列关于资源税纳税义务发生时间的表述中,不正确的是( )。

   A. 分期收款销售方式,纳税义务发生时间为收到货款的当天

   B. 自产自用的应税产品,纳税义务发生时间为移送使用的当天

   C. 代扣代缴资源税,纳税义务发生时间为支付首笔货款的当天

   D. 预收货款销售方式,纳税义务发生时间为发出应税产品的当天

3. 下列各项中,属于城镇土地使用税暂行条例直接规定的免税项目的是( )。

   A. 个人所有的居住房屋及院落用地

   B. 宗教寺庙自用的土地

   C. 免税单位职工家属的宿舍用地

   D. 个人办的医院、托儿所和幼儿园用地

4. 某人民团体有A、B两栋办公楼,A栋占地3 000平方米,B栋占地1 000平方米。2017年3月31日至12月31日该团体将B栋出租。当地城镇土地使用税的年税额为每平方米15元,该团体2017年应缴纳城镇土地使用税( )元。

   A. 3 750   B. 11 250   C. 12 500   D. 15 000

5. 2017年某民用机场占地100万平方米,其中飞行区用地90万平方米,场外道路用地7万平方米,场内道路用地0.5万平方米,工作区用地2.5万平方米,城镇土地使用税年税额每平方米5元。2017年该机场应缴纳城镇土地使用税( )元。

   A. 125 000   B. 150 000   C. 475 000   D. 500 000

6. 下列单位出售的矿产品中,不缴纳资源税的有(　　)。

    A. 采矿销售天然大理石   B. 油田出售的天然气

    C. 盐场销售的卤水   D. 盐业公司销售的食盐

7. 根据我国《土地增值税暂行条例》的规定,我国现行的土地增值税适用的税率属于(　　)。

    A. 比例税率   B. 超额累进税率

    C. 定额税率   D. 超率累进税率

8. 房地产开发企业在确定土地增值税扣除项目时,允许单独扣除的税金是(　　)。

    A. 增值税、印花税、城市维护建设税、教育费附加

    B. 增值税、城市维护建设税、教育费附加

    C. 城市维护建设税、教育费附加

    D. 印花税、城市维护建设税、教育费附加

9. 某房地产公司转让商品楼收入 5 000 万元,计算土地增值额准予扣除项目金额 4 200 万元,则适用税率为(　　)。

    A. 30%   B. 40%   C. 50%   D. 60%

10. 纳税人开采应税矿产品销售的,其资源税的计税依据为(　　)。

    A. 开采数量   B. 销售数量   C. 实际产量   D. 不含税销售额

二、多项选择题

1. 下列企业中,既是增值税纳税人又是资源税纳税人的有(　　)。

    A. 销售有色金属矿产品的贸易公司

    B. 在境内开采销售有色金属矿产品的企业

    C. 进口有色金属矿产品的企业

    D. 在境内生产销售固体盐的企业

2. 下列各项中,属于资源税纳税人的有(　　)。

    A. 开采原煤的国有企业   B. 进口铁矿石的私营企业

    C. 开采石灰石的个体经营者   D. 开采天然气原油的外商投资企业

3. 下列各项中,不征收资源税的有(　　)。

    A. 液体盐   B. 人造原油

    C. 洗煤、选煤   D. 煤炭生产的天然气

4. 根据城镇土地使用税的规定,下列说法中,不正确的有(　　)。

    A. 城镇土地使用税实行按年计算、分期缴纳的征收办法

    B. 纳税人使用的土地不属于同一省的,由纳税人分别向土地所在地的税务机关缴纳土地使用税

    C. 纳税人因土地的权利发生变化而依法终止城镇土地使用税纳税义务的,其应纳税款的计算应截止到土地权利发生变化的当天

    D. 城镇土地使用税的纳税期限由省、自治区、直辖市的地方税务局确定

5. 下列说法中,不符合城镇土地使用税税率规定的是(　　)。

    A. 有幅度差别的比例税率

B. 有幅度差别的定额税率

C. 全国统一定额

D. 由各地税务机关确定所辖地区适用的税额幅度

6. 下列各项中,应当缴纳城镇土地使用税的有(　　)。

A. 用于渔场的办公楼及职工宿舍用地　　B. 某公园内专设游客餐厅用地

C. 公园中管理单位的办公用地　　D. 学校食堂对外营业的餐馆用地

7. 关于资源税的纳税地点,下列表述中,正确的有(　　)。

A. 资源税纳税人应向开采或生产所在地主管税务机关纳税

B. 跨省开采的在机构所在地纳税

C. 扣缴义务人应向收购地税务机关缴纳

D. 扣缴义务人应向销售地税务机关缴纳

8. 转让旧房地产及建筑物的扣除项目包括(　　)。

A、支付评估机构的费用

B、旧房及建筑物的重置成本价

C、旧房及建筑物的评估价格

D、转让环节缴纳的税款

9. 以下项目中,转让新建房地产和转让旧房产,计算土地增值税额时均可以扣除的项目有(　　)。

A. 取得土地使用权所支付的金额　　B. 房地产开发成本

C. 与转让房地产有关的税金　　D. 旧房及建筑物的评估价格

10. 下列转让行为中,须缴纳土地增值税的有(　　)。

A. 国家机关将房产无偿划拨给下属事业单位

B. 税务机关拍卖扣押欠税单位的房产

C. 某企业以房产对外投资,参股分红

D. 某企业与外国企业合作建房后出售

三、判断题

1. 对在中国境内开采煤炭的单位和个人,应按税法规定征收资源税,但对进口煤炭的单位和个人,则不征收资源税。(　　)

2. 列入资源税明确税目的那些未列举名称的其他非金属矿原矿和其他有色金属矿原矿,一律免征资源税。(　　)

3. 河南某联合企业到河北收购未税矿产品,应回河南核算地缴纳代扣代缴的资源税。(　　)

4. 2017年某企业开采原煤34万吨,当年销售30万吨,每吨不含税价格为560元,资源税税率5%,则该企业当年应缴纳资源税为840万元。(　　)

5. 经省、自治区、直辖市人民政府批准,经济发达地区城镇土地使用税的适用税额标准可以适当提高,但提高额不得超过暂行条例规定最高税额的30%。(　　)

6. 纳税单位无偿使用免税单位的土地免征城镇土地使用税;免税单位无偿使用纳税单位

的土地照章征收城镇土地使用税。　　　　　　　　　　　　　　　　　　　　（　　）

7. 个人因工作调动或改善居住条件而转让原自用住房,经向税务机关申报核准,凡居住满3年或3年以上的,免征土地增值税。　　　　　　　　　　　　　　　　　　（　　）

8. 某单位向政府有关部门缴纳土地出让金取得土地使用权时,不需缴纳土地增值税。

　　　　　　　　　　　　　　　　　　　　　　　　　　　　　　　　　　　（　　）

9. 纳税人建造普通标准住宅出售,增值额未超过扣除项目金额20%的,免征土地增值税;增值额超过扣除项目金额20%的,就超过部分按规定计税。　　　　　　　　　（　　）

10. 某单位支付土地出让金取得50年土地使用权,该支出不缴纳土地增值税。　（　　）

四、计算题

1. 设在某小城市的一家企业使用土地面积为2 000平方米,经税务机关核定,该土地为应税土地,每平方米税额为5元。

要求:计算该企业全年应纳的城镇土地使用税税额。

2. 某市一商场坐落该市繁华地段,企业土地使用证书记载占用土地面积为6 000平方米,经确定属于一等地段;该商场另设两个统一核算的分店坐落在市区三等地段,共占用土地4 000平方米;一座仓库位于市郊,属五等地段,占地面积为1 000平方米;另外,该商场自办托儿所占地面积2 500平方米,属于三等地段。

要求:计算该商场全年应纳城镇土地使用税税额(一等地段年税额4元/平方米;三等地段年税额2元/平方米;五等地段年税额1元/平方米。该地规定托儿所占地面积免税)。

3. 某非房地产开发企业,建造并出售了一栋写字楼,取得收入5 000万元,并按税法规定缴纳了有关税费277.5万元。该单位为建写字楼支付地价款600万元,投入的房地产开发成本为1 500万元,房地产开发费用为400万元。

要求:计算该企业出售写字楼应缴纳的土地增值税税额。

4. 太阳房地产开发公司转让写字楼一栋,获得不含增值税货币收入20 000万元,公司取得土地使用权支付的金额为4 000万元,开发土地、建房及配套设施支付3 800万元,开发费用共计1 500万元(其中利息支出1 000万元,未超过标准,当地政府规定其他开发费用扣除比例为5%),按规定支付了转让环节应缴纳的增值税(税率为11%)、城市维护建设税(税率为7%)、教育费附加(税率为3%)和印花税(税率为0.05%)。

要求:计算该公司应缴纳的土地增值税税额。

5. 某钨矿企业2017年5月共开采钨矿原矿8 000吨,直接对外销售钨矿原矿4 000吨,每吨不含税销售额为3 000元。销售部分钨矿石原矿入选的精矿900吨当月全部销售,每吨不含税价5 000元,选矿比为40%。已知钨矿石资源税适用税率为6.5%。

要求:计算该企业当月应缴纳资源税。

6. 某盐场2017年5月对外销售海盐原盐70 000吨,每吨不含税销售额1 710元。另用自产原盐50 000吨加工成精盐后销售;发给本场职工精制盐5吨,每吨精制盐需用原盐1.2吨。该盐场原盐适用税率为3%。

要求:计算该盐场12月份应纳资源税税额。

项目八　财产税类法律制度

学习目标

1. 知识目标
- 掌握财产税类各税的概念
- 掌握财产税类各税的纳税人、征税对象及税率等构成要素
- 掌握财产税类各税应纳税额的计算
- 理解财产税类各税征收管理方式

2. 能力目标
- 能准确计算财产类各税应纳所得税额
- 掌握财产类各税税收优惠政策

【导入案例】

李某投资失败,欠下王某230万元的债务,无力偿还,只好把价值240万元房屋抵债给王某。

请思考:李某用房屋抵债的行为是否要缴纳契税,如需缴纳契税,李某和王某谁来缴纳? 怎样确定计税依据?

任务一　房产税法律制度

房产税法是指国家制定的调整房产税征收与缴纳之间权利与义务关系的法律规范。自2009年1月1日起,我国废止了《城市房产税暂行条例》,外商投资企业、外国企业和组织以及外籍个人,依照《中华人民共和国房产税暂行条例》和内资企业一样缴纳房产税。

一、房产税的概念

房产税是指以房屋为征税对象,按照房产价格或房产租金收入征收的一种税。这里所称的房产,是指以房屋形态表现的财产,房屋则是指有屋面和围护结构(有墙或两边有柱),能够遮风避雨,可供人们在其中生产、工作、学习、娱乐、居住或储藏物资的场所。独立于房屋之外的建筑物,如围墙、烟囱、水塔、变电塔、油池油柜、酒窖菜窖、酒精池、糖蜜池、室外游泳池、玻璃暖房、砖瓦石灰窑以及各种油气罐等,则不属于房产。房产税属于财产税类,是财

产税类的主要税种,对房产征税是征收财产税的主要表现形式,也是世界各地的普遍做法。

二、纳税义务人

自 2009 年 1 月 1 日起,涉外企业、单位和个人也纳入了房地产的征收管理范围,我国的房产税和城市房地产税实现了两税合并。

1. 基本规定

房产税以在征税范围内的房屋产权所有人为纳税人,具体包括经营管理单位、集体单位和个人、房产承典人、房产代管人和使用人。

2. 具体规定

(1) 产权属国家所有的,由经营管理单位纳税;产权属集体和个人所有的,由集体单位和个人纳税。

(2) 产权出典的,由承典人纳税。

注:典当是出典人(产权所有人)急需资金,又想保留产权赎回权的一种融资行为。由于出典期间,产权所有人无权支配房屋,所以由对房屋具有支配权的承典人为纳税人。

(3) 产权所有人、承典人不在房屋所在地的,由房产代管人或者使用人纳税。

(4) 产权未确定及租典纠纷未解决的,亦由房产代管人或者使用人纳税。

(5) 无租使用其他房产的问题。纳税单位和个人无租使用房产管理部门、免税单位及纳税单位的房产,应由使用人代为缴纳房产税。

(6) 自 2009 年 1 月 1 日起,外商投资企业、外国企业和组织以及外籍个人应缴纳房产税。外币为记账本位币的,按缴款上月最后 1 日的人民币汇率中间价折成人民币计算缴纳。

三、征税范围

房产税以房产为征税对象。所谓房产,是指有屋面和围护结构(有墙或两边有柱),能够遮风避雨,可供人们在其中生产、工作、学习、娱乐、居住或储藏物资的场所。房地产开发企业建造的商品房,在出售前,不征收房产税;但对于出售前房地产开发企业已经使用或出租、出借的商品房应按规定征收房产税。

房产税的征收区域为城市、县城、建制镇和工矿区,不包括农村。

四、税率

现行房产税税率采用比例税率。自用房产,以计税余值为基础,税率为 1.2%;出租的房产,以租金收入为基础,税率为 12%。对个人按市场价格出租的居民住房,按 4% 的税率征收房产税。

五、计税依据

房产税的计税依据是房产的计税价值或房产的租金收入。房产出租的,计征房产税的租金收入不含增值税,对应为按房产余值从价计征和按租金收入从租计征两种。

1. 从价计征

对于自用的房产,以房产计税价值为依据,实行从价计征。

房产计税价值即计税余值,是指依照税法规定按房产原值一次减除 10%～30% 的损耗价值以后的余额,具体扣除幅度由省、自治区、直辖市人民政府规定。

(1) 房产原值是指纳税人按照会计制度规定,在账簿"固定资产"科目中记载的房屋原价。

(2) 房产原值应包括与房屋不可分割的各种附属设备或一般不单独计算价值的配套设施。

(3) 纳税人对原有房屋进行改建、扩建的,要相应增加房屋的原值。

(4) 更换房屋附属设施和配套设施的,在将其价值计入房产原值时,可扣减原来相应设备和设施的价值;对附属设备和配套设施中易损坏,需要经常更换的零配件,更新后不再计入房产原值,原零配件的原值也不扣除。

(5) 自 2006 年 1 月 1 日起,凡在房产税征收范围内的具备房屋功能的地下建筑,包括与地上房屋相连的地下建筑以及完全建在地面以下的建筑、地下人防设施等,均应当依据有关规定征收房产税。对于与地上房屋相连的地下建筑,如房屋的地下室、地下停车场、商场的地下部分等,应将地下部分与地上房屋视为一个整体按照地上房屋建筑的有关规定计算征收房产税。

(6) 对按照房产原值计税的房产,无论会计上如何核算,房产原值均应包含地价,包括为取得土地使用权支付的价款、开发土地发生的成本费用等。宗地容积率低于 0.5 的,按房产建筑面积的 2 倍计算土地面积并据此确定计入房产原值的地价。

(7) 在确定计税余值时,房产原值的具体减除比例,由省、自治区、直辖市人民政府在税法规定的减除幅度内自行确定。

如果纳税人未按会计制度规定记载原值,在计征房产税时,应按规定调整房产原值。

2. 从租计征

对于出租的房产,以房产租金收入为依据,实行从租计征。房产租金收入是指房屋产权所有人出租房产使用权所得的报酬,包括货币收入和实物收入。

对出租房产,租赁双方签订的租赁合同约定有免收租金期限的,免收租金期间由产权所有人按照房产原值缴纳房产税。

以房产投资联营,参与投资方利润分配并共担风险的,以房产余值作为计税依据;以房产投资,收取固定收入但不承担联营风险的,按租金收入计征房产税。

无租使用其他单位房产的应税单位和个人,依照房产余值代缴纳房产税。产权出典的房产,由承典人依照房产余值缴纳房产税。融资租赁的房产,由承租人自融资租赁合同约定开始日的次月起依照房产余值缴纳房产税。合同未约定开始日的,由承租人自合同签订的次月起依照房产余值缴纳房产税。

房地产开发企业建造的商品房,在出售之前,不征收房产税,但对出售前房产开发企业已使用或出租、出借的商品房,按规定征收房产税。

各种来源的房产,自办理权属转移的次月起或自交付使用的次月起,缴纳房产税。

六、应纳税额的计算

(一) 从价计征

从价计征是按房产的原值减除一定比例后的余值计征,其计算公式如下:

$$年应纳税额＝应税房产原值×(1－扣除比例)×1.2\%$$

其中,房产原值是"固定资产"科目中记载的房屋原价;减除比例是省、自治区、直辖市人民政府规定的 $10\%\sim30\%$ 的减除比例;计征适用税率为 1.2%。

注:独立地下建筑物中,工业用房产的计税价值是房屋原值的 $50\%\sim60\%$,商业和其他用房产的计税价值是房屋原值的 $90\%\sim80\%$。地下建筑物的原值折算为计税价值的比例,由各省、自治区、直辖市和计划单列市财政和地方税务部门在幅度内自行确定。

(二) 从租计征

从租计征是按房产的租金收入计征,其计算公式如下:

$$年应纳税额＝全年租金收入×12\%(个人出租住房或向个人出租住房为4\%)$$

【案例 8-1】

大顺公司 2016 年年初拥有厂房原值 2 000 万元,仓库原值 500 万元。2016 年 5 月 20 日,将仓库以 1 000 万元的价格转让给东阳公司,当地政府规定房产税减除比例为 30%。

要求:计算大顺公司 2016 年应缴纳的房产税。

【案例分析】

$$年应纳税额＝应税房产原值×(1－扣除比例)×1.2\%$$
$$应缴纳房产税＝2\,000×(1－30\%)×1.2\%＋500×(1－30\%)×1.2\%×5÷12$$
$$＝18.55(万元)$$

【案例 8-2】

陈某拥有三套房产,一套供自己和家人居住;另一套于 2016 年 7 月 1 日出租给刘某居住,每月租金不含税收入 2 200 元;还有一套于 8 月 1 日出租给王某用于生产经营,每月不含税租金 5 000 元。

要求:计算 2016 年陈某应缴纳的房产税。

【案例分析】

$$年应纳税额＝全年租金收入×12\%(个人出租住房或向个人出租住房为4\%)$$
$$年应纳房产税＝2\,200×6×4\%＋5\,000×5×4\%＝1\,528(元)$$

【案例 8-3】

某公司办公大楼原值 30 000 万元,2016 年 2 月 25 日签订合同从下月起将其中部分闲置房间出租,租期 2 年。出租部分房产原值 5 000 万元,租金每年不含税收入 1 000 万元。当地规定房产税原值减除比例为 20%。

要求:计算 2017 年该公司应缴纳的房产税。

【案例分析】

经营自用的房产从价计征房产税,年应纳税额＝应税房产原值×(1－扣除比例)× 1.2%;出租的房产从租计征房产税,年应纳税额＝全年租金收入× 12%。

$$该公司2017年自用房产应纳房产税＝(30\,000－5\,000)×(1－20\%)×1.2\%＋5\,000×(1－20\%)×1.2\%×2/12$$
$$＝248(万元)$$

该公司 2017 年出租房产应纳房产税＝1 000×10/12×12％＝100（万元）

该公司 2017 年应缴纳房产税＝248＋100＝348（万元）

【案例 8-4】

2016 年,某企业有两处独立的地下建筑物,分别为工业用途房产（原价 30 万元）和非工业用途房产（原价 20 万元）。该企业所在省规定房产税依照房产原值减除 30％后的余值计算缴纳,工业用途地下建筑房产以原价的 50％作为应税房产原值,其他用途地下建筑房产以原价的 80％作为应税房产原值。

要求:计算 2016 年该企业的地下建筑物应缴纳的房产税。

【案例分析】

工业用房产应税原值为房屋原价的 50％～60％,应纳房产税的税额＝应税房产原值×（1－原值减除比例）×1.2％。非工业用途房产应税原值为房屋原价的 70％～80％,应纳房产税的税额＝应税房产原值×（1－原值减除比例）×1.2％。

该企业地下建筑物应
缴纳房产税　＝[30×50％×（1－30％）×1.2％＋20×80％×（1－30％）×1.2％]×10 000

＝2 604（元）

七、税收优惠

房产税的税收优惠是根据国家政策需要和纳税人的负担能力制定的。由于房产税属地方税,因此给予地方一定的减免权限,有利于地方因地制宜地处理问题。

目前,房产税的税收减免优惠政策主要有以下五方面内容:

(1) 国家机关、人民团体、军队自用的房产免征房产税。

(2) 国家财政部门拨付事业经费的单位自用的房产免征房产税。

(3) 宗教寺庙、公园、名胜古迹自用的房产免征房产税。

(4) 个人拥有的非营业用的房产免征房产税。

(5) 经财政部批准免税的其他房产:①企业办的各类学校、医院、托儿所、幼儿园自用的房产免税。②经有关部门鉴定,对毁损不堪居住的房屋和危险房屋,在停止使用后,可免征房产税。③自 2004 年 8 月 1 日起,对军队空余房产租赁收入暂免征收房产税。④凡是在基建工地为基建工地服务的各种工棚、材料棚和办公室、食堂等临时性房屋在施工期间一律免征房产税。如果在基建工程结束以后,施工企业将这种临时性房屋交还或者估价转让给基建单位,应当从基建单位接收的次月起,依照规定征收房产税。⑤自 2004 年 7 月 1 日起,纳税人房屋大修导致连续停用半年以上的,在房屋大修理期间免征房产税。⑥纳税单位与免税单位共同使用的房屋,按各自使用的部分划分,分别征收或免征房产税。⑦老年服务机构自用的房产暂免征收房产税。⑧按政府规定价格出租的公有住房和廉租住房,免征房产税。⑨对于邮政部门坐落在城市、县城、建制镇、工矿区范围内的房产,应当依法征收房产税。⑩对房地产开发企业建造的商品房,在出售前不征收房产税,但对出售前房地产开发企业已使用或出租、出借的商品房应按规定征收房产

税。⑪铁道部(铁路总公司)所属铁路运输企业自用的房产,继续免征房产税。⑫对行使国家行政管理职能的中国人民银行总行(含国家外汇管理局)所属分支机构自用的房产,免征房产税。⑬天然林的保护工程相关的房产免税。⑭经营公租房所取得的租金收入免房产税。⑮对商品储备管理公司及其直属库承担粮食储备业务自用的房产、土地,免征房产税。

八、征收管理

1. 纳税义务发生时间

(1) 原有房产用于生产经营的,从生产经营之月起缴纳房产税。

(2) 纳税人自建房屋用于生产经营的,自建成次月起缴纳房产税。

(3) 纳税人委托施工企业建房的,从办理验收手续次月起纳税;在办理验收手续前已使用的,从使用当月起计征房产税。

(4) 纳税人购置新建的商品房,自房屋交付使用次月起缴纳房产税。

(5) 纳税人购置存量的房地产,自房产证签发次月起缴纳房产税。

(6) 纳税人出租、出借的房产,自交付出租、出借房产之次月起缴纳房产税。

(7) 房地产开发企业自用出租、出借本企业建造的商品房,自房产使用或交付次月起缴纳房产税。

2. 纳税期限

房产税实行按年计算、分期缴纳的征收方法,具体纳税期限由省、自治区、直辖市人民政府确定。

3. 纳税地点

房产税在房产所在地缴纳。房产不在同一地方的纳税人,应按房产的坐落地点分别向房产所在地的税务机关缴纳。

九、房产税改革

我国现行房产税对"个人所有的非营业用房产"实行免税,即现行房产税只对经营性房产征税,所以,个人住房的持有成本为零。随着住房房价上涨,为了调控房价,对住房开征房产税的问题越来越成为热点问题。对个人住房征收房产税,通过增加住房持有成本,可以引导购房者理性地选择居住面积适当的住房,从而促进土地的节约和集约化利用。

(一)上海房产税试点方案

2011 年 1 月起,上海市开征房产税。上海房产税征税范围是:上海居民家庭在当地新购且属于该居民家庭第 2 套及以上的住房(包括新购的二手存量住房和新建商品住房)和非上海居民家庭在上海市新购的住房。

上海房产税的税率为:房价低于 28 426 元/平方米,税率为 0.4%;房价超过 28 426 元/平方米,税率为 0.6%。

上海房产税的免税规定为:上海居民家庭人均住房面积小于 60 平方米,免税。在计算免税面积时,合并计算家庭全部住房建筑面积。

房产税的计税公式如下：

应纳房产税＝新购住房应征税建筑面积×新购住房单价(或核定的计税价格)×70％×税率

【案例8-5】

王某家庭成员2人，现购买第二套房产，面积为140平方米，房价为3万元/平方米，王某家庭原有一套面积为70平方米的房产。

要求：计算王某需要缴纳的房产税。

【案例分析】

家庭人均住房面积小于60平方米免税，则王某家庭可免征房产面积为：60×2＝120(平方米)，新购住房应征税建筑面积＝140＋70－120＝90(平方米)。房价30 000(元/平方米)＞28 426(元/平方米)，税率为0.6％，则：

$$应纳房产税＝90×3×70％×0.6％＝1.134(万元)$$

每年12月31日前，纳税人应凭有效身份证明原件，自行向主管税务机关申报缴纳税款。未按时足额缴纳的，于次年1月1日起按日加收滞纳税款的0.05％作为滞纳金。

上海房产税的优惠政策如下：

(1) 上海居民家庭新购一套住房后1年内出售该家庭原有唯一住房，退税。

(2) 上海居民家庭中子女成年后，首次新购住房且属于成年子女家庭唯一住房，暂免征税。

(3) 引进高层次人才、重点产业紧缺急需人才，持上海居住证并在上海工作生活，新购住房且属家庭唯一住房，暂免征收房产税。

(4) 持居住证满3年，并在上海工作、生活的购房人，其新购住房且属家庭唯一住房，暂免征税；持居住证但不满3年的购房人，先按规定计征房产税，在上海工作生活满3年后，实施退税。

(二)重庆房产税试点方案

2011年1月起，重庆市开征房产税。重庆房产税的征税范围是：主城九区内存量增量独栋别墅、新购高档商品房、外地炒房客(在重庆无户口、无工作、无投资的三无人员)在重庆购买的第二套以上房产。

重庆房产税税率规定为：

(1) 独栋商品住宅和新购高档住房单价在上两年主城九区新建商品房成交均价2倍以下的，免税；2倍(含2倍)至3倍的，税率为0.5％；3倍(含3倍)至4倍的，税率为1％；4倍(含4倍)以上的，税率为1.2％。

(2) 在重庆市同时无户籍、无企业、无工作的个人新购第二套及以上的普通住房，税率为0.5％。

重庆房产税试点方案还强调：对未列入征税范围的个人高档住房、多套普通住房，将适时纳入征税范围。

(三)房产税发展趋势

房产税扩大试点范围势在必行。其他地区开征房产税时，必须以重庆和上海的试点方案作为参考。

征收房产税,必须全面掌握每个人的住房信息。而我国除了商品住房外,各地还存在大量的其他房产,可能未录入住房信息系统,包括名目繁多的保障房、房改房、自建房等。有些地区的住房信息还是纸质档案,未录入电子信息库。国务院于 2014 年 11 月公布的自 2015 年 3 月 1 日起施行的《不动产登记暂行条例》,为房产税的全面开征打下了基础。

任务二 契税法律制度

契税法是指国家制定的用于调整契税征收与缴纳之间权利与义务关系的法律规范。

一、契税的概念

契税是以所有权发生转移的不动产为征税对象,向产权承受人征收的一种财产税。契税是唯一对需求方进行调节的税种。

二、纳税义务人

契税纳税人是指在我国境内承受土地、房屋权属(土地使用权、房屋所属权)的单位和个人。契税由权属承受人缴纳,具体是指以受让、购买、受赠、交换等方式取得土地、房屋权属。

三、征税范围

契税的征税对象为发生土地使用权和房屋所有权权属转移的土地和房屋。其具体征税范围包括国有土地使用权出让,土地使用权转让(包括出售、赠与和交换),房屋买卖等。

(1)国有土地使用权出让。

(2)土地使用权转让(不包括农村集体土地承包)。

(3)房屋买卖:①以房产抵债或以实物交换房屋按房屋现值缴纳;②以房产作投资或作股权转让按投资房产价值或房产买价缴纳(自有房产作股投入本人独资经营企业,免纳契税);③买房拆料或翻建新房,应照章征收契税。

(4)房屋赠与。房屋的受赠人要缴纳契税。以获奖方式取得房屋产权的,其实质是接受赠与房产,应照章缴纳契税。

(5)房屋交换。房屋产权相互交换,双方交换价值相等,免纳契税,办理免征契税手续。其价值不相等的,按超出部分由支付差价方缴纳契税。

(6)承受国有土地使用权支付的土地出让金。对承受国有土地使用权支付的土地出让金,要计征契税,不得因减免土地出让金而减免契税。

随着经济形势的发展,下面这些以特殊方式转移土地、房屋权属的,视同土地使用权转让、房屋买卖或者赠与:一是以土地、房屋权属作价投资、入股;二是以土地、房屋抵债;三是以获奖方式承受土地、房屋权属;四是以预购方式或者预付集资建房款方式承受土地、房屋权属。

四、税率

(1) 契税实行幅度比例税率,税率幅度为 3%~5%。实行幅度税率是考虑到我国经济发展的不平衡,各地经济差别比较大的实际情况。因此,各省、自治区、直辖市人民政府可以在 3%~5% 的幅度税率规定范围内,按照本地区的实际情况决定。

(2) 从 2010 年 10 月 1 日起,个人购买 90 平方米及以下且属家庭唯一住房的普通住房,契税应纳税率为 1%。

五、计税依据与应纳税额的计算

(一) 计税依据

计征契税的成交价格不含增值税。

1) 土地使用权出售、房屋买卖,其计税依据为成交价格。

2) 土地使用权赠与、房屋赠与,其计税依据由征收机关参照土地使用权出售、房屋买卖的市场价格核定。

3) 土地使用权交换、房屋交换,其计税依据是所交换的土地使用权、房屋的价格差额。

4) 国有土地使用权出让,其计税依据为承受人为取得该土地使用权而支付的全部经济利益。

(1) 协议方式出让的计税价格为成交价格。没有成交价格或者成交价格明显偏低的,征收机关可依次按下列两种方式确定。

评估价格:政府批准设立的房地产评估机构根据相同地段、同类房地产进行综合评定,并经当地税务机关确认的价格。

土地基准地价:县以上人民政府公示的土地基准地价。

(2) 以竞价方式出让的,其契税计税价格一般应确定为竞价的成交价格,土地出让金、市政建设配套费以及各种补偿费用应包括在内。

(3) 先以划拨方式取得土地使用权,后经批准改为以出让方式取得该土地使用权的,应依法缴纳契税,其计税依据为应补缴的土地出让金和其他出让费用。

(4) 已购公有住房经补缴土地出让金和其他出让费用成为完全产权住房的,免征土地权属转移的契税。

5) 房屋买卖的契税计税价格为房屋买卖合同的总价款,买卖装修的房屋,装修费用应包括在内。

(二) 契税应纳税额的计算

契税应纳税额按照省、自治区、直辖市人民政府确定的适用税率和税法规定的计税价格计算征收。其计算公式如下:

$$应纳税额 = 计税价格 \times 税率$$

【案例 8-6】

某企业以 1 500 万元(不含增值税)购得一块土地的使用权,当地规定契税税率为 3%。

要求:计算该企业应纳的契税。

【案例分析】

应纳契税＝计税依据×税率＝1 500×3％＝45（万元）

【案例8-7】

居民贾某共有三套房产。他在2017年将第一套市价为80万元的房产与王某交换，并支付给王某16.65万元，将第二套市价为60万元的房产折价给刘某抵偿了50万元的债务，将第三套市价为30万元的房产作股投入本人独资经营的企业。

要求：若当地确定的契税税率为3％，计算贾某应缴纳的契税。

【案例分析】

土地使用权交换、房屋交换，支付补价的一方纳税。贾某需缴纳第一套房以补价为计税依据的契税额；第二套房抵偿债务的契税应由刘某缴纳；贾某将第三套房以自有房产作股投入本人独资经营企业，免纳契税。

贾某应纳契税＝16.65÷（1＋11％）×3％＝0.45（万元）

六、税收优惠

（一）契税减免基本规定

（1）国家机关、事业单位、社会团体、军事单位承受土地、房屋用于办公、教学、医疗、科研和军事设施的，免征契税。

（2）城镇职工按规定第一次购买公有住房的，免征契税（公有制单位集资建成的普通住房或单位购买的普通商品住房出售给本单位职工，职工第一次购买的，比照该政策规定免税）。

（3）因不可抗力丧失住房而重新购买住房的，酌情准予减征或者免征契税。

（4）土地、房屋被县级以上人民政府征用、占用后，重新承受土地、房屋权属的，由省级人民政府确定是否减免。

（5）承受荒山、荒沟、荒丘、荒滩土地使用权，并用于农、林、牧、渔业生产的，免征契税。

（6）依照我国有关法律规定以及我国缔结或参加的双边和多边条约或协定的规定应当予以免税的外国驻华使馆、领事馆、联合国驻华机构及其外交代表、领事官员和其他外交人员承受土地、房屋权属的，经外交部确认，可以免征契税。

（二）财政部规定的其他减免契税项目

1）售后回租方式进行融资等有关契税政策。

（1）对金融租赁公司开展售后回租业务，承受承租人房屋、土地权属的，照章征税。对售后回租合同期满，承租人回购原房屋、土地权属的，免征契税。

（2）以招拍挂方式出让国有土地使用权的，纳税人为最终与土地管理部门签订出让合同的土地使用权承受人。

（3）市、县级人民政府根据规定征收居民房屋，居民因个人房屋被征收而选择货币补偿用于重新购置房屋，并且购房成交价格不超过货币补偿的，对新购房屋免征契税；购房成交价格超过货币补偿的，对差价部分按规定征收契税。居民因个人房屋被征收而选择房屋产权调换，并且不缴纳房屋产权调换差价的，对新换房屋免征契税；缴纳房屋产权调换差价的，

对差价部分按规定征收契税。

（4）企业承受土地使用权用于房地产开发,并在该土地上代政府建设保障性住房的,计税价格为取得全部土地使用权的成交价格。

（5）单位、个人以房屋、土地以外的资产增资,相应扩大其在被投资公司的股权持有比例,无论被投资公司是否变更工商登记,其房屋、土地权属不发生转移,不征收契税。

（6）个体工商户的经营者将其个人名下的房屋、土地权属转移至个体工商户名下,或个体工商户将其名下的房屋、土地权属转回原经营者个人名下,免征契税。（合伙企业的合伙人和合伙企业之间与之相同）

2）对国家石油储备基地第一期项目建设过程中涉及的契税予以免征。

3）对廉租住房经营管理单位购买住房作为廉租住房、经济适用住房经营管理单位回购经济适用住房继续作为经济适用住房房源的,免征契税。个人购买家庭唯一住房的普通住房、经济适用住房,在法定税率基础上减半征收。

4）2011年8月31日起,婚姻关系存续期间,房屋、土地权属原归夫妻一方所有,变更为夫妻双方共有的,免契税。

5）已缴纳契税的购房者,权属变更前退房的,退税,变更后退房的,不退税。

6）公租房经管单位购买住房作为公租房的,免契税。

七、征收管理

1. 纳税义务发生时间

契税的纳税义务发生时间是纳税人签订土地、房屋权属转移合同的当天,或者纳税人取得其他具有土地、房屋权属转移合同性质凭证的当天。

2. 纳税期限

纳税人应当自纳税义务发生之日起10日内,向土地、房屋所在地的契税征收机关办理纳税申报,并在契税征收机关核定的期限内缴纳税款。

3. 纳税地点

在土地、房屋所在地的征收机关缴纳。

任务三　车船税法律制度

车船税法是指国家制定的用于调整车船税征收与缴纳之间权利与义务关系的法律规范。现行资源税法的基本规范,是2011年2月25日,由中华人民共和国第十一届全国人民代表大会常务委员会第十九次会议通过的《中华人民共和国车船税法》,自2012年1月1日起施行。

一、车船税的概念

车船税是指在中华人民共和国境内的车辆、船舶的所有人或者管理者,按照《中华人民共和国车船税法》应缴纳的一种税。

二、纳税义务人和征税范围

在中华人民共和国境内,车辆、船舶(以下简称车船)的所有人或者管理人为车船税的纳税人。

三、征税范围

车船税的征收范围包括依法在公安、交通、农业等车辆管理部门登记的车辆,具体分为车辆和船舶两大类:

(1)车辆,包括载客汽车(包括电车),载货汽车(包括半挂牵引车、挂车),三轮汽车,低速货车,摩托车,专业作业车和轮式专用机械车、拖拉机、无轨电车等。

(2)船舶(包括机动船舶和非机动驳船)。

四、税目、税额

省、自治区、直辖市人民政府根据车船税法所附《车船税税目税额表》确定车辆具体适用税额,应当遵循以下原则:

(1)考虑本地区车辆保有情况和税负状况。

(2)乘用车依排气量从小到大递增税额。

(3)客车应依照大型和中型分别确定税额。

(4)根据本地区情况变化适时调整。

车船税税目税额如表8-1所示。

五、计税依据和应纳税额计算

(一)计税依据

车船税的计税依据有"辆""整备质量吨"和"艇身长度米"三种。乘用车、客车和摩托车按"辆"计算车船税,货车、挂车和其他车辆按"整备质量吨"计算车船税,机动船舶按"净吨位"计算车船税,游艇按"艇身长度米"计算车船税。

(二)应纳税额计算

车船税按年征收,纳税人在规定的申报纳税期限内一次缴纳全年税款。对购置的新车船,购置当年的应纳税额自纳税义务发生的当月起按月计算。

1.乘用车、客车和摩托车应纳车船税的计算

$$全年应纳车船税=应税车辆的数量×单位税额$$

2.货车、挂车和其他车辆应纳车船税的计算

$$全年应纳车船税=应税车辆的装备质量吨数×单位税额$$

3.机动船舶应纳车船税的计算

$$全年应纳车船税=应税机动船舶的净吨位数×单位税额$$

表 8-1 车船税税目税额表

税 目		计税单位	年基准税额(元)	备 注
乘用车[按发动机汽缸容量(排气量)分档]		每辆	60～5 400	核定载客人数9人(含)以下
商用车	客车	每辆	480～1 440	核定载客人数9人以上,包括电车
	货车	整备质量每吨	16～120	包括半挂牵引车、三轮汽车和低速载货汽车等
挂车		整备质量每吨		按照货车税额的50%计算
其他车辆	专用作业车	整备质量每吨	16～120	不包括拖拉机
	轮式专用机械车		16～120	
摩托车		每辆	36～180	
船舶	机动船舶	净吨位每吨	3～6	拖船、非机动驳船分别按照机动船舶税额的50%计算
	游艇	艇身长度每米	600～2 000	

注:(1)拖船按照发动机功率每1千瓦折合净吨位0.67吨计算征收车船税。

(2)排气量、整备质量、核定载客人数、净吨位、千瓦、艇身长度,以车船登记管理部门核发的车船登记证书或者行驶证所载数据为准。

依法不需要办理登记的车船和依法应当登记而未办理登记或者不能提供车船登记证书、行驶证的车船,以车船出厂合格证明或者进口凭证标注的技术参数、数据为准;不能提供车船出厂合格证明或者进口凭证的,由主管税务机关参照国家相关标准核定,没有国家相关标准的参照同类车船核定。

(3)购入当年不足1年的自纳税义务发生"当月"按月计征。

(4)其他相关问题:

①专用作业车的认定。对于在设计和技术特性上用于特殊工作,并装置有专用设备或器具的汽车,应认定为专用作业车,如汽车起重机、消防车、混凝土泵车、清障车、高空作业车、洒水车、扫路车等。以载运人员或货物为主要目的的专用汽车,如救护车,不属于专用作业车。

②税务机关核定客货两用车的征税问题。客货两用车又称多用途货车,是指在设计和结构上主要用于载运货物,但在驾驶员座椅后带有固定或折叠式座椅,可运载3人以上乘客的货车。客货两用车依照货车的计税单位和年基准税额计征车船税。

③车船税应纳税额的计算。车船税法及其实施条例涉及的整备质量、净吨位、艇身长度等计税单位,有尾数的一律按照含尾数的计税单位据实计算车船税应纳税额。计算得出的应纳税额小数点后超过两位的可四舍五入保留两位小数。

乘用车以车辆登记管理部门核发的机动车登记证书或者行驶证书所载的排气量毫升数确定税额区间。

④关于车船因质量问题发生退货时的退税。已经缴纳车船税的车船,因质量原因,车船被退回生产企业或者经销商的,纳税人可以向纳税所在地的主管税务机关申请退还自退货月份起至该纳税年度终了期间的税款。退货月份以退货发票所载日期的当月为准。

⑤关于境内外租赁船舶征收车船税的问题。境内单位和个人租入外国籍船舶的,不征收车船税。境

内单位和个人将船舶出租到境外的,应依法征收车船税。

4.游艇应纳车船税的计算

$$全年应纳车船税＝应税游艇的艇身长度米×单位税额$$

注:(1) 在一个纳税年度内,已完税的车船被盗抢、报废、灭失的,纳税人可以凭有关管理机关出具的证明和完税凭证,向纳税所在地的主管税务机关申请退还自被盗抢、报废、灭失月份起至该纳税年度终了期间的税款。

(2) 已办理退税的被盗抢车船失而复得的,纳税人应当从公安机关出具相关证明的当月起计算缴纳车船税。

(3) 已缴纳车船税的车船在同一纳税年度内办理转让过户的,不另纳税,也不退税。

(4) 挂车应纳车船税额按照货车税额的50%计算;拖船、非机动驳船分别按照机动船舶税额的50%计算。

【案例8-8】

某运输公司拥有载货汽车15辆(货车整备质量全部为10吨),乘人大客车20辆,小客车10辆。计算该公司应纳车船税。

注:载货汽车每吨年税额为80元,乘人大客车每辆年税额为800元,小客车每辆年税额为700元。

【案例分析】

(1) 载货汽车应纳税额＝15×10×80＝12 000(元)。

(2) 乘人汽车应纳税额＝20×800＋10×700＝23 000(元)。

(3) 公司全年应纳车船税额＝12 000＋23 000＝35 000(元)。

六、税收优惠

(一) 法定减免

下列情形可减免车船税:

(1) 捕捞、养殖用渔船。

(2) 军队、武装警察部队专用的车船。

(3) 警用车船。

(4) 依照法律规定应当予以免税的外国驻华使领馆、国际组织驻华代表机构及其有关人员的车船。

(5) 对使用新能源的车船免征车船税;对受严重自然灾害影响纳税困难以及有其他特殊原因确需减税、免税的,可以减征或者免征车船税(包括纯电动汽车、燃料电池汽车和插电式混合动力汽车免征车船税,其他混合动力汽车减半征税)。

(6) 省、自治区、直辖市人民政府根据当地实际情况,可以对公共交通车船,农村居民拥有并主要在农村地区使用的摩托车、三轮汽车和低速载货汽车定期减征或者免征车船税。

(二) 特定减免

(1) 经批准临时入境的外国车船和我国香港特别行政区、澳门特别行政区、台湾地区的车船,不征收车船税。

（2）按照规定缴纳船舶吨税的机动船舶，自车船税法实施之日起5年内免征车船税。

（3）依法不需要在车船登记管理部门登记的机场、港口、铁路站场内部行驶或者作业的车船，自车船税法实施之日起5年内免征车船税。

（4）国家综合性消防救援车辆由部队号牌改挂应急救援专用号牌的，一次性免征改挂当年车船税。

七、征收管理

1. 纳税期限

车船税的纳税义务发生时间为取得车船所有权或者管理权的当月，以购买船舶的发票或者其他证明文件所载日期的当月为准。

2. 纳税地点

车船的登记地或者车船税扣缴义务人所在地为车船税的纳税地点。依法不需要办理登记的车船，车船税的纳税地点为车船的所有人或者管理人所在地。

3. 申报缴纳

公安、交通运输、农业、渔业等车船登记管理部门、船舶检验机构和车船税扣缴义务人的行业主管部门应当在提供车船有关信息方面，协助税务机关加强车船税的征收管理。

车辆所有人或者管理人在申请办理车辆相关登记、定期检验手续时，应当向公安机关交通管理部门提交依法纳税或者免税证明。公安机关交通管理部门核查后办理相关手续。

车船税按年申报，分月计算，一次性缴纳。纳税年度为公历1月1日至12月31日。依法不需要购买交强险的车辆，向主管税务机关申报。

【知识拓展】

遗产税小知识

遗产税即对死者留下的遗产征税，国外有时也称之为"死亡税"。遗产税有助于加强对遗产和赠与财产的调节，防止贫富过分悬殊。各国及地区征收遗产税的情况大致可分为以下三类：

（1）总遗产税制，是就被继承人死亡时所遗留的财产价值课税，以遗嘱执行人或遗产管理人为纳税义务人。

（2）分遗产税制，是被继承人死亡后将遗产分给继承人，然后就各个继承人分得的遗产课税。纳税义务人是遗产继承人，税负的大小以继承人与被继承人之间的亲疏关系而定。

（3）混合遗产税制，是对被继承人的遗产先征收遗产税，税后遗产分配给各继承人时再就继承人的继承财产额征一次继承税。

开征遗产税可节约资本，平均社会财富，减少社会浪费，提倡劳动所得，增加国库收入，补充所得税的不足。遗产税始征于4000多年前的古埃及。出于筹措军费的需要，埃及法老胡夫开征了遗产税。近代遗产税始征于1598年的荷兰，其后英国、法国、日本、美国等国相继开征了遗产税。

（资料来源：中国法律网）

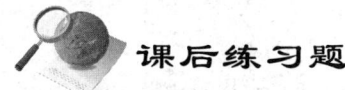

课后练习题

一、单项选择题

1. 以下关于房产税纳税人和征税范围的说法中,正确的是(　　)。
   A. 房产税的征税对象是房屋和建筑物
   B. 房产税不对外资企业征收
   C. 房屋产权出典的,以承典人为房产税的纳税人
   D. 农民出租农村的房屋也应缴纳房产税

2. 某公司办公大楼原值30 000万元,2017年2月28日,该公司将其中部分闲置房间出租,租期为两年。出租部分房产原值5 000万元,租金为每年1 000万元。当地规定房产税原值减除比例为20%,2017年该公司应缴纳房产税为(　　)万元。
   A. 288　　　　　　　B. 340　　　　　　　C. 348　　　　　　　D. 360

3. 以下可以享受减免契税优惠待遇的是(　　)。
   A. 城镇职工购买公有住房的
   B. 房屋所有者之间互相交换房屋的
   C. 在婚姻关系存续期间,丈夫将归属于自己的房产变更为夫妻双方共有的
   D. 承受荒山、荒沟、荒丘、荒滩土地使用权,用于工业园建设的

4. 下列各项中,应征收契税的是(　　)。
   A. 法定继承人承受房屋权属　　　　　B. 以自有房产作股投入本人独资经营的企业
   C. 承包者获得农村集体土地承包经营权　D. 运动员因成绩突出获得国家奖励的住房

5. 车辆适用的车船税税率形式是(　　)。
   A. 比例税率　　　　B. 超额累进税率　　　C. 超率累进税率　　　D. 定额税率

6. 下列属于法定减免车船税的是(　　)。
   A. 军队专用的车船　　　　　　　　　B. 武警部队出租的闲置车船
   C. 抢险车　　　　　　　　　　　　　D. 非营利性医疗机构的自用车船

7. 某企业2017年房产原值共计9 000万元,其中该企业所属的幼儿园和子弟学校用房原值分别为300万元、800万元,当地政府确定计算房产税余值的扣除比例为25%,该企业2017年应缴纳的房产税为(　　)万元。
   A. 71.1　　　　　　　B. 73.8　　　　　　　C. 78.3　　　　　　　D. 81

8. 某企业2017年2月委托一施工单位新建厂房,6月对建成的厂房办理验收手续,同时接管基建工地价值100万元的材料棚,一并转入固定资产,原值合计1 100万元。该企业所在省规定的房产余值扣除比例为30%。2017年企业该项固定资产应缴纳房产税为(　　)万元。
   A. 4.1　　　　　　　B. 4.23　　　　　　　C. 4.3　　　　　　　D. 4.26

9. 某国家级森林公园,2017年共占用2 000万平方米,其中行政管理部门办公用房占地0.1万平方米,所属酒店占地1万平方米,饮食部占地0.5万平方米,公园所在地城镇土地使用税税率为2元/平方米。该公园2017年度应缴纳的城镇土地使用税为(　　)万元。

A. 1   B. 3.2   C. 2   D. 3

10. 根据车船税的有关规定,以下说法中,正确的是(　　)。
    A. 车船税的纳税义务发生时间为车辆管理部门核发的车船登记证书或者行使证书所记载日期的次月
    B. 车船的所有人或管理人未缴纳车船税的,使用人应当代为缴纳车船税
    C. 应办理车船登记手续而未办理的,暂不缴纳车船税
    D. 跨省、自治区、直辖市使用的车船,由纳税人自由选择一地进行申报纳税

二、多项选择题

1. 下列情形中,应由房产代管人或者使用人缴纳房产税的有(　　)。
    A. 房屋产权未确定的
    B. 房屋产权所有人不在房屋所在地的
    C. 房屋租典纠纷未解决的
    D. 房屋承典人不在房屋所在地的

2. 下列有关房产税税率的表述中,符合现行规定的有(　　)。
    A. 工厂拥有并使用的车间适用1.2%的房产税税率
    B. 个体户房屋用于自办小卖部的适用1.2%的房产税税率
    C. 个人出租住房用于美容机构开设连锁店的适用12%的房产税税率
    D. 个人出租住房,不区分用途,按照4%的房产税优惠税率计税

3. 下列房产属于免征房产税的是(　　)。
    A. 向居民供热并向居民收取采暖费的供热企业生产用房
    B. 宗教寺庙中宗教人员使用的生活用房屋
    C. 纳税单位与免税单位共同使用的房屋,免税单位使用的部分
    D. 信托投资公司自用房产

4. 下列各项中,符合契税有关规定的有(　　)。
    A. 对公租房经营管理单位购买住房作为公租房,免征契税
    B. 对已缴纳契税的购房单位和个人,在未办理房屋权属变更登记前退房的,退还已缴纳契税,在办理房屋权属变更登记后退房的,不予退还已纳契税
    C. 采取分期付款方式购买房屋所有权的,按合同规定的总价款计征契税
    D. 契税的纳税义务发生时间是纳税人签订土地、房屋权属转移合同的当天

5. 下列关于契税的陈述中,正确的是(　　)。
    A. 对已缴纳契税的购房单位和个人,在未办理房屋权属变更登机前退房的,退还已缴纳契税
    B. 对金融租赁公司开展售后租回业务,承受承租人房屋、土地权属的,照章征税
    C. 契税是以发生土地使用权和房屋所有权权属转移的土地和房屋为征税对象
    D. 个人购买普通住房免征契税

6. 关于契税的计税依据,下列表述中,正确的有(　　)。
    A. 以协议方式出让国有土地使用权的,仅以土地出让金作为计税依据

B. 房屋赠与的,由征收机关参照房屋买卖的市场价格核定计税依据

C. 买卖已装修的房屋,契税计税依据中应包括装修费用

D. 土地使用权交换的,以所交换的土地使用权的价格差额为计税依据

7. 下列关于房产投资的房产税的说法中,正确的是(　　　　)。

A. 以房产投资成立有限公司,投资方按房产余值为计税依据计征房产税

B. 房产联营投资,不承担经营风险,只收取固定收入,投资方视固定收入为租金收入, 以租金收入为计税依据计征房产税

C. 以房产联营投资,共担经营风险的,被投资方按房产余值为计税依据计征房产税

D. 以房产联营投资,共担经营风险的,投资方不再计征房产税

8. 下列项目中,属于车船税纳税人的有(　　　　)。

A. 事业单位　　　　B. 外商投资企业　　　C. 私营企业　　　　D. 个人

9. 以下关于我国车船税税目税率的表述中,正确的有(　　　　)。

A. 车船税实行定额税率

B. 客货两用汽车按照货车征税

C. 拖船和非机动驳船分别按机动船舶税额的70%计算征税

D. 半挂牵引车和挂车按照货车征税

10. 下列各项中,符合车船税征收管理规定的有(　　　　)。

A. 车船税按年申报,分月计算,一次性缴纳

B. 纳税人自行申报缴纳车船税的,纳税地点为车船登记地的主管税务机关所在地

C. 车船税纳税义务发生时间为取得车船所有权或管理权的次月

D. 不需要办理登记的车船不缴纳车船税

三、判断题

1. 某企业以自有房产作抵押向银行贷款,应计算并缴纳契税。　　　　　　　　　　(　　)

2. 张某欠刘某200万元债务,无法偿还,于是用价值220万元的房子向刘某抵偿债务,刘某 需要缴纳这套房子的契税。　　　　　　　　　　　　　　　　　　　　　　　(　　)

3. 个人所有的房产,除出租外,一律免征房产税。　　　　　　　　　　　　　　(　　)

4. 城建税和教育费附加,是增值税和消费税的附加税费,因此,它们本身并没有独立的征 税对象。　　　　　　　　　　　　　　　　　　　　　　　　　　　　　　　(　　)

5. 房产税按照房产租金收入计算应纳税额的,适用税率为1.2%。　　　　　　　(　　)

6. 房产税按季征收,分期缴纳。　　　　　　　　　　　　　　　　　　　　　　(　　)

四、计算题

1. 吉祥公司2017年度自有房屋8栋。其中6栋用于本公司的生产经营,房产原值 2 000万元,不包括冷暖通风设备100万元,另两栋房屋租给某公司作经营用房,一次性取得 租金收入100万元。

要求:计算吉祥公司应纳的房产税额(该省规定按房产原值一次扣除30%后的余值计税)。

2. 2017年4月,吉祥公司将一套房屋以800万元的价格卖给如意公司。

要求:计算如意公司应缴纳的契税(当地契税税率为3%)。

五、综合实训题

1. 某航运公司 2017 年拥有机动船 5 艘,每艘净吨位为 3 000 吨;拖船 1 艘,发动机功率为 1 500 千瓦。机动船舶车船税每年单位税额为:净吨位 201 吨至 2 000 吨的,每吨 4 元;净吨位 2 001 吨至 10 000 吨的,每吨 5 元。

要求:计算该航运公司 2017 年应缴纳的车船税(拖船按照发动机功率每千瓦折合净吨位 0.67 吨计算征收车船税)。

2. 居民王兴有两套住房。他将一套私有房屋出售给居民张某,房屋成交价格为 100 万元;将另一处两居室住房与居民李某交换成两处一居室住房,并支付换房差价款 10 万元。

要求:计算王某、张某、李某的应交契税(当地契税税率为 3%)。

3. 吉祥公司 2017 年 1 月 1 日"固定资产"明细账中,房产原值为 2 500 万元。2 月份,企业将原值 100 万元的房屋出租给其他单位使用,每年收取租金 12 万元;3 月份,房产价值和租金均无变化。当地政府规定,计税余值扣除比例为 20%。

要求:按年计算吉祥公司应分季缴纳的房产税。

项目九　目的税和行为税类法律制度

学习目标

1. 知识目标
- 了解城市维护建设税、教育费附加、印花税、车辆购置税等征税范围与特点
- 掌握城市维护建设税、教育费附加、印花税、车辆购置税的纳税人、征税对象及税率
- 掌握企业所得税应纳税额的计算

2. 能力目标
- 能准确计算城市维护建设税、教育费附加、印花税、车辆购置税的应纳税额
- 掌握企业所得税税收优惠政策

【导入案例】

北京鸿星公司为增值税一般纳税人,2016 年 12 月实际缴纳增值税 38 500 元,实际缴纳消费税 23 500 元,签订购销合同金额为 43 万元,签订借款合同金额为 15 万元,进口一辆小汽车自用,关税完税价格为 25 万元(关税税率 28%,消费税税率 9%)。

请思考:根据上述资料计算该企业当月应缴纳的城市维护建设税、教育费附加、印花税、车辆购置税。

任务一　城市维护建设税法律制度

一、城市维护建设税法律制度

城市维护建设税(以下简称"城建税"),是国家对缴纳增值税、消费税(以下简称"二税")的单位和个人就其实际缴纳的"二税"税额为计税依据而征收的一种税。它属于特定目的税,是国家为加强城市的维护建设,扩大和稳定城市维护建设资金的来源而采取的一项税收措施。

城建税是 1984 年工商税制全面改革中设置的一个新税种。1985 年 2 月 8 日,国务院发布《中华人民共和国城市维护建设税暂行条例》,从 1985 年起施行。1994 年税制改革时,保留了该税种,作了一些调整,并准备适时进一步扩大征收范围和改变计征办法。

城建税为开发建设新兴城市,扩展、改造旧城市,发展城市公用事业,以及维护公共设施等提供了稳定的资金来源,使城市的维护建设随着经济的发展而不断发展,体现了对受益者课税、权利与义务相一致的原则。

与其他税种相比,城建税具有以下两个显著特点:

(1) 它是一种附加税,以纳税人实际缴纳的增值税、消费税额为计税依据,附加于上述"二税"税额,本身没有特定的、独立的征税对象。

(2) 具有特定目的。城建税税款专门用于城市的公用事业和公共设施的维护建设。城建税实际上是一种附加税的性质。

二、城市维护建设税的纳税人

城建税的纳税人是在征税范围内从事工商经营,并缴纳增值税、消费税的单位和个人,包括国有企业、集体企业、私营企业、股份制企业、其他企业和行政单位、事业单位、军事单位、社会团体、其他单位,以及个体工商户和其他个人。

国务院(国发〔2010〕35 号)和财政部、国家税务总局(财税〔2010〕103 号)文件明确了外商投资企业、外国企业和外籍人员适用现行有效的城建税和教育费附加政策规定,凡是缴纳增值税、消费税的外商投资企业、外国企业和外籍人员纳税人均需按规定缴纳城建税和教育费附加。2010 年 12 月 1 日起,外商投资企业和外国企业及外籍个人开始征收城市维护建设税。

三、城市维护建设税的税率

城建税的税率是指纳税人应缴纳的城建税税额与纳税人实际缴纳的"二税"税额之间的比率。城建税按纳税人所在地的不同,设置了以下三档地区差别比例税率:

(1) 纳税人所在地为市区的,税率为 7%。

(2) 纳税人所在地为县城、镇的,税率为 5%。

(3) 纳税人所在地不在市区、县城或者镇的,税率为 1%。

纳税单位和个人缴纳城建税的适用税率,一律按其纳税所在地的规定税率执行。县政府设在城市市区,其在市区办的企业,按照市区的规定税率计算纳税。纳税人所在地为工矿区的,应根据行政区划分别按照 7%、5%、1% 的税率缴纳城建税。

城建税的适用税率,一般规定按纳税人所在地的适用税率执行,但对下列两种情况,可按纳税人缴纳"二税"所在地的规定税率就地缴纳城市维护建设税:①由受托方代收、代扣"二税"的单位和个人;②流运经营等无固定纳税地点的单位和个人。

四、城市维护建设税应纳税额的计算

(一) 计税依据

城建税是在纳税人缴"二税"时,分别与这两个税同时缴纳,并以纳税人实际缴纳的"二税"税额为计税依据。对"二税"加收的滞纳金和罚款不作为城建税的计税依据,但纳税人在被查补"二税"和被处以罚款时,应同时对其偷漏的城建税进行补税、征收滞纳金和罚款。

由海关代征的进口产品的增值税、消费税,不征收城建税。

城建税以"二税"税额为计税依据并同时征收,如果要免征或者减征"二税",也要同时免征或减征城建税。但对出口产品退还的增值税、消费税,不退还已缴纳的城建税。

（二）应纳税额的计算

城建税应纳税额的计算公式如下:

$$应纳城建税税额＝实际缴纳的增值税、消费税税额×地区适用税率$$

【案例 9-1】

某市区一企业 2016 年 10 月份实际缴纳增值税 385 000 元,缴纳消费税 438 000 元。

要求:计算该企业当月应纳的城建税额。

【案例分析】

$$应纳城建税额＝(385\ 000＋438\ 000)×7\%＝57\ 610(元)$$

五、城市维护建设税的税收优惠

城建税原则上不单独减免,但因城建税又具有附加性质,当主税发生减免时,城建税相应发生税收减免。城建税的税收减免具体有以下几种情况:

（1）海关对进口产品代征增值税、消费税的,不征收城建税,即进口不征。

（2）对出口产品退还增值税、消费税的,不退还已缴纳的城建税;经国家税务局正式审核批准的当期免抵的增值税税额应纳入城建税和教育费附加的计征范围,分别按规定的税（费）率征收城建税和教育费附加,即出口不退,免抵要交。

（3）对新办的商贸企业（从事批发、批零兼营以及其他非零售业务的商贸企业除外）,当年新招用下岗失业人员达到职工总数 30% 以上（含 30%）,并与其签订 1 年以上期限劳动合同的,经劳动保障部门认定税务机关审核 3 年内免征城建税和教育费附加。

（4）对下岗失业人员从事个体经营（除建筑业、娱乐业以及广告业、桑拿、按摩、网吧、氧吧外）的,自领取税务登记证之日起,3 年内免征城建税和教育费附加。

（5）对"二税"实行先征后返、先征后退、即征即退办法的,除另有规定外,对随"二税"附征的城建税和教育费附加,一律不予退（返）还。

六、城市维护建设税的征收管理

1. 纳税环节

城建税的纳税环节是指城建税法规定的纳税人应当缴纳城建税的环节。城建税的纳税环节,实际上是纳税人缴纳"二税"的环节,纳税人只要发生"二税"的纳税义务,就要在同样的环节,分别计算缴纳城建税。

2. 纳税地点

城建税以纳税人实际缴纳的"二税"税额为计税依据,分别与"二税"同时缴纳,纳税人缴纳"二税"的地点,就是该纳税人缴纳城建税的地点。

3. 纳税期限

城建税是由纳税人在缴纳"二税"时同时缴纳,与纳税人缴纳"二税"的期限一致。根据

增值税法和消费税法规定,"二税"的纳税期限均分别为 1 日、3 日、5 日、10 日、15 日或者 1 个月。"二税"纳税人的具体纳税期限,由主管税务机关根据纳税人应纳税额大小分别核定;不能按照固定期限纳税的,可以按次纳税。

任务二　教育费附加法律制度

一、教育费附加的概念

教育费附加是对缴纳增值税、消费税的单位和个人,就其实际缴纳的税额为计算依据征收的一种附加税。

教育费附加是为加快地方教育事业,扩大地方教育经费的资金而征收的一项专用基金。国家在增拨教育基本建设投资和教育经费的同时,充分调动企、事业单位和其他各种社会力量办学的积极性,开辟多种渠道筹措经费。

二、教育费附加的纳税人

凡缴纳增值税、消费税的单位和个人,均为教育费附加的纳费义务人。凡代征增值税、消费税的单位和个人,为代征教育费附加的义务人。

农业、乡镇企业,由乡镇人民政府征收农村教育事业附加,不再征收教育费附加。

2010 年 12 月 1 日起,外商投资企业和外国企业及外籍个人开始征收教育费附加。

三、教育费附加的征收率

根据国务院《关于教育费附加征收问题的紧急通知》的精神,教育费附加征收率为"二税"税额的 3%。

四、教育费附加应纳税费的计算

1. 计算依据

教育费附加以纳税人实际缴纳的"二税"税额为计算依据。

2. 应纳税费的计算

教育费附加应纳税费的计算公式如下:

$$应纳教育费附加＝实际缴纳的增值税、消费税税额×征收率$$

【案例 9-2】

某市区一企业 2016 年 10 月份实际缴纳增值税 385 000 元,缴纳消费税 438 000 元。

要求:计算该企业当月应纳的教育费附加。

【案例分析】

$$应纳教育费附加＝(385\,000＋438\,000)×3\%＝24\,690(元)$$

任务三 印花税法律制度

一、印花税的概念

印花税是对在经济活动和经济交往中书立、使用、领受具有法律效力凭证的单位和个人征收的一种税。它具有征收面广、税率低、税负轻、由纳税人自行完成纳税义务、兼有凭证税和行为税性质等特点。

二、印花税的纳税人

凡在我国境内书立、领受、使用属于印花税法所列举凭证的单位和个人,都是印花税的纳税义务人,包括国内各类企业、事业、机关、团体、部队,以及中外合资经营企业、合作经营企业、外资企业、外国公司企业和其他经济组织及其在华机构等单位和个人。按照征税项目划分,具体纳税人可以分为以下六类。

1. 立合同人

立合同人,即各类合同的当事人,但不包括合同的担保人、证人、鉴定人。

2. 立据人

立据人,即订立产权转移书据的单位和个人。

3. 立账簿人

立账簿人,即设立并使用营业账簿的单位和个人。

4. 领受人

领受人,即领受并持有权利、许可证照的单位和个人。

5. 使用人

使用人,即在国外书立、领受,但在国内使用应税凭证的单位和个人。

6. 电子凭证的签订人

电子凭证的签订人,即以电子形式签订各类应税凭证的单位和个人。

需要注意的是,由两方或两方以上当事人共同书立应税凭证的,其当事人各方都是印花税的纳税人,应各就其所持凭证的计税金额履行纳税义务。由于经济的发展,无纸化办公的实现,电子凭证取代了纸质凭证,但电子凭证的性质和纸质凭证的性质无任何改变。

印花税条例列举的应纳税凭证具体有五类:合同或者具有合同性质的凭证;产权转移书据;营业账簿;权利、许可证照;经财政部确定征税的其他凭证。

三、印花税的税目、税率

印花税的应税凭证分为四大类14个税目。印花税税率有两种形式:一是比例税率,适用于记载有金额的应税凭证;二是定额税率,适用于无法记载金额或虽有金额,但作为计税依据明显不合理的应税凭证,固定税额为每件应税凭证5元。

为便于理解,现作简化税目、税率表,如表9-1所示。

表 9-1 　　　　　　　　印花税税目、税率表

应税凭证类别	税 目	范 围	税 率	纳税义务人
一、合同或具有合同性质的凭证	1. 购销合同	包括供应、预购、采购、购销结合及协作、调剂、补偿、易货等合同	按购销金额 0.3‰	立合同人
	2. 加工承揽合同	包括加工、定作、修缮、修理、印刷、广告、测绘、测试等合同	按加工或承揽收入 0.5‰	立合同人
	3. 建设工程勘察设计合同	包括勘察、设计合同	按收取费用 0.5‰	立合同人
	4. 建筑安装工程承包合同	包括建筑、安装工程承包合同	按承包金额 0.3‰	立合同人
	5. 财产租赁合同	包括租赁房屋、船舶、飞机、机动车辆、机械、器具、设备等合同	按租赁金额 1‰,税额不足 1 元的按 1 元贴花	立合同人
	6. 货物运输合同	包括民用航空、铁路运输、海上运输、内河运输、公路运输和联运合同	按运输费用 0.5‰	立合同人
	7. 仓储保管合同	包括仓储、保管合同	按仓储保管费用 1‰	立合同人
	8. 借款合同	银行及其他金融组织和借款人(不包括银行同业拆借)所签订的借款合同	按借款金额 0.05‰	立合同人
	9. 财产保险合同	包括财产、责任、保证、信用等保险合同	按保险费收入 1‰	立合同人
	10. 技术合同	包括技术开发、转让、咨询、服务等合同	按所载金额 0.3‰	立合同人
二、书据	11. 产权转移书据	包括财产所有权和版权、商标专用权、专利权、专有技术使用权等转移书据	按所载金额 0.5‰	立据人
	12. 股权转移书据	上市公司买卖、继承、赠与等证券交易行为	按当日成交价的 1‰	
三、账簿	13. 营业账簿	生产经营用账册	记载资金的账簿,按实收资本与资本公积总额的 0.5‰,其他账簿按件贴花 5 元	立账簿人
四、证照	14. 权利许可证照	包括政府部门发给的房屋产权证、工商营业执照、商标注册证、专利证、土地使用证	按件贴花 5 元	领受人

四、印花税的计算

(一)计税依据

印花税根据不同征税项目,分别实行从价计税和从量计税两种征收方式。

1. 从价计税情况下计税依据的确定

从价计税情况下,各类经济合同以合同上记载的金额、收入或费用为计税依据;产权转移书据以书据中所载的金额为计税依据;记载资金的营业账簿,以实收资本和资本公积两项合计的金额为计税依据。

2. 从量计税情况下计税依据的确定

实行从量计税的其他营业账簿和权利、许可证照,以计税数量为计税依据。

从量计税情况下计税依据的特殊规定如下:

(1) 上述凭证以"金额""收入""费用"作为计税依据的,应当全部计税,不得作任何扣除。

(2) 同一凭证,载有两个或两个以上经济事项而适用不同税目、税率,如分别记载金额,应分别计算应纳税额,相加后按合计税额贴花;如未分别记载金额,按税率高的计税贴花。

(3) 有些合同,在签订时无法确定计税金额,可在签订时先按定额 5 元贴花,以后结算时再按实际金额计税,补贴印花。

(4) 合同在签订时应计税,不论合同是否兑现,均应贴花。

(二) 应纳税额的计算

1. 按比例税率计算应纳税额

$$应纳税额＝计税金额×适用税率$$

【案例 9-3】

某公司签订钢材采购合同一份,采购金额为 8 000 万元;签订以货换货合同一份,用库存价值为 3 000 万元的 A 型钢材换取对方相同金额的 B 型钢材;签订销售合同一份,销售金额为 15 000 万元。

要求:计算该公司签订的上述合同应缴纳的印花税。

【案例分析】

$$应缴纳的印花税＝(8\ 000＋3\ 000×2＋15\ 000)×0.3‰＝8.7(万元)$$

2. 按定额税率计算应纳税额

$$应纳税额＝凭证数量×单位税额$$

【案例 9-4】

某企业于 2017 年 3 月开业,领受营业执照、房产证、土地使用证各一件;建账时设 5 个营业账簿(不包括记载资金的账簿)。

要求:计算该企业应缴纳的印花税。

【案例分析】

(1) 领受权利许可证照应纳税额＝3×5＝15(元)。

(2) 营业账簿应纳税额＝5×5＝25(元)。

该企业应缴纳的印花税＝15＋25＝40(元)。

五、印花税的税收优惠

尽管印花税具有征税范围广、税率低、税负轻等特点,但税法还是对有关凭证制定了若干免税规定,纳税人应当加以运用。税法规定,下列凭证可以免征印花税:

(1) 已经缴纳印花税的凭证的副本或者抄本,但是视同正本使用者除外。

(2) 财产所有人将财产赠给政府、抚养孤老伤残人员的社会福利单位、学校所立的书据。

(3) 国家指定的收购部门与村民委员会、农民个人书立的农副产品收购合同。

(4) 无息、贴息贷款合同。

(5) 外国政府或者国际金融组织向中国政府及国家金融机构提供优惠贷款所书立的合同。

(6) 农林作物、牧业畜类保险合同。

(7) 书、报、刊发行单位之间,发行单位与订阅单位或者个人之间书立的凭证。

六、印花税的征收管理

(一) 纳税环节

印花税应当在书立或领受时贴花,即在合同签订时、账簿启用时和证照领受时贴花。如果合同是在国外签订,并且不便在国外贴花的,应在将合同带入境时办理贴花纳税手续。

(二) 纳税地点

印花税一般实行就地纳税。

(三) 缴纳方法

1. 一般纳税方法

印花税通常由纳税人根据规定自行计算应纳税额,购买并一次贴足印花税票。

2. 简化纳税方法

(1) 以税收缴款书或完税证明代替贴花的方法。一份凭证应纳税额超过 500 元的,应向当地税务机关申请用税收缴款书或完税证明,并将其中一联粘贴在凭证上或由税务机关在凭证上加盖完税标记代替贴花。

(2) 按期汇总缴纳印花税的方法。同一类凭证需频繁贴花的,可由纳税人根据实际情况自行决定是否采用按期汇总申报缴纳印花税的方式。汇总申报缴纳的期限最长不超过 1 个月。采用按期汇总申报缴纳方式的,1 年内不得改变。

3. 核定征收方法

实行核定征收印花税的,纳税期限为 1 个月,税额较小的,纳税期限可为 1 个季度,具体由主管税务机关确定。纳税人应当自纳税期满之日起 15 日内,填写国家税务总局统一制定的纳税申报表申报缴纳核定征收的印花税。

(四) 印花税票

印花税票是缴纳印花税的完税凭证,由国家税务总局负责监制。其票面金额以人民币为单位,分为壹角、贰角、伍角、壹元、贰元、伍元、拾元、伍拾元、壹佰元 9 种。

印花税票可以委托单位或个人代售,并由税务机关付给 2% 的手续费,支付来源从实征印花税款中提取。

（五）纳税贴花的其他具体规定

（1）在应税凭证书立或领受时即行贴花完税，不得延至凭证生效日期贴花。

（2）印花税票应粘贴在应纳税凭证上，并由纳税人在每枚税票的骑缝处盖戳注销或划销，严禁揭下重用。

（3）已经贴花的凭证，凡修改后所载金额增加的部分，应补贴印花。

（4）对已贴花的各类应税凭证，纳税人须按规定期限保管，不得私自销毁，以备纳税检查。

（5）凡多贴印花税票者，不得申请退税或者抵扣。

（6）纳税人对凭证不能确定是否应当纳税的，应及时携带凭证，到当地税务机关鉴别。

（7）纳税人同税务机关对凭证的性质发生争执的，应检附该凭证报请上一级税务机关核定。

（8）纳税人对纳税凭证应妥善保存。凭证的保存期限，凡国家已有明确规定的，按规定办理；其他凭证均应在履行纳税义务完毕后保存1年。

七、印花税的处罚规定

印花税法的处罚程度是任何一个税种的罚则都不能比拟的，即税负轻、罚款重。纳税人对于印花税，不可因其小而轻视。现行税法规定，纳税人有下列行为之一的，由税务机关根据情节轻重予以处罚。

1. 未贴或少贴印花税票

应纳税凭证上未贴或少贴印花税票的，税务机关除责令其补贴印花税票外，可处以应补贴印花税票金额3～5倍的罚款。

2. 未注销或者未划销印花税票

已粘贴在应纳税凭证上的印花税票未注销或者未划销的，税务机关可处以未注销或未划销印花税票金额1～3倍的罚款。

3. 已贴用的印花税票揭下重用

已贴用的印花税票揭下重用的，税务机关可处以重用印花税票金额5倍或者2 000元以上10 000元以下的罚款。

4. 伪造印花税票

伪造印花税票的，由税务机关提请司法机关依法追究刑事责任。

5. 不按规定办理并保存备查

纳税人对汇总缴纳印花税的凭证不按规定办理并保存备查的，由税务机关处以5 000元以下罚款；情节严重的，撤销其汇缴许可证。

6. 未按规定期限保存纳税凭证

纳税人未按规定期限保存纳税凭证的，由税务机关酌情处以5 000元以下的罚款。

7. 对代售户的处罚

代售户对取得的税款逾期不缴或者挪作他用，或者违反合同将所领印花税票转托他人代售或者转至其他地区销售，或者未按规定详细提供领、售印花税票情况的，税务机关可视其情节轻重，给予警告或者取消其代售资格的处罚。

税法实务

任务四　车辆购置税法律制度

一、车辆购置税的概念

车辆购置税是对在我国境内购置规定车辆的单位和个人征收的一种税,它由车辆购置附加费演变而来。就其性质而言,其属于直接税的范畴。其特点为纳税范围单一、纳税环节单一、税率单一、纳税具有特定目的。车辆购置税属于价外税,税负不发生转嫁。

二、车辆购置税的纳税人与征税对象

车辆购置税的纳税人为购置(包括购买、进口、自产、受赠、获奖或以其他方式取得并自用)应税车辆的单位和个人。所称单位,包括国有企业、集体企业、私营企业、股份制企业、外商投资企业、外国企业以及其他企业和事业单位、社会团体、国家机关、部队以及其他单位;所称个人,包括个体工商户以及其他个人。征收范围包括汽车、摩托车、电车、挂车、农用运输车。

三、车辆购置税的应税行为

车辆购置税的应税行为是指在中华人民共和国境内购置应税车辆的行为。具体来讲,这种应税行为包括以下几种情况:

(1) 购买自用行为,包括购买使用国产应税车辆和购买自用进口应税车辆。

(2) 进口自用行为,指直接进口使用应税车辆的行为。

(3) 受赠使用行为。

(4) 自产自用行为。

(5) 获奖自用行为。

(6) 其他自用行为,如拍卖、抵债、走私、罚没等方式取得并自用的应税车辆。

四、车辆购置税的税率

我国车辆购置税实行统一比例税率,税率为10%。

五、车辆购置税的计算

(一) 计税依据

1) 购买自用应税车辆,以计税价格为计税依据。

计税价格的组成为纳税人购买应税车辆而支付给销售者的全部价款和价外费用(不包括增值税税款)。

$$计税价格＝含增值税的销售价格÷(1＋增值税税率或征收率)$$

2) 进口自用应税车辆,以组成计税价格为计税依据。

$$组成计税价格＝关税完税价格＋关税＋消费税$$

3）其他自用应税车辆计税依据的确定。

纳税人自产、受赠、获奖和以其他方式取得并自用的应税车辆的计税价格，按购置该型号车辆的价格确认，不能取得购置价格的，则由主管税务机关参照国家税务总局规定相同类型应税车辆的最低计税价格核定。

4）以最低计税价格为计税依据的确定。

现行政策规定："纳税人购买自用或者进口自用应税车辆，申报的计税价格低于同类型应税车辆的最低计税价格，又无正当理由的，按照最低计税价格征收车辆购置税。"

几种特殊情形应税车辆的最低计税价格规定如下：

（1）对已缴纳车辆购置税并办理了登记注册手续的车辆，底盘（车架）发生更换，其计税按最新核发的同类型新车最低计税价格的70％计算。

（2）免税、减税条件消失的车辆，其计税依据的确定方式为：

$$计税依据＝同类型新车最低计税价格×[1－（已使用年限×10％）]×100％$$

其中，规定使用年限按10年计算；超过使用年限的车辆，计税依据为0，不再征收车辆购置税。未满1年的应税车辆计税依据为最新核发的同类型车辆最低计税价格。

（3）国家税务总局未核定最低计税价格的车辆，计税依据为已核定同类型车辆的最低计税价格。

5）进口旧车、不可抗力因素导致受损的车辆、库存超过3年的车辆、行驶8万公里以上的试验车辆、国家税务总局规定的其他车辆，凡纳税人能出具有效证明的，计税依据为纳税人提供的统一发票或有效凭证注明的计税价格。

6）对于国家授权的执法部门没收的走私车辆、被司法机关和行政执法部门依法没收并拍卖的车辆，其库存（或使用）年限超过3年或行驶里程超过8万公里的，主管税务机关依据纳税人提供的统一发票或有效证明注明的价格确定计税依据。

7）车辆购置税计税依据使用统一货币单位计量。

纳税人以外汇结算应税车辆价款的，按照申报纳税之日中国人民银行公布的人民币基准汇价，折合成人民币计算应纳税额。

（二）应纳税额的计算

车辆购置税应纳税额的计算公式如下：

$$应纳税额＝计税价格×税率$$

【案例9-5】

李某于2017年2月13日，从广州市某汽车公司购买一辆轿车供自己使用，支付车款110 000元（含增值税）。另外支付的各项费用有：临时牌照费用200元，购买工具、用具1 600元，代收保险费400元，车辆装饰费4 800元。各项款项由汽车销售公司开具发票。

要求：计算李某应缴纳的车辆购置税。

【案例分析】

$$计税价格＝（110\ 000＋200＋1\ 600＋400＋4\ 800）÷（1＋17％）＝100\ 000（元）$$
$$应缴纳的车辆购置税＝100\ 000×10％＝10\ 000（元）$$

六、车辆购置税的税收优惠

（一）车辆购置税减免的具体规定

（1）外国驻华使馆、领事馆和国际组织驻华机构及其外交人员自用车辆免税。

（2）中国人民解放军和中国人民武装警察部队列入军队武器装备订货计划的车辆免税。

（3）设有固定装置的非运输车辆免税。

（4）防汛部门和森林消防等部门购置的由指定厂家生产的指定型号的用于指挥、检查、调度、报汛(警)、联络的专用车辆免税。

（5）回国服务的留学人员用现汇购买1辆个人自用国产小汽车免税。

（6）长期来华定居专家购置1辆自用小汽车免税。

（7）三轮农用运输车免税。

（8）城市公交企业购置的公共汽电车辆免税。

（9）有国务院规定予以免税或者减税的其他情形的,按照规定免税或者减税。

（二）车辆购置税的退税

（1）公安机关车辆管理机构不予办理车辆登记注册手续的,凭生产企业或经销商开具的退车证明和退车发票、完税证明正本、公安机关车辆管理机构出具的注销车辆号牌证明办理退税手续。

（2）因质量等原因发生退回所购车辆的,凭生产企业或经销商的退货证明、退车发票、完税证明正本和副本办理退税手续。

七、车辆购置税的征收管理

1. 纳税环节

车辆购置税实行一车一申报制度,是对应税车辆的购置行为课征的,因此,征税环节选择在使用环节(即最终消费环节)。现行政策规定,纳税人应当在向公安机关等车辆管理机构办理车辆登记注册手续前,缴纳车辆购置税。即车辆购置税是在应税车辆上牌登记注册前的使用环节征收。车辆购置税选择单一环节,实行一次课征制度,购置已征车辆购置税的车辆,不再征收车辆购置税。但减税、免税条件消失的车辆,即减税、免税车辆因转让后改变用户或改制后车型、用途(或使用性质)发生变化等原因不属于免税、减税范围的,仍应按规定缴纳车辆购置税。

2. 纳税地点

纳税人购置应税车辆,应当向车辆登记注册地的主管税务机关申报纳税;购置不需办理车辆登记注册手续的应税车辆,应当向纳税人所在地的主管税务机关申报纳税。车辆登记注册地是指车辆的上牌落籍地或落户地。概括地讲,车辆购置税的纳税地点为应税车辆登记注册地(即上牌照落户地)或居住地。

3. 纳税期限

纳税人购买自用的应税车辆,自购买之日起60日内申报纳税;进口自用的应税车辆,应当自进口之日起60日内申报纳税;自产、受赠、获奖和以其他方式取得并自用应税车辆的,应当在取得之日起60日内申报纳税。

免税车辆因转让、改变用途等原因,其免税条件消失的,纳税人应在免税条件消失之日起 60 日内到主管税务机关重新申报纳税。免税车辆发生转让,但仍属于免税范围的,受让方应当自购买或取得车辆之日起 60 日内到主管税务机关重新申报免税。

车辆购置税税款应当一次缴清。

八、车辆购置税的处罚规定

税务机关发现纳税人未按规定缴纳车辆购置税的,有权责令其补缴;纳税人拒绝缴纳的,税务机关可以通知公安机关车辆管理部门暂扣纳税人的车辆牌照。

纳税人缴清税款后,主管税务机关及时通知公安机关车辆管理部门解除暂扣车辆牌照。

【知识拓展】

印花税的历史

印花税的纳税人按规定的应税比例和定额自行购买并粘贴印花税票,即完成纳税义务。证券交易印花税,是印花税的一部分,根据书立证券交易合同的金额对卖方计征,税率为 1‰。经国务院批准,财政部决定从 2008 年 9 月 19 日起,对证券交易印花税政策进行调整,由现行双边征收改为单边征收,即只对卖出方(或继承及赠与 A 股、B 股股权的出让方)征收证券(股票)交易印花税,对买入方(受让方)不再征税。税率仍保持 1‰。

印花税是一个很古老的税种,人们比较熟悉,但它的起源却鲜为人知。从税史学理论上讲,任何一种税种的出台,都离不开当时的政治与经济的需要,印花税的产生也是如此,且其间有不少趣闻。

公元 1624 年,荷兰政府发生经济危机,财政困难。当时执掌政权的统治者摩里斯(Maurs)为了解决财政需要的问题,拟提出要用增加税收的办法来解决支出的困难,但又怕人民反对,便要求政府的大臣们出谋献策。众大臣议来议去,就是想不出两全其美的妙法来。于是,荷兰的统治阶级就采用公开招标办法,以重赏来寻求新税设计方案,谋求敛财之妙策。印花税就是从千万个应征者设计的方案中精选出来的"杰作"。可见,印花税的产生较之其他税种,更具有传奇色彩。

印花税的设计者可谓独具匠心。他观察到人们在日常生活中使用契约、借贷凭证之类的单据很多,连绵不断,所以,一旦征税,税源将很多。而且,人们还有一个心理,认为凭证单据上由政府盖个印,就成为合法凭证,在诉讼时可以有法律保障,因而对缴纳印花税也乐于接受。正是这样,印花税被资产阶级经济学家誉为税负轻微、税源畅旺、手续简便、成本低廉的"良税"。英国的哥尔柏(Kolebe)说过:"税收这种技术,就是拔最多的鹅毛,听最少的鹅叫。"印花税就是这种具有"听最少鹅叫"特点的税种。

从 1624 年世界上第一次在荷兰出现印花税后,由于印花税"取微用宏",简便易行,欧美各国竞相效法。丹麦在 1660 年、法国在 1665 年、部分北美国家在 1671 年、奥地利在 1686 年、英国在 1694 年先后开征了印花税。它在不长的时间内,就成为世界上普遍采用的一个税种,在国际上盛行。

根据我国《印花税暂行条例》规定,个人买卖房地产按交易合同记载金额的 5‰ 的税率对

买卖双方征收印花税。

印花税的名称来自中国。1889年(光绪十五年)总理海军事务大臣奕劻奏请清政府开办用某种图案表示完税的税收制度。可能由于翻译原因,其被称为印花税。其后的1896年和1899年,陈璧、伍延芳分别再次提出征收印花税,并了解了多国税收章程。直到1903年,清政府才下决心正式办理,但立即遭到各省反对,只得放弃。1904年军机大臣奕劻、1907年度支部因禁止鸦片又请清政府开办税收业务并拟就《印花税规则》及《办事章税》,此次终获批准,再次决定于1908年先由直隶试办,但又遭商民反对,拖至1911年辛亥革命至清灭亡,清政府始终没能实现征收印花税之事。在此特别指出,西方各国并没有明确的印花税概念,早期提出印花税概念的是中国清政府,其另一个原因在于清政府为了简便起见,将各类税种统统纳入了印花税范畴。印花税乃是中国的发明。为了实行印花税制,清政府曾分别于1896年请英国印制了3年印花税票,1902年请日本、1908年请美国两次印制税票。由于不能实施,唯有"红印花"后被加盖成邮票,而日本、美国所印税票均没有被派上用场。

辛亥革命后,北洋政府于1912年10月正式公布了《印花税法》,并于1913年正式实施。这是中国征收印花税的起始。1913年至1949年年底,中华民国政府共印制发行了9套印花税票,地方印制29套印花税票,同时还印制了契税票、汇兑印纸、司法印纸等税票。其中有名的为"长城图""嘉禾图""孙中山像"等印花税票。在此期间,中国共产党领导的各革命根据地、解放区也印制了多种印花税票。自1938年5月晋察冀边区开始,东北、山东、华中、陕甘宁、东江等地都印制发行了印花税票。其中有的是在中华民国税票上加字;有的是由革命政府自行印制的,如"帆船""工厂""运输"等印花税票。

中华人民共和国成立后,由于税收不统一,中央政府于1950年1月30日公布了《全国税政实施要则》,于12月公布了《印花税暂行条例》,并于1951年1月公布了《印花税暂行条例施行细则》,从此统一了印花税法。在此期间,中央政府分别于1949年11月发行"旗球图"印花税票;于1952年7月发行"机器图""鸽球图"印花税票,并一直用到1958年。当年,全国施行税改,中央取消了印花税并将其并入工商统一税。1988年8月6日,中华人民共和国国务院11号令发布《中华人民共和国印花税暂行条例》,规定重新在全国统一开征印花税。是年10月1日,正式恢复征收印花税,国家税务总局监制发行了新中国第三套印花税票,图案表现了宇航、钻井、海陆空交通、炼钢、收割机、大学等,该套印花税票被称为"建设图"。2001年,中国印制发行了"社会主义现代化建设图"一套9枚的印花税票,还印制小型张一枚。2003年,中国又印制发行了恢复印花税收后的第三套印花税票"中国世界文化遗产图"一套9枚,同时印制小型张1枚、六连张1枚、小全张1枚、小本票1种,并制作了纪念册。

(资料来源:中华财会网)

 **课后练习题**

一、单项选择题

1. 纳税人所在地为市区的,城市维护建设税税率为(　　　)。

   A. 1%　　　　　　B. 5%　　　　　　C. 7%　　　　　　D. 11%

2. 根据国务院《关于教育费附加征收问题的紧急通知》的精神,教育费附加征收率为"二税"税额的(　　)。

　　A. 1%　　　　　B. 3%　　　　　C. 5%　　　　　D. 7%

3. 对新办的商贸企业(从事批发、批零兼营以及其他非零售业务的商贸企业除外),当年新招用下岗失业人员达到职工总数(　　),并与其签订1年以上期限劳动合同的,经劳动保障部门认定税务机关审核3年内免征城市维护建设税和教育费附加。

　　A. 10%以上(含10%)　　　　　B. 20%以上(含20%)

　　C. 30%以上(含30%)　　　　　D. 50%以上(含50%)

4. 对出口产品退还增值税、消费税的,(　　)已缴纳的城建税。

　　A. 不退还　　　B. 部分退还　　　C. 全退还　　　D. 先征后退

5. 对下岗失业人员从事个体经营(除建筑业、娱乐业以及广告业、桑拿、按摩、网吧、氧吧外)的,自领取税务登记证之日起,(　　)年内免征城市维护建设税和教育费附加。

　　A. 5　　　　　B. 3　　　　　C. 2　　　　　D. 1

6. 合同及证照中,应缴纳印花税的是(　　)。

　　A. 法律顾问合同　　　　　　　　B. 审计咨询合同

　　C. 贴息贷款合同　　　　　　　　D. 发电厂与电网订立的购电合同

7. 甲运输公司2016年12月与某律师事务所签订一份法律咨询合同,合同约定咨询费金额共计100万元,另外作为承运方签订一份运输合同,总金额400万元,甲公司随后将其中的100万元运输业务转包给另一单位,并签订相关合同。该公司当月应缴纳印花税(　　)元。

　　A. 1 500　　　B. 1 800　　　C. 2 500　　　D. 3 000

8. 关于印花税的计税依据,下列表述中,正确的是(　　)。

　　A. 货物运输合同以运输费用和装卸费用总额为计税依据

　　B. 建筑安装工程承包后又转包的,以承包总额扣除转包金额后为计税依据

　　C. 以物易物方式进行商品交易签订的合同,以购销合计金额为计税依据

　　D. 由委托方提供主要材料的加工合同,以加工费和主要材料金额合计为计税依据

9. 下列关于车辆购置税的说法中,正确的是(　　)。

　　A. 外国公民在境内购置汽车,免征车辆购置税

　　B. 已税车辆更换变速箱,不需要重新办理车辆购置税纳税申报

　　C. 纳税人购买四轮农用运输车,免征车辆购置税

　　D. 参加比赛获奖所得的汽车,不需要缴纳车辆购置税

10. 2016年8月,王某在某房产公司举办的有奖购房活动中中奖获得1辆小汽车,房产公司提供的机动车销售统一发票上注明价税合计金额为80 000元。国家税务总局核定该型车辆的车辆购置税最低计税价格为73 000元。王某应纳车辆购置税(　　)元。

　　A. 7 300　　　B. 6 837.61　　　C. 6 239.32　　　D. 8 000

二、多项选择题

1. 城建税以纳税人实际缴纳的(　　)税额为计税依据。

　　A. 增值税　　　B. 消费税　　　C. 关税　　　D. 企业所得税

2. 2010 年 12 月 1 日起,(　　)及外籍个人开始征收城市维护建设税。

    A. 外商投资企业   B. 外国企业   C. 外籍个人   D. 国有企业

3. 城建税税款专门用于城市的(　　)维护建设。

    A. 企业内部环境   B. 企业外部环境

    C. 公用事业   D. 公共设施

4. 对增值税、消费税实行(　　)办法的,除另有规定外,对随"二税"附征的城市维护建设税和教育费附加,一律不予退(返)还。

    A. 即征即退   B. 即征即返   C. 先征后返   D. 先征后退

5. 城市维护建设税的纳税人是在征税范围内从事工商经营,并缴纳增值税、消费税的单位和个人,包括(　　)等。

    A. 国有企业   B. 私营企业

    C. 行政单位   D. 个体工商户

6. 下列合同和书据,应按"产权转移书据"税目征收印花税的有(　　)。

    A. 商品房销售合同

    B. 土地使用权出让合同

    C. 土地使用权转让合同

    D. 个人无偿赠与书立的产权转移书据

7. 下列关于征收印花税的说法中,正确的有(　　)。

    A. 印花税应当在书立或领受时贴花

    B. 企业因改制签订的产权转移书据应缴纳印花税

    C. 印花税票应贴在应纳税凭证上,由纳税人注销或划销

    D. 税务机关可以委托单位或个人代售印花税票,按代售金额 5% 的比例支付代售手续费

8. 购买下列车辆,应计算缴纳车辆购置税的有(　　)。

    A. 出租车   B. 救护车

    C. 摩托车   D. 国际组织驻华机构自用车辆

9. 纳税人已经缴纳车辆购置税,在办理车辆登记注册手续前,可以申请退还车辆购置税的有(　　)。

    A. 被盗的车辆

    B. 因设计制造缺陷召回的车辆

    C. 因质量原因退回的车辆

    D. 公安机关车辆管理机构不予办理登记注册手续的车辆

10. 下列属于车辆购置税的应税行为的有(　　)。

    A. 购买自用   B. 受赠使用

    C. 自产自用   D. 获奖自用

三、判断题

1. 教育费附加以纳税人应缴纳的增值税、消费税税额为计算依据。   (　　)

2. 海关对进口产品代征增值税、消费税的,征收城市维护建设税。   (　　)

3. 纳税人在被查补"二税"和被处以罚款时,应同时对其偷漏的城建税进行补税、征收滞纳金和罚款。　　　　　　　　　　　　　　　　　　　　　　　　　（　　）

4. 城建税纳税人实际缴纳的增值税、消费税税额的地点,就是该纳税人缴纳城建税的地点。　　　　　　　　　　　　　　　　　　　　　　　　　　　　　（　　）

5. 城建税属于资源税,是国家为加强城市的维护建设,扩大和稳定城市维护建设资金的来源而采取的一项税收措施。　　　　　　　　　　　　　　　　　　　（　　）

6. 由两方或两方以上当事人共同书立应税凭证的,其当事人各方都是印花税的纳税人,应各就其所持凭证的计税金额履行纳税义务。　　　　　　　　　　　　（　　）

7. 印花税在合同兑现时,应计税贴花。　　　　　　　　　　　　　　　（　　）

8. 已经缴纳印花税的凭证副本或者抄本也应计税贴花。　　　　　　　　（　　）

9. 车辆购置税的应税行为是指在中华人民共和国境内外购置应税车辆的行为。（　　）

10. 城市公交企业购置的公共汽电车辆,免征车辆购置税。　　　　　　　（　　）

四、计算题

1. 某县城一企业2016年12月份应缴纳增值税38 000元,应缴纳消费税23 000元。实际缴纳增值税35 000元,实际缴纳消费税20 000元。

要求:计算该企业应缴纳的城市维护建设税及教育费附加。

2. 某城市一企业2016年12月份实际缴纳进口环节增值税15 800元、消费税13 500元、关税16 500元;境内销售商品实际缴纳增值税48 000元,实际缴纳消费税35 000元。

要求:计算该企业应缴纳的城市维护建设税及教育费附加。

3. 某公司作为受托方签订甲、乙两份加工承揽合同。甲合同约定:由委托方提供主要材料(金额300万元),受托方只提供辅助材料(金额20万元),受托方另收取加工费50万元;乙合同约定:由受托方提供主要材料(金额200万元)并收取加工费40万元。

要求:计算该公司签订的上述合同应缴纳的印花税。

五、综合实训题

1. 某汽车修配厂与机械进出口公司签订购买价值为2 000万元的测试设备合同,为购买此设备与工商银行签订借款2 000万元的借款合同。后因故购销合同作废,改签融资租赁合同,租赁费1 000万元。

要求:计算该厂签订的上述合同应缴纳的印花税。

2. 甲公司2015年8月开业,实收资本6 000万元。2016年增加资本公积200万元,3月份与乙公司签订受托加工合同,约定由甲公司提供原材料100万元,并向乙公司收取加工费20万元;5月份与丙公司签订技术开发合同记载金额100万元。

要求:计算甲公司2016年应缴纳的印花税。

3. 张某2016年9月8日从上海大众汽车有限公司购买1辆桑塔纳轿车供自己使用,支付车价款106 000元(含增值税),另支付代收临时牌照费150元,代收保险费352元,支付购买工具和零配件价款2 035元,车辆装饰费250元。支付的各项价费均由上海大众汽车有限公司开具机动车销售统一发票和有关票据。

要求:计算张某应缴纳的车辆购置税。

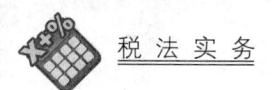

4. 某部队在更新武器装备过程中,将设有雷达装置的东风 EQ5092TLD 雷达车进行更换,该车使用年限为 10 年,已使用 4 年,属列入军队武器装备计划的免税车辆,部队更换车辆时将雷达装备拆除,并将其改制为后勤用车。由于只改变车厢及某些部件,经审核,该车发动机、底盘、车身和电气设备四大组成部分的性能技术数据与东风 EQ1092F F202 型 5 吨汽车的性能数据相近。东风 EQ1092F F202 型 5 吨汽车核定的最低计税价格为 56 000 元。

要求:计算改制的这辆汽车应纳的车辆购置税税额。

项目十　税收征收管理法

 **学习目标**

1. 知识目标

- 掌握税务登记,账簿、凭证管理,纳税申报的内容
- 掌握税款征收的原则、征收方式、征收制度
- 掌握税务检查的形式、方法
- 掌握税务行政复议与税务行政诉讼的概念及特点、受案范围与管辖、程序等内容

2. 能力目标

- 能熟练运用税收征收管理法规分析和解决实际税款征收管理过程中的涉税问题
- 能熟练进行税务登记及纳税申报工作

【导入案例】

　　李先生听说国家出台了新规定,下岗职工从事个体经营可以免税,于是失业多时的他就筹钱开了家饭馆,但他只办理了工商营业登记执照,没有办理税务登记便开始挂牌营业。

　　经营半年后,税局的人找上门来,给了他一张1 000元的罚单,并根据他平均每月2万元的营业额责令补缴税款及滞纳金,限期办理税务登记。李先生大为不满,他认为自己可以享受国家免税照顾,不用办理税务登记。经过税务人员的耐心解说。他才缴纳了有关款项,办理了税务登记。

　　请问李先生做错了什么才会导致被处罚呢? 处罚的依据又是什么?

任务一　税收征收管理法概述

一、税收征管法概念

　　为了加强税收征收管理,规范税收征收和缴纳行为,保障国家税收收入,保护纳税人的合法权益,促进经济和社会发展,制定了税收征收管理法。在我国的《税收征管法》中,围绕保障国家的税收收入,主要规定了税务管理制度、税收征收制度和税收征收保障制度,并配套相应的法律责任。

二、税收征收管理法的适用范围

《征管法》第二条规定:"凡依法由税务机关征收的各种税收的征收管理,均适用本法。"这就明确界定了《征管法》的适用范围。《征管法》只适用于由税务机关征收的各种税收的征收管理。具体适用增值税、消费税、资源税、企业所得税、个人所得税、城镇土地使用税、土地增值税、房产税、车船税、车辆购置税、印花税、城市维护建设税等征收管理。

农税征收机关负责征收的耕地占用税、契税的征收管理,由国务院另行规定;海关征收的关税及代征的增值税、消费税,适用其他法律、法规的规定。目前还有一部分费由税务机关征收,如教育费附加。这些费不适用《征管法》,不能采取《征管法》规定的措施,其具体管理办法由各种费的条例和规章决定。

三、税收征收管理法的主体

(一)税务行政主体——税务机关

《征管法》和《细则》规定:"税务机关是指各级税务局、税务分局、税务所和省以下税务局的稽查局。稽查局专司偷税、逃避追缴欠税、骗税、抗税案件的查处。国家税务总局应明确划分税务局和稽查局的职责,避免职责交叉。"

(二)税务行政管理相对人——纳税人、扣缴义务人和其他有关单位

《征管法》第四条规定:"法律、行政法规规定负有纳税义务的单位和个人为纳税人。法律、行政法规规定负有代扣代缴、代收代缴税款义务的单位和个人为扣缴义务人。纳税人、扣缴义务人必须依照法律、行政法规的规定缴纳税款、代扣代缴、代收代缴税款。"《征管法》第六条第二款规定:"纳税人、扣缴义务人和其他有关单位应当按照国家有关规定如实向税务机关提供与纳税和代扣代缴、代收代缴税款有关的信息。"根据上述规定,纳税人、扣缴义务人和其他有关单位是税务行政管理的相对人,是《征管法》的遵守主体,必须按照《征管法》的有关规定接受税务管理,享受合法权益。

(三)有关单位和部门

《征管法》第五条规定:"地方各级人民政府应当依法加强对本行政区域内税收管理工作的领导或者协调,支持税务机关依法执行职务,依照法定税率计算税额,依法征收税款。各有关部门和单位应当支持、协助税务机关依法执行职务。"这说明包括地方各级人民政府在内的有关单位和部门同样是《征管法》的遵守主体,必须遵守《征管法》的有关规定。

任务二　税务管理

一、税务登记管理

税务登记是税务机关对纳税人的生产、经营活动进行登记并据此对纳税人实施税务管理的一种法定制度。税务登记又称纳税登记,它是税务机关对纳税人实施税收管理的首要环节和基础工作,是征纳双方法律关系成立的依据和证明,也是纳税人必须依法履行的

义务。

我国税务登记制度大体包括以下内容。

（一）开业税务登记

1. 开业税务登记的对象

根据有关规定,开业税务登记的纳税人分为以下两类:①领取营业执照从事生产、经营的纳税人。包括国有、集体、私营企业,中外合资合作企业、外商独资企业,以及各种联营、联合、股份制企业等;企业在外地设立的分支机构和从事生产、经营的场所;个体工商户;从事生产、经营的事业单位。②其他纳税人。

根据有关法规规定,不从事生产、经营,但依照法律、法规的规定负有纳税义务的单位和个人,除临时取得应税收入或发生应税行为以及只缴纳个人所得税、车船税的以外,都应按规定向税务机关办理税务登记。

2. 开业税务登记的时间和地点

（1）从事生产、经营的纳税人,应当自领取营业执照之日起 30 日内,向生产、经营地或者纳税义务发生地的主管税务机关申报办理税务登记,如实填写税务登记表并按照税务机关的要求提供有关证件、资料。

（2）除上述以外的其他纳税人,除国家机关、个人和无固定生产、经营场所的流动性农村小商贩外,应当自纳税义务发生之日起 30 日内,持有关证件向纳税义务发生地主管税务机关申报办理税务登记。

以下几种情况需要申报办理临时登记:①有独立的生产经营权、在财务上独立核算并定期向发包人或者出租人上缴承包费或租金的承包人或承租人,应当自承包承租合同签订之日起 30 日内,向其承包承租业务发生地税务机关申报办理税务登记,税务机关核发临时税务登记证及副本;②境外企业在中国境内承包建筑、安装、装配、勘探工程和提供劳务的,应当自项目合同或协议签订之日起 30 日内,向项目所在地税务机关申报办理税务登记,税务机关核发临时税务登记证及副本;③从事生产经营的纳税人未办理工商营业执照也未经有关部门批准设立的,应当自纳税义务发生之日起 30 日内,向纳税义务发生地的主管税务机关申报办理税务登记,税务机关核发临时税务登记证及副本;④从事生产、经营的纳税人外出经营,在同一地连续 12 个月内累计超过 180 天的纳税人的法定代表人或经营者申请办理新的税务登记的应当自期满之日起 30 日内,向生产经营所在地税务机关申报办理税务登记,税务机关核发临时税务登记证及副本。

根据《国务院办公厅关于加快推进"五证合一、一照一码"登记制度改革的通知》,在全面实施工商营业执照、组织机构代码证和税务登记证"三证合一"登记制度改革的基础上,再整合社会保险登记证和统计登记证,从 2016 年 10 月 1 日起正式实施"五证合一、一照一码"制度。"五证合一"全面实行"一套材料、一表登记、一窗受理"的工作模式。申请人办理企业注册登记时只需向一个窗口提交一张表格一套材料,登记部门直接核发加载统一社会信用代码的营业执照,相关信息在全国企业信用信息公示系统公示,并归集至全国信用信息共享平台。企业不再另行办理社会保险登记证和统计登记证。新设立企业、个体工商户、农民专业合作社(以下统称"企业")领取由工商行政管理部门核发、加载法人和其他组织统一社会信

用代码的营业执照后,无须再次进行税务登记,不再领取税务登记证。登记机关将企业基本登记信息及变更、注销等信息及时传输到信息共享平台;暂不具备联网共享条件的,由登记机关限时提供上述信息。企业办理涉税事宜时,凭加载统一社会信用代码的营业执照代替税务登记证使用。

如前例,李先生未进行开业税务登记,遇到这种情况,税务机关除责令限期改正外,可以处以 2 000 元以下的罚款;情节严重的处以 2 000 以上 1 万元以下的罚款。

【案例10-1】 未办税务登记,税收优惠泡汤

2015 年 3 月,某市国税局稽查局在集贸市场专项检查中发现,下岗职工陈某开办了一个农机产品经销点,经营范围主要是农机产品。2014 年 11 月,他仅办理了工商营业执照,没有办理税务登记便开始挂牌营业。对此,市国税局稽查局认为,该纳税人不符合享受国家免征增值税的条件,于是作出了行政处理决定,对陈某下达了《核定应纳税款通知书》,责令其补缴自开业以来应纳的增值税 1 300 元,并处罚款 700 元。陈某对此不服,认为农机产品是农业生产资料,可以享受国家免税照顾,所以他没有办理税务登记,更没有去税务机关申报纳税。当地主管国税分局也认为,农机产品是农业生产资料,在商品流通环节一概不纳增值税,所以也一直没有过问此事。陈某于 2015 年 7 月 8 日按规定缴清了全部税款、滞纳金和罚款,随后向市国税局申请复议,要求市国税局撤销稽查局作出的补缴税款、滞纳金及行政处罚的处理决定。

市国税局经过审查,认为稽查局作出的具体行政行为认定事实清楚、证据确凿、适用法律法规正确、程序合法、内容适当,于是作出了税务行政复议决定,对陈某下达了《税务行政复议决定书》,维持市国税局稽查局作出的税务处理决定。

要求:请根据相关税收规定,分析说明税务处理决定是否正确。

【案例分析】

本案中,稽查局、纳税人和复议机关对纳税人经营的农机产品是否免征增值税均没有提出异议,矛盾的焦点是纳税人陈某是否具备享受免税的条件,有没有资格享受国家规定的免税优惠。虽然,根据财政部、国家税务总局的有关规定,对饲料、农膜、化肥、农药、农机、种子、种苗等农业生产资料免征增值税,但《税收征收管理法》第三十七条规定,对未按照规定办理税务登记的从事生产、经营的纳税人以及临时从事经营的纳税人,由税务机关核定其应纳税额,责令缴纳;不缴纳的,税务机关可以扣押其价值相当于应纳税款的商品、货物。扣押后缴纳应纳税款的,税务机关必须立即解除扣押,并归还所扣押的商品、货物;扣押后仍不缴纳应纳税款的,经县以上税务局(分局)局长批准,依法拍卖或者变卖所扣押的商品、货物,以拍卖或者变卖所得抵缴税款。

依上述法律规定,依法办理税务登记是从事生产经营的纳税人应尽的义务。所以不管纳税人经营的是免税商品还是应税商品,不按规定期限办理税务登记就是一种违反税收法规的行为。作为纳税人,首先要依法办理税务登记,并向当地主管国税机关提出书面免税申请,领取并填写《纳税人减免税申请审批表》一式三份;其次应提供营业执照和税务登记证副本及复印件、居民身份证及复印件,以及主管国税机关要求提供的其他资料;最后由县以上

国税机关进行审批。对于符合条件的,由主管国税机关对其下达减免税批准通知书,纳税人收到通知书后才可以享受减免税政策优惠;对于不符合减免税条件的纳税人,主管税务机关对其下达不予减免税通知书,纳税人应按规定依法向税务机关申报缴纳税款。

综上所述,纳税人陈某由于未按照规定期限办理税务登记,没有依法履行减免税审批手续,丧失了国家规定的减免税优惠政策的条件,本应该享受优惠政策而没有享受到。

3. 开业税务登记的内容

开业税务登记的内容包括:①单位名称、法定代表人或业主姓名及其居民身份证、护照或者其他证明身份的合法证件;②住所、经营地点;③登记注册类型及所属主管单位;④核算方式;⑤行业、经营范围、经营方式;⑥注册资金(资本)、投资总额、开户银行及账号;⑦经营期限、从业人数、营业执照号码;⑧财务负责人、办税人员;⑨其他有关事项。

企业在外地的分支机构或者从事生产、经营的场所,还应当登记总机构名称、地址、法人代表、主要业务范围、财务负责人。

4. 税务登记证件的发放与使用

纳税人提交的证件和资料齐全且税务登记表的填写内容符合规定的,税务机关应及时发放税务登记证件。国家税务局、地方税务局联合办理税务登记的,应当对同一纳税人核发同一份加盖国家税务局、地方税务局印章的税务登记证件。

除按照规定不需要发给税务登记证件的外,纳税人办理下列事项时,必须持税务登记证件:①开立银行账户;②申请减税、免税、退税;③申请办理延期申报、延期缴纳税款;④领购发票;⑤申请开具外出经营活动税收管理证明;⑥办理停业、歇业;⑦其他有关税务事项。

遗失税务登记证件的纳税人、扣缴义务人,应当自遗失之日起 15 日内书面报告主管税务机关,如实填写《税务证件挂失报告表》,并将纳税人名称、税务登记证件名称、税务登记证件号码、税务登记证件发证日期、发证机关名称在市级以上公开发行的报刊上作遗失声明,凭报刊上刊登的遗失声明向税务机关申请补办税务登记证件。

(二) 变更、注销税务登记

从事生产、经营的纳税人,税务登记内容发生变化的,自工商行政管理机关办理变更登记之日起 30 日内或者在向工商行政管理机关申请办理注销登记之前,持有关证件向税务机关申报办理变更或者注销税务登记。

1. 变更税务登记的范围及时间要求

纳税人办理税务登记后,如发生下列情形之一,应当办理变更税务登记:发生改变名称、改变法定代表人、改变经济性质或经济类型、改变住所和经营地点(不涉及主管税务机关变动的)、改变生产经营或经营方式、增减注册资金(资本)、改变隶属关系、改变生产经营期限、改变或增减银行账号、改变生产经营权属以及改变其他税务登记内容的。

纳税人税务登记内容发生变化的,应当自工商行政管理机关或者其他机关办理变更登记之日起 30 日内,持有关证件向原税务登记机关申报办理变更税务登记。纳税人税务登记内容发生变化,不需要到工商行政管理机关或者其他机关办理变更登记的,应当自发生变化之日起 30 日内,持有关证件向原税务登记机关申报办理变更税务登记。

2. 注销税务登记的方法

纳税人办理注销税务登记时,应向原税务登记机关领取《注销税务登记申请审批表》,如实填写注销登记事项的内容及原因,并提供有关证件、资料。内容包括:注销税务登记申请书;主管部门批文或董事会、职代会的决议及其他有关证明文件;营业执照被吊销的应提交工商机关发放的注销决定;主管税务机关原发放的税务登记证件(《税务登记证》正、副本及登记表等);其他有关资料。

此外,纳税人因住所、经营地变动涉及改变税务登记机关的,向原主管税务机关提出办理迁出,并在领取迁出地税务机关出具的《税务事项通知书》30 日内向迁入地税务机关申报办理税务登记。

(三)停业、复业登记

实行定期定额征收方式的纳税人,在营业执照核准的经营期限内需要停业的,应当向税务机关提出停业登记,说明停业的理由、时间、停业前的纳税情况和发票的领、用、存情况,并如实填写申请停业登记表。纳税人停业期间发生纳税义务,应当及时向主管税务机关申报,依法补缴应纳税款。纳税人应当于恢复生产、经营之前,向税务机关提出复业登记申请,经确认后,办理复业登记,领回或启用税务登记证件、发票领购簿和领购的发票,纳入正常管理。

纳税人停业期满不能及时恢复生产、经营的,应当在停业期满前向税务机关提出延长停业登记。纳税人停业期满未按期复业又不申请延长停业的,税务机关应当视为已恢复营业,实施正常的税收征收管理。

(四)外出经营报验登记

纳税人到外县(市)临时从事生产经营活动的,应当在外出生产经营以前,持税务登记证向主管税务机关申请开具《外出经营活动税收管理证明》(以下简称《外管证》)。税务机关按照一地一证的原则,核发《外管证》,《外管证》的有效期限一般为 30 日,最长不得超过 180 天。

纳税人应当在《外管证》注明地进行生产经营前向当地税务机关报验登记,并提交税务登记证件副本。纳税人在《外管证》注明地销售货物的,还应如实填写《外出经营货物报验单》,申报查验货物。

纳税人外出经营活动结束,应当向经营地税务机关填报《外出经营活动情况申报表》,并结清税款、缴销发票。纳税人应当在《外管证》有效期届满后 10 日内,持《外管证》回原税务登记地税务机关办理《外管证》缴销手续。

二、账簿、凭证、发票管理制度

账簿是指总账、明细账、日记账以及其他辅助性账簿,它是连续地记录和反映纳税人、扣缴义务人的各种经济往来业务的簿籍。账簿管理是继税务登记之后税收征管的又一重要环节,在税收征管中占有十分重要的地位。

(一)账簿、凭证管理

1. 账簿、凭证的设置、使用和保管

根据有关规定,所有的纳税人和扣缴义务人都必须按照有关法律、行政法规和国务院财

政、税务主管部门的规定设置账簿。从事生产、经营的纳税人应当自领取营业执照或者发生纳税义务之日起 15 日内设置账簿。扣缴义务人应当自税收法律、行政法规规定的扣缴义务发生之日起 10 日内,按照所代扣、代收的税种,分别设置代扣代缴、代收代缴税款账簿。生产、经营规模小又确无建账能力的纳税人,可以聘请经批准从事会计代理记账业务的专业机构或者经税务机关认可的财会人员代为建账和办理账务;聘请上述机构或者人员有实际困难的,经县以上税务机关批准,可以按照税务机关的规定,建立收支凭证粘贴簿、进货销货登记簿或者使用税控装置。

所有纳税人和扣缴义务人都必须根据合法、有效的凭证进行账务处理,保证会计资料的完整性、真实性,不得伪造、变造或者擅自损毁。账簿、会计凭证和报表应当使用中文。民族自治地方可以同时使用当地通用的一种民族文字。外商投资企业和外国企业可以同时使用一种外国文字。

除另有规定者外,账簿、记账凭证、报表、完税凭证、发票、出口凭证以及其他有关涉税资料应当保存 10 年。

2. 财务会计制度的备案

根据《税收征收管理法》第二十条和《税收征收管理法实施细则》第二十四条的有关规定,凡从事生产、经营的纳税人必须将所采用的财务、会计制度和具体的财务、会计处理办法,按税务机关的规定,自领取税务登记证件之日起 15 日内,及时报送主管税务机关备案。纳税人使用计算机记账的,应当在使用前将会计电算化系统的会计核算软件、使用说明书及有关资料报送主管税务机关备案。纳税人建立的会计电算化系统应当符合国家有关规定,并能正确、完整地核算其收入或者所得。

(二) 发票管理制度

《税收征收管理法》第二十一条规定:"税务机关是发票的主管机关,负责发票的印制、领购、开具、取得、保管、缴销的管理和监督。单位、个人在购销商品、提供或者接受经营服务以及从事其他经营活动中,应当按照规定开具、使用、取得发票。"

1. 发票的印刷制度

在发票管理体制方面,国家税务总局统一负责全国发票管理工作,省、自治区、直辖市的国家税务局、地方税务局依据各自的职责,共同做好本行政区域内的发票管理工作。这种发票管理体制决定了对发票印刷的管理。

在我国,增值税专用发票由国务院税务主管部门指定的企业印制;其他发票,按照国务院税务主管部门的规定,分别由省、自治区、直辖市国家税务局、地方税务局指定企业印制。未经规定的税务机关指定,不得印制发票。严禁伪造、变造发票。

2. 发票领购管理

依法办理税务登记的单位和个人,在领取税务登记证后,向主管税务机关申请领购发票。对无固定经营场地或者财务制度不健全的纳税人申请领购发票,主管税务机关有权要求其提供担保人,不能提供担保人的,可以视其情况,要求其缴纳保证金,并限期缴销发票。对发票保证金应设专户储存,不得挪作他用。纳税人可以根据自己的需要申请领购普通发票。增值税专用发票只限于增值税一般纳税人领购使用。

3. 发票开具、使用、取得的管理

增值税专用发票开具、使用、取得的管理,按增值税有关规定办理。普通发票开具、使用、取得的管理,应注意以下几点:销货方按规定填开发票;购买方按规定索取发票;纳税人进行电子商务必须开具或取得发票;发票要全联一次填写;发票不得跨省、直辖市、自治区使用;开具发票要加盖财务印章或发票专用章;开具发票后,如发生销货退回需开红字发票的,必须收回原发票并注明"作废"字样或取得对方有效证明;发生销售折让的,在收回原发票并证明"作废"后,重新开具发票。

4. 发票保管管理

根据发票管理的要求,发票保管分为税务机关保管和用票单位、个人保管两个层次,两个层次都必须建立严格的发票保管制度,包括专人保管制度、专库保管制度、专账登记制度、保管交接制度和定期盘点制度。

(三)税控管理制度

税控管理是税收征收管理的一个重要组成部分。它是指税务机关利用税控装置对纳税人的生产经营情况进行监督和管理,以保障国家税收收入,防止税款流失,提高税收征管工作效率,降低征收成本的各项活动的总称。

《税收征收管理法》第二十三条规定:"国家根据税收征收管理的需要,积极推广使用税控装置。纳税人应当按照规定安装、使用税控装置,不得损毁或者擅自改变税控装置。"

三、纳税申报管理制度

根据《税收征收管理法》第二十五条的规定,纳税申报的对象为纳税人和扣缴义务人。纳税人、扣缴义务人必须依照法律、行政法规规定或税务机关依照法律、行政法规的规定确定的申报期限、申报内容,如实办理纳税申报。有纳税义务、代扣代收税款义务的单位和个人,无论本期有无应纳、应缴税款,都应按规定的期限如实向主管税务机关办理纳税申报。纳税人在纳税期内没有应纳税款的,也应当按照规定办理纳税申报。纳税人享受减税、免税待遇的,在减税、免税期间应当按照规定办理纳税申报。

纳税人、扣缴义务人可以直接到税务机关办理纳税申报,或者报送代扣代缴、代收代缴税款报告表,也可以按照规定采取邮寄、数据电文或者其他方式办理上述申报、报送事项。目前,纳税申报的形式主要有直接申报、邮寄申报、数据电文。此外,实行定期定额缴纳税款的纳税人,可以实行简易申报、简并征期等申报纳税方式。

任务三 税款征收与税务检查

税款征收是指征税机关依法将纳税人应纳的税款收缴入库的各类活动的总称。税款征收是税收征收管理工作中的中心环节,是全部税收征管工作的目的和归宿,在整个税收工作中占据着极其重要的地位。我国税款征收主体包括税务机关和海关。

一、税款征收的优先原则

《税收征收管理法》第四十五条规定,第一次在税收法律上确定了税款优先的地位,确定了税款征收在纳税人支付各种款项和偿还债务时的顺序。

1. 税收优先于无担保债权

这里所说的税收优先于无担保债权是有条件的,也就是说,并不是优先于所有的无担保债权,对于法律上另有规定的无担保债权,不能行使税收优先权。

2. 纳税人发生欠税在前的,税收优先于抵押权、质权和留置权的执行

这里有两个前提条件:其一,纳税人有欠税;其二,欠税发生在前。即纳税人的欠税发生在以其财产设定抵押、质押或被留置之前。纳税人在有欠税的情况下设置抵押权、质权、留置权时,纳税人应当向抵押权人、质权人说明其欠税情况。

3. 税收优先于罚款、没收非法所得

纳税人欠缴税款,同时又被税务机关决定处以罚款、没收非法所得的,税收优先于罚款、没收非法所得。纳税人欠缴税款,同时又被税务机关以外的其他行政部门处以罚款、没收非法所得的,税款优先于罚款、没收非法所得。

二、税款征收的方式

税款征收方式是指税务机关依照税法规定和纳税人生产经营、财务管理情况,以及方便纳税人、降低成本和保证国家税款及时足额入库的原则,而采取的具体组织税款入库的方法。税款征收方式主要有以下几种。

1. 查账征收

查账征收是指纳税人在规定的期限内根据自己的财务报表或经营成果,向税务机关申报应税收入或应税所得及纳税额,并向税务机关报送有关账册和资料,经税务机关审查核实后,填写纳税缴款书,由纳税人到指定的银行缴纳税款的一种征收方式。

2. 查定征收

查定征收是指税务机关根据纳税人的从业人员、生产设备、采用原材料等因素,对其应税产品查实核定产量、销售额并据以征收税款的方式。

3. 查验征收

查验征收是指税务机关对纳税人应税商品,通过查验数量,按市场一般销售单价计算其销售收入并据以征税的方式。

4. 定期定额征收

定期定额征收是指对一些营业额、所得额不能准确计算的小型工商户经自报评议,由税务机关核定一定时期的营业额和所得税附征率,实行多税种合并征收的一种征收方法。

5. 委托代征税款

委托代征税款是指税务机关委托代征人以税务机关的名义征收税款,并将税款缴入国库的方式。

6. 邮寄纳税

邮寄纳税方式主要适用于那些有能力按期纳税,但采用其他方式纳税又不方便的纳税人。

7. 其他方式

如利用网络申报、用 IC 卡纳税等方式。

三、税款征收制度

(一)代扣代缴、代收代缴税款制度

对法律、行政法规没有规定负有代扣、代收税款义务的单位和个人,税务机关不得要求其履行代扣、代收税款义务。税法规定的扣缴义务人必须依法履行代扣、代收税款义务。如果不履行义务,就要承担法律责任。除按《税收征收管理法》及其实施细则的规定给予处罚外,应当责成扣缴义务人限期将应扣未扣、应收未收的税款补扣或补收。扣缴义务人依法履行代扣、代收税款义务时,纳税人不得拒绝。纳税人拒绝的,扣缴义务人应及时报告主管税务机关处理。不及时向主管税务机关报告的,扣缴义务人应承担应扣未扣、应收未收税款的责任。

(二)延期缴纳税款制度

纳税人和扣缴义务人必须在税法规定的期限内缴纳、解缴税款。但考虑到纳税人在履行纳税义务的过程中,可能会遇到特殊困难的客观情况,为了保护纳税人的合法权益,《税收征收管理法》第三十一条第二款规定:"纳税人因有特殊困难,不能按期缴纳税款的,经省、自治区、直辖市国家税务局、地方税务局批准,可以延期缴纳税款,但最长不得超过3个月。"

特殊困难的主要内容包括:一是因不可抗力,纳税人发生较大损失,正常生产经营活动受到较大影响的;二是当期货币资金在扣除应付职工工资、社会保险费后,不足以缴纳税款的。

纳税人应在规定期限内提出书面申请,并报送相关材料。税款的延期缴纳,必须经省、自治区、直辖市国家税务局、地方税务局批准,方为有效。延期期限最长不得超过3个月,同一笔税款不得滚动审批。批准延期内免予加收滞纳金。

(三)税收滞纳金征收制度

《税收征收管理法》第三十二条规定:纳税人未按照规定期限缴纳税款的,扣缴义务人未按照规定期限解缴税款的,税务机关除责令限期缴纳外,从滞纳税款之日起,按日加收滞纳税款 5‰的滞纳金。

(四)减免税收制度

减免税的申请须经法律、行政法规规定的减税、免税审查批准机关审批。纳税人在享受减免税待遇期间,仍应按规定办理纳税申报。纳税人享受减税、免税的条件发生变化时,应当自发生变化之日起 15 日内向税务机关报告,经税务机关审核后,停止其减税、免税;对不报告的,又不再符合减税、免税条件的,税务机关有权追回已减免的税款。减税、免税期满,纳税人应当自期满次日起恢复纳税。纳税人同时从事减免项目与非减免项目的,应分别核

算,独立计算减免项目的计税依据以及减免税额度。不能分别核算的,不能享受减免税;核算不清的,由税务机关按合理方法核定。

（五）税额核定和税收调整制度

1. 税额核定制度

根据《税收征收管理法》第三十五条的规定,纳税人（包括单位纳税人和个人纳税人）有下列情形之一的,税务机关有权核定其应纳税额:

（1）依照法律、行政法规的规定可以不设置账簿的。

（2）依照法律、行政法规的规定应当设置但未设置账簿的。

（3）擅自销毁账簿或者拒不提供纳税资料的。

（4）虽设置账簿,但账目混乱或者成本资料、收入凭证、费用凭证残缺不全,难以查账的。

（5）发生纳税义务,未按照规定的期限办理纳税申报,经税务机关责令限期申报,逾期仍不申报的。

（6）纳税人申报的计税依据明显偏低,又无正当理由的。

目前税务机关核定税额的方法主要有以下四种:

• 参照当地同类行业或者类似行业中,经营规模和收入水平相近的纳税人的收入额和利润率核定。

• 按照成本加合理费用和利润的方法核定。

• 按照耗用的原材料、燃料、动力等推算或者测算核定。

• 按照其他合理的方法核定。

采用以上一种方法不足以正确核定应纳税额时,可以同时采用两种以上的方法核定。

2. 税收调整制度

税收调整制度是指关联企业的税收调整制度。《税收征收管理法》第三十六条规定:"企业或者外国企业在中国境内设立的从事生产、经营的机构、场所与其关联企业之间的业务往来,应当按照独立企业之间的业务往来收取或者支付价款、费用;不按照独立企业之间的业务往来收取或者支付价款、费用,而减少其应纳税的收入或者所得额的,税务机关有权进行合理调整。"

纳税人与其关联企业未按照独立企业之间的业务往来支付价款、费用的,税务机关自该业务往来发生的纳税年度起3年内进行调整;有特殊情况的,可以自该业务往来发生的纳税年度起10年内进行调整。

（六）税收保全措施

《税收征收管理法》第三十八条规定:税务机关有根据认为从事生产、经营的纳税人有逃避纳税义务行为的,可以在规定的纳税期之前,责令限期缴纳税款;在限期内发现纳税人有明显的转移、隐匿其应纳税的商品、货物以及其他财产迹象的,税务机关应责令其提供纳税担保。如果纳税人不能提供纳税担保,经县以上税务局（分局）局长批准,税务机关可以采取下列税收保全措施:

（1）书面通知纳税人开户银行或者其他金融机构冻结纳税人的金额相当于应纳税款的

存款。

(2) 扣押、查封纳税人的价值相当于应纳税款的商品、货物或者其他财产。

纳税人在上述规定的限期内缴纳税款的,税务机关必须立即解除税收保全措施;限期期满仍未缴纳税款的,经县以上税务局(分局)局长批准,税务机关可以书面通知纳税人开户银行或者其他金融机构,从其冻结的存款中扣缴税款,或者依法拍卖或者变卖所扣押、查封的商品、货物或者其他财产,以拍卖或者变卖所得抵缴税款。

采取税收保全措施不当,或者纳税人在期限内已缴纳税款,税务机关未立即解除税收保全措施,使纳税人的合法利益遭受损失的,税务机关应当承担赔偿责任。个人及其所扶养家属维持生活必需的住房和用品,不在税收保全措施的范围之内。

(七) 税收强制执行措施

《税收征收管理法》第四十条规定:从事生产、经营的纳税人、扣缴义务人未按照规定的期限缴纳或者解缴税款,纳税担保人未按照规定的期限缴纳所担保的税款,由税务机关责令限期缴纳,逾期仍未缴纳的,经县以上税务局(分局)局长批准,税务机关可以采取下列强制执行措施:

(1) 书面通知其开户银行或者其他金融机构从其存款中扣缴税款。

(2) 扣押、查封、依法拍卖或者变卖其价值相当于应纳税款的商品、货物或者其他财产,以拍卖或者变卖所得抵缴税款。

税务机关采取强制执行措施时,对上述所列纳税人、扣缴义务人、纳税担保人未缴纳的滞纳金同时强制执行。在扣缴税款的同时,主管税务机关可以处以不缴或者少缴税款50%以上5倍以下的罚款。个人及其所扶养家属维持生活必需的住房和用品不在强制执行措施的范围之内。

(八) 税款的退还和追征制度

1. 税款的退还

《税收征收管理法》第五十一条规定,纳税人超过应纳税额缴纳的税款,税务机关发现后应当立即退还;纳税人自结算缴纳税款之日起3年内发现的,可以向税务机关要求退还多缴的税款并加算银行同期存款利息,税务机关及时查实后应当立即退还;涉及从国库中退库的,依照法律、行政法规中有关国库管理的规定退还。我国《税收征收管理法》及其实施细则规定,税务机关发现纳税人多缴税款的,应当自发现之日起10日内办理退还手续;纳税人发现多缴税款,要求退还的,税务机关应当自接到纳税人退还申请之日起30日内查实并办理退还手续。

2. 税款的追征

《税收征收管理法》第五十二条规定,因税务机关责任,致使纳税人、扣缴义务人未缴或者少缴税款的,税务机关在3年内可要求纳税人、扣缴义务人补缴税款,但是不得加收滞纳金。因纳税人、扣缴义务人计算等失误,未缴或者少缴税款的,税务机关在3年内可以追征税款、滞纳金;有特殊情况的追征期可以延长到5年。对偷税、抗税、骗税的,税务机关追征其未缴或者少缴的税款、滞纳金或者所骗取的税款,不受上述规定期限的限制。

【案例10-2】

某市税务分局于 2017 年 5 月对一企业查账。他们在查账中发现：2013 年元月,该企业销售给本系统产品金额达 20 万元,未作销售,把以前所借 4 万元的款全部抵掉,未计算缴纳增值税额。税务部门要求企业补税并接受罚款,但该企业现任负责人认为,税务部门所查问题已过去 4 年多了,企业原领导也被更换,应免予追究。

要求:请说明案例中企业现任负责人的观点是否正确。

【案例分析】

本案例中的纳税人单位领导的观念是错误的。

《税收征收管理法》规定,因纳税人、扣缴义务人计算错误等失误,未缴或者少缴税款的,税务机关在 3 年内可以追征税款、滞纳金;特殊情况的,追征期可以延长到 5 年。对偷税、抗税、骗税的,税务机关追究其未缴或者少缴的税款、滞纳金或者所骗取的税款,不受 5 年期限的限制。

该纳税人不仅要补缴增值税和所得税,还应缴纳滞纳金和罚款。

四、税务检查法律制度

根据《税收征收管理法》及其实施细则的规定,税务机关的检查权利主要包括资料检查权、实地检查权、资料取得权、税情询问权、单证查核权、存款查核权。税务机关对从事生产、经营的纳税人以前纳税期的纳税情况依法进行税务检查时,发现纳税人有逃避纳税义务行为,并有明显的转移、隐匿其应纳税的商品、货物以及其他财产或者应纳税的收入迹象的,可以依法采取税收保全措施或者强制执行措施。

任务四　法　律　责　任

税收征收管理法中的法律责任是指在税收征收管理中违法主体因其违法行为所应承担的法律后果。法律责任制度的制定对征纳双方增强法制观念,维护国家税收法律的严肃性,强化征收管理有重要意义。

一、违反税务管理基本规定行为的法律责任

《税收征收管理法》和《税收征收管理法实施细则》规定:纳税人有下列行为之一的,由税务机关责令限期改正,可以处 2 000 元以下的罚款;情节严重的,处 2 000 元以上 1 万元以下的罚款。

(1)未按照规定的期限申报办理税务登记、变更或者注销登记的。

(2)未按照规定设置、保管账簿或者保管记账凭证和有关资料的。

(3)未按照规定将财务、会计制度或者财务、会计处理办法和会计核算软件报送税务机关备查的。

(4)未按照规定将其全部银行账号向税务机关报告的。

（5）未按照规定安装、使用税控装置，或者损毁或擅自改动税控装置的。

（6）未按照规定办理税务登记证件验证或者换证手续的。

纳税人不办理税务登记的，由税务机关责令限期改正；逾期不改正的，由工商行政管理机关吊销其营业执照。纳税人未按照规定使用税务登记证件，或者转借、涂改、损毁、买卖、伪造税务登记证件的，处2 000元以上1万元以下的罚款；情节严重的，处1万元以上5万元以下的罚款。

二、扣缴义务人违反账簿、凭证管理的处罚

《税收征收管理法》第六十一条规定："扣缴义务人未按照规定设置、保管代扣代缴、代收代缴税款账簿或者保管代扣代缴、代收代缴税款记账凭证及有关资料的，由税务机关责令限期改正，可以处二千元以下的罚款；情节严重的，处二千元以上五千元以下的罚款。"

三、纳税人、扣缴义务人未按规定进行纳税申报的法律责任

《税收征收管理法》第六十二条规定："纳税人未按照规定的期限办理纳税申报和报送纳税资料的，或者扣缴义务人未按照规定的期限向税务机关报送代扣代缴、代收代缴税款报告表和有关资料的，由税务机关责令限期改正，可以处二千元以下的罚款；情节严重的，可以处二千元以上一万元以下的罚款。"

四、对偷税的认定及其法律责任

《税收征收管理法》第六十三条规定："纳税人伪造、变造、隐匿、擅自销毁账簿、记账凭证，或者在账簿上多列支出或者不列、少列收入，或者经税务机关通知申报而拒不申报或者进行虚假的纳税申报，不缴或者少缴应纳税款的，是偷税。对纳税人偷税的，由税务机关追缴其不缴或者少缴的税款、滞纳金，并处不缴或者少缴的税款百分之五十以上五倍以下的罚款；构成犯罪的，依法追究刑事责任。扣缴义务人采取前款所列手段，不缴或者少缴已扣、已收税款，由税务机关追缴其不缴或者少缴的税款、滞纳金，并处不缴或者少缴的税款百分之五十以上五倍以下的罚款；构成犯罪的，依法追究刑事责任。"

五、进行虚假申报或不进行申报行为的法律责任

《税收征收管理法》第六十四条规定："纳税人、扣缴义务人编造虚假计税依据的，由税务机关责令限期改正，并处五万元以下的罚款。纳税人不进行纳税申报，不缴或者少缴应纳税款的，由税务机关追缴其不缴或者少缴的税款、滞纳金，并处不缴或者少缴税款百分之五十以上五倍以下的罚款。"

六、逃避追缴欠税的法律责任

《税收征收管理法》第六十五条规定："纳税人欠缴应纳税款，采取转移或者隐匿财产的手段，妨碍税务机关追缴欠缴的税款的，由税务机关追缴欠缴的税款、滞纳金，并处欠缴税款百分之五十以上五倍以下的罚款；构成犯罪的，依法追究刑事责任。"

七、骗取出口退税的法律责任

《税收征收管理法》第六十六条规定:"以假报出口或者其他欺骗手段,骗取国家出口退税款的,由税务机关追缴其骗取的退税款,并处骗取税款一倍以上五倍以下的罚款;构成犯罪的,依法追究刑事责任。"对骗取国家出口退税款的,税务机关可以在规定期间内停止为其办理出口退税。

八、抗税的法律责任

《税收征收管理法》第六十七条规定:"以暴力、威胁方法拒不缴纳税款的,是抗税,除由税务机关追缴其拒缴的税款、滞纳金外,依法追究刑事责任。情节轻微,未构成犯罪的,由税务机关追缴其拒缴的税款、滞纳金,并处拒缴税款一倍以上五倍以下的罚款。"

九、在规定期限内不缴或者少缴税款的法律责任

《税收征收管理法》第六十八条规定:"纳税人、扣缴义务人在规定期限内不缴或者少缴应纳或者应解缴的税款,经税务机关责令限期缴纳,逾期仍未缴纳的,税务机关除依照本法第四十条规定采取强制执行措施追缴其不缴或者少缴的税款外,可以处不缴或者少缴税款百分之五十以上五倍以下的罚款。"

十、扣缴义务人不履行扣缴义务的法律责任

《税收征收管理法》第六十九条规定:"扣缴义务人应扣未扣、应收而不收税款的,由税务机关向纳税人追缴税款,对扣缴义务人处应扣未扣、应收未收税款百分之五十以上三倍以下的罚款。"

十一、不配合税务机关依法检查的法律责任

《税收征收管理法》第七十条规定:"纳税人、扣缴义务人逃避、拒绝或者以其他方式阻挠税务机关检查的,由税务机关责令改正,可以处一万元以下的罚款;情节严重的,处一万元以上五万元以下的罚款。"

十二、非法印制发票的法律责任

《税收征收管理法》第七十一条规定:"违反本法第二十二条规定,非法印制发票的,由税务机关销毁非法印制的发票,没收违法所得和作案工具,并处一万元以上五万元以下的罚款;构成犯罪的,依法追究刑事责任。"

十三、有税收违法行为而拒不接受税务机关处理的法律责任

《税收征收管理法》第七十二条规定:"从事生产、经营的纳税人、扣缴义务人有本法规定的税收违法行为,拒不接受税务机关处理的,税务机关可以收缴其发票或者停止向其发售发票。"

十四、银行及其他金融机构拒绝配合税务机关依法执行职务的法律责任

《税收征收管理法》第七十三条规定："纳税人、扣缴义务人的开户银行或者其他金融机构拒绝接受税务机关依法检查纳税人、扣缴义务人存款账户，或者拒绝执行税务机关作出的冻结存款或者扣缴税款的决定，或者在接到税务机关的书面通知后帮助纳税人、扣缴义务人转移存款，造成税款流失的，由税务机关处十万元以上五十万元以下的罚款，对直接负责的主管人员和其他直接责任人员处一千元以上一万元以下的罚款。"

十五、擅自改变税收征收管理范围的法律责任

《税收征收管理法》第七十六条规定："税务机关违反规定擅自改变税收征收管理范围和税款入库预算级次的，责令限期改正，对直接负责的主管人员和其他直接责任人员依法给予降级或者撤职的行政处分。"

十六、不移送的法律责任

《税收征收管理法》第七十七条规定："纳税人、扣缴义务人有本法规定的第六十三条、第六十五条、第六十六条、第六十七条、第七十一条规定的行为涉嫌犯罪的，税务机关应当依法移送司法机关追究刑事责任。税务人员徇私舞弊，对依法应当移送司法机关追究刑事责任的不移送，情节严重的，依法追究刑事责任。"

十七、税务人员不依法行政的法律责任

《税收征收管理法》第八十条规定："税务人员与纳税人、扣缴义务人勾结，唆使或者协助纳税人、扣缴义务人有本法第六十三条、第六十五条、第六十六条规定的行为，构成犯罪的，依法追究刑事责任；尚不构成犯罪的，依法给予行政处分。"

十八、渎职行为的法律责任

《税收征收管理法》第八十一条规定："税务人员利用职务上的便利，收受或者索取纳税人、扣缴义务人财物或者谋取其他不正当利益，构成犯罪的，依法追究刑事责任；尚不构成犯罪的，依法给予行政处分。"

《税收征收管理法》第八十二条规定："税务人员徇私舞弊或者玩忽职守，不征收或者少征应征税款，致使国家税收遭受重大损失，构成犯罪的，依法追究刑事责任；尚不构成犯罪的，依法给予行政处分。税务人员滥用职权，故意刁难纳税人、扣缴义务人的，调离税收工作岗位，并依法给予行政处分。"

该条还规定："税务人员对控告、检举税收违法违纪行为的纳税人、扣缴义务人以及其他检举人进行打击报复，依法给予行政处分；构成犯罪的，依法追究刑事责任。"

十九、不按规定征收税款的法律责任

《税收征收管理法》第八十三条规定："违反法律、行政法规的规定提前征收、延缓征收或者摊派税款的，由其上级机关或者行政监察机关责令改正，对直接负责的主管人员和其他直接责任人员依法给予行政处分。"

《税收征收管理法》第八十四条规定："违反法律、行政法规的规定，擅自作出税收的开征、停征或者减税、免税、退税、补税以及其他同税收法律、行政法规相抵触的决定的，除依照本法规定撤销其擅自作出的决定外，补征应征未征税款，退还不用征收而征收的税款，并由上级机关追究直接负责的主管人员和其他直接责任人员的行政责任；构成犯罪的，依法追究刑事责任。"

二十、违反税务代理的法律责任

税务代理人违反税收法律、行政法规，造成纳税人未缴或者少缴税款的，除由纳税人缴纳或者补缴应纳税款、滞纳金外，对税务代理人处纳税人未缴或者少缴税款的 50% 以上 3 倍以下的罚款。

任务五　税务行政复议与诉讼

一、税收行政复议的概念

税务行政复议是指当事人（纳税人、扣缴义务人、纳税担保人及其他税务当事人）不服税务机关及其工作人员作出的税务具体行政行为，依法向上一级税务机关（复议机关）提出申请，复议机关经审理对原税务机关具体行政行为依法作出维持、变更、撤销等决定的活动。

当事人提出申请是引起税务行政复议的重要条件之一。当事人不申请，就不可能通过行政复议这种形式获得救济。税务行政复议案件的审理一般由原处理税务机关的上一级税务机关进行。

根据《税收征收管理法》第八十八条的规定，对于因征税问题引起的争议，税务行政复议是税务行政诉讼的必经前置程序，未经复议不能向法院起诉，经复议仍不服的，才能起诉；对于因处罚、保全措施及强制执行引起的争议，当事人可以选择适用复议或诉讼程序，如选择复议程序，对复议决定仍不服的，可以向法院起诉。

二、税务行政复议的受案范围

行政复议机关受理申请人可以对税务机关下列具体行政行为不服提出行政复议申请：

（1）征税行为。征税行为包括：确认纳税主体、征税对象、征税范围、减税、免税、退税、抵扣税款、适用税率、计税依据、纳税环节、纳税期限、纳税地点和税款征收方式等具体行政行为，征收税款，加收滞纳金，扣缴义务人、受税务机关委托的单位和个人作出的代扣代缴、代收代缴、代征行为等。

（2）行政许可、行政审批行为。

（3）发票管理行为，包括发售、收缴、代开发票等。

（4）税收保全措施、强制执行措施。

（5）包括罚款、没收财物和违法所得、停止出口退税权的行政处罚行为。

（6）不依法履行下列职责的行为：①颁发税务登记；②开具、出具完税凭证、外出经营活动税收管理证明；③行政赔偿；④行政奖励；⑤其他不依法履行职责的行为。

（7）资格认定行为。

（8）不依法确认纳税担保行为。

（9）政府信息公开工作中的具体行政行为。

（10）纳税信用等级评定行为。

（11）通知出入境管理机关阻止出境行为。

（12）其他具体行政行为。

申请人对具体行政行为提出行政复议申请时不知道该具体行政行为所依据的规定的，可以在行政复议机关作出行政复议决定以前提出对该规定的审查申请。

三、税务行政复议的管辖

根据《行政复议法》和《复议规则》的规定，我国一般实行"上一级行政主管机关进行复议"的原则，具体内容如下：

（1）对各级国家税务局的具体行政行为不服的，向其上一级国家税务局申请行政复议。

（2）对各级地方税务局的具体行政行为不服的，可以选择向其上一级地方税务局或者该税务局的本级人民政府申请行政复议。

省、自治区、直辖市人民代表大会及其常务委员会、人民政府对地方税务局的行政复议管辖另有规定的，从其规定。

（3）对国家税务总局的具体行政行为不服的，向国家税务总局申请行政复议。

对行政复议决定不服的，申请人可以向人民法院提起行政诉讼，也可以向国务院申请裁决。国务院的裁决为最终裁决。

（4）对下列税务机关的具体行政行为不服的，按照下列规定申请行政复议：①对计划单列市税务局的具体行政行为不服的，向省税务局申请行政复议。②对税务所（分局）、各级税务局的稽查局的具体行政行为不服的，向其所属税务局申请行政复议。③对两个以上税务机关共同作出的具体行政行为不服的，向共同上一级税务机关申请行政复议；对税务机关与其他行政机关共同作出的具体行政行为不服的，向其共同上一级行政机关申请行政复议。④对被撤销的税务机关在撤销以前所作出的具体行政行为不服的，向继续行使其职权的税务机关的上一级税务机关申请行政复议。⑤对税务机关作出逾期不缴纳罚款加处罚款的决定不服的，向作出行政处罚决定的税务机关申请行政复议。但是对已处罚款和加处罚款都不服的，一并向作出行政处罚决定的税务机关的上一级税务机关申请行政复议。

有上述②③④⑤项所列情形之一的，申请人也可以向具体行政行为发生地的县级地方

人民政府提交行政复议申请,由接受申请的县级地方人民政府依法转送。

四、税务行政复议的程序

(一) 税务行政复议的申请

申请人对税务机关的征税行为不服的,应当先向行政复议机关申请行政复议。对行政复议决定不服的,可以向人民法院提起行政诉讼。值得注意的是,申请人按照规定申请行政复议的,必须依照税务机关根据法律、法规确定的税额、期限,先行缴纳或者解缴税款和滞纳金,或者提供相应的担保,才可以在缴清税款和滞纳金以后或者所提供的担保得到作出具体行政行为的税务机关确认之日起 60 日内提出行政复议申请。

申请人向行政复议机关申请行政复议,行政复议机关已经受理的,在法定行政复议期限内申请人不得向人民法院提起行政诉讼;申请人向人民法院提起行政诉讼,人民法院已经依法受理的,不得申请行政复议。

(二) 税务行政复议的受理

行政复议机关收到行政复议申请以后,应当在 5 日内审查,决定是否受理。对符合规定的行政复议申请,自行政复议机构收到之日起即为受理;受理行政复议申请,应当书面告知申请人。对不符合规定的行政复议申请,决定不予受理,并书面告知申请人。对不属于本机关受理的行政复议申请,应当告知申请人向有关行政复议机关提出。行政复议机关收到行政复议申请以后未按照规定期限审查并作出不予受理决定的,视为受理。

对先向行政复议机关申请行政复议,对行政复议决定不服再向人民法院提起行政诉讼的具体行政行为,行政复议机关决定不予受理或者受理以后超过行政复议期限不作答复的,申请人可以自收到不予受理决定书之日起或者行政复议期满之日起 15 日内,依法向人民法院提起行政诉讼。

行政复议期间具体行政行为不停止执行,但是有下列情形之一的,可以停止执行:①被申请人认为需要停止执行的;②行政复议机关认为需要停止执行的;③申请人申请停止执行,行政复议机关认为其要求合理,决定停止执行的;④法律规定停止执行的。

(三) 税务行政复议审查和决定

行政复议原则上采用书面审查的办法,但是申请人提出要求或者行政复议机构认为有必要时,应当听取申请人、被申请人和第三人的意见,并可以向有关组织和人员调查了解情况。

申请人在行政复议决定作出以前撤回行政复议申请的,经行政复议机构同意,可以撤回。申请人撤回行政复议申请的,不得再以同一事实和理由提出行政复议申请。但是,申请人能够证明撤回行政复议申请违背其真实意思表示的除外。

申请人在申请行政复议时可以一并提出行政赔偿请求,行政复议机关对符合国家赔偿法的规定应当赔偿的,在决定撤销、变更具体行政行为或者确认具体行政行为违法时,应当同时决定被申请人依法赔偿。申请人在申请行政复议时没有提出行政赔偿请求的,行政复议机关在依法决定撤销、变更原具体行政行为确定的税款、滞纳金、罚款和对财产的扣押、查封等强制措施时,应当同时责令被申请人退还税款、滞纳金和罚款,解除对财产的扣押、查封

等强制措施,或者赔偿相应的价款。

五、税务行政诉讼的概念

税务行政诉讼是指公民、法人和其他组织认为税务机关及其工作人员的具体税务行政行为违法或者不当,侵犯了其合法权益,依法向人民法院提起行政诉讼,由人民法院对具体税务行政行为的合法性和适当性进行审理并作出裁决的司法活动,其目的是保证人民法院正确、及时审理税务行政案件,保护纳税人、扣缴义务人等当事人的合法权益,维护和监督税务机关依法行使行政职权。税务行政诉讼作为行政诉讼的一个重要组成部分,也必须遵循《行政诉讼法》所确立的基本原则和普遍程序,并具有本部门的特点。

六、税务行政诉讼的原则

除共有原则外(如人民法院独立行使审判权,实行合议、回避、公开、辩论、两审、终审等),税务行政诉讼还必须遵循以下几个特有原则。

1. 人民法院特定主管原则

根据《行政诉讼法》第十一条的规定,人民法院只能受理因具体行政行为引起的税务行政争议案。

2. 不适用调解原则

税收行政管理权是国家权力的重要组成部分,税务机关无权依自己意愿进行处置,因此,人民法院也不能对税务行政诉讼法律关系的双方当事人进行调解。

3. 起诉不停止执行原则

即当事人不能以起诉为理由而停止执行税务机关所作出的具体行政行为,如税收保全措施和税收强制执行措施。

4. 税务机关负举证责任原则

由于税务行政行为是税务机关单方依一定事实和法律作出的,只有税务机关最了解作出该行为的证据。税务机关如果不提供或不能提供证据,就可能败诉。

5. 由税务机关负责赔偿的原则

依据《中华人民共和国国家赔偿法》的有关规定,税务机关及其工作人员因执行职务不当,给当事人造成人身及财产损害,应负担赔偿责任。

七、税务行政诉讼的管辖

税务行政诉讼管辖是指人民法院受理第一审税务案件的职权分工。具体来讲,税务行政诉讼的管辖分为级别管辖、地域管辖和裁定管辖。

1. 级别管辖

级别管辖是上下级人民法院之间受理第一审税务案件的分工和权限。根据《行政诉讼法》的规定,基层人民法院管辖除上级法院管辖的第一审税务行政案件以外的所有的第一审税务行政案件,即一般的税务行政案件;中、高级人民法院管辖本辖区内重大、复杂的第一审税务行政案件;最高人民法院管辖全国范围内重大、复杂的第一审税务行政案件。

2. 地域管辖

涉税案件的地域管辖,分一般地域管辖和特殊地域管辖两种。

一般地域管辖是指按照最初作出具体行政行为的机关所在地来确定管辖法院。凡是未经复议直接向人民法院提起诉讼的,或者经过复议,复议裁决维持原具体行政行为,当事人不服向人民法院提起诉讼的,根据《行政诉讼法》第十七条的规定,均由最初作出具体行政行为的税务机关所在地人民法院管辖。

特殊地域管辖是指根据特殊行政法律关系或特殊行政法律关系所指的对象来确定管辖法院。税务行政案件的特殊地域管辖主要是指经过复议的案件,复议机关改变原具体行政行为的,由原告选择最初作出具体行政行为的税务机关所在地的人民法院或者复议机关所在地人民法院管辖。原告可以向任何一个有管辖权的人民法院起诉,最先收到起诉状的人民法院为第一审法院。

3. 裁定管辖

裁定管辖是指人民法院依法自行裁定的管辖,包括移送管辖、指定管辖及管辖权的转移三种情况。

移送管辖是指人民法院发现受理的案件不属于本院管辖的,应当移送给有管辖权的人民法院审理。受移送的人民法院认为受移送的案件按照规定不属于本院管辖的,应当报请上级人民法院指定管辖,不得再自行移送。

指定管辖是指上级人民法院以裁定的方式,指定某下一级人民法院管辖某一案件。有管辖权的人民法院因特殊原因不能行使对行政诉讼的管辖权的,由其上级人民法院指定管辖;人民法院对管辖权发生争议且协商不成的,由它们共同的上级人民法院指定管辖。

管辖权的转移是指上级人民法院有权审理下级人民法院管辖的第一审税务行政案件,也可以将自己管辖的第一审行政案件移交下级人民法院审判。下级人民法院对其管辖的第一审税务行政案件,认为需要由上级人民法院审判的,可以报请上级人民法院决定。

八、法院在税收诉讼中的审查范围

依据法律法规,法院在税收诉讼中的主要任务是对涉税执法行为的合法性进行审查,包括征税机关的法定职权、作出具体涉税执法行为的事实和法律依据等内容。

事实上,在具体的税收诉讼中,法院行使其审判权的过程,主要是对上述三个方面进行审查的过程。

九、税务行政诉讼的起诉和受理

(一) 税务行政诉讼的起诉

税务行政诉讼起诉是指公民、法人或者其他组织认为自己的合法权益受到税务机关行政行为的侵害,而向人民法院提出诉讼请求,要求人民法院行使审判权,依法予以保护的诉讼行为。在税务行政诉讼等行政诉讼中,起诉权是单向性的权利,税务机关不享有起诉权,只有应诉权,即税务机关只能作为被告;与民事诉讼不同,作为被告的税务机关不能反诉。

纳税人、扣缴义务人等税务管理相对人在提起税务行政诉讼时,必须符合下列条件:

（1）原告是认为具体行政行为侵犯其合法权益的公民、法人或者其他组织。

（2）有明确的被告。

（3）有具体的诉讼请求和事实、法律根据。

（4）属于人民法院的受案范围和受诉人民法院管辖。

此外,提起税务行政诉讼,还必须符合法定的期限和必经的程序。根据《税收征收管理法》第八十八条及其他相关规定,对税务机关的征税行为提起诉讼,必须先经过复议;对复议决定不服的,可以在接到复议决定书之日起 15 日内向人民法院起诉。对其他具体行政行为不服的,当事人可以在接到通知或者知道之日起 15 日内直接向人民法院起诉。

税务机关作出具体行政行为时,未告知当事人诉权和起诉期限,致使当事人逾期向人民法院起诉的,其起诉期限从当事人实际知道诉权或者起诉期限时计算,但最长不得超过 2 年。

（二）税务行政诉讼的受理

根据法律规定,人民法院接到诉状,经过审查,应当在 7 日内决定是否立案。不符合起诉条件的作出不予立案的裁定。裁定书应当载明不予立案的理由。原告对裁定不服的,可以提起上诉。

十、税务行政诉讼的审理和判决

人民法院审理行政案件实行合议、回避、公开审判和两审终审的审判制度。审理的核心是审查被诉具体行政行为是否合法,即作出该行为的税务机关是否依法享有该税务行政管理权;该行为是否依据一定的事实和法律作出;税务机关作出该行为是否遵照必备的程序等。

人民法院对受理的税务行政案件,经过调查、收集证据、开庭审理之后,分别作出如下判决:维持判决、撤销判决、履行判决、变更判决。对一审人民法院的判决不服,当事人可以上诉。对发生法律效力的判决,当事人必须执行,否则人民法院有权依对方当事人的申请予以强制执行。

【知识拓展】

欧盟反避税第一刀:苹果被狠切百亿

屈丽丽

比 iPhone7 提前几天到来的,是苹果被欧盟处罚 130 亿欧元税款的消息。苹果因此成为欧洲议会发布"反避税宣言"后,第一个被架到反避税钢刀上的企业。

而苹果之后,更多企业或将面临处罚。专家分析称,由于包括麦当劳、星巴克、亚马逊在内的大量美国公司都曾经在欧洲税率宽松的爱尔兰、卢森堡进行避税设计,且都曾被欧盟调查,因此其中一些企业,极有可能成为欧盟的下一个目标。

欧盟委员会发布的文件显示:苹果公司在欧洲业务的实际企业税税率从 2003 年的 1% 下降到了 2014 年的 0.005%(即每 2 万元缴税 1 元)。

欧盟委员会发布的苹果公司逃税路线图显示:苹果公司在爱尔兰设立了两个全资子公

司,即苹果国际销售公司(Apple Sales International,以下简称"ASI")和苹果欧洲运营公司(Apple Operations Europe,以下简称"AOE")。前者 ASI 主要业务是从全球各地的苹果产品制造商手中购入苹果产品,然后销售到欧洲、中东、非洲和印度市场。因此,这些地区的消费者购买的苹果产品所产生的应收账款和利润,都记入 ASI 账下。后者 AOE 的主要业务是部分苹果产品的生产。

但是,欧盟委员会调查发现,这两家公司都没有依照爱尔兰 12.5% 的公司税税率纳税,而是将大部分利润通过公司内部系统转入了一个设立于 ASI 内部但仅存在于纸面上的"总部"。这个"总部"不存在于任何国家,因此也无需向任何国家纳税。例如,在 2011 年,ASI 的利润为 160 亿欧元,但仅给爱尔兰政府缴纳了 5 000 万欧元的税款。一方面是美国的"反肥猫法案"严打企业和个人的避税行为,另一方面是欧洲一些国家提供了避税天堂,美国跨国公司的大量现金流很自然地向欧洲流动。有消息称:苹果公司有 2 000 亿美元的现金,大部分都在爱尔兰的分公司账号下。

欧洲议会的调查显示,转让定价是跨国公司进行避税的最大秘密。在卢森堡避税丑闻中,包括摩根大通、百事可乐公司、联邦快递、宝洁、宜家和其他 340 家跨国公司,都曾在 2002—2010 年通过与卢森堡签订秘密协议大幅避税,其中使用的一个重要方法就是转让定价。

从税务机关稽查的经验来看,跨国公司经常采用的转移定价方式主要有四种。其中最重要也是使用最频繁的一种方式是实物交易中的转移定价,具体包括在产品、设备、原材料、零部件购销、投入资产估价等业务中实行的转移定价,主要是采取"高进低出"或"低进高出"的手段,借此转移利润或逃避税收。

除此之外,企业还不断在金融、专利领域进一步挖掘"逃税"空间。

比如,一家在欧洲经营的跨国公司,在欧洲各国普遍实施量化宽松的低利率货币政策的时候,其放弃在当地银行的借款,转而向另外一个低税收国家的关联公司举借高利息贷款,就是明显的逃税行为。

而劳务、租赁中的转移定价方式则更普遍存在于境内外关联企业之间相互提供的劳务和租赁服务中。企业按照各地不同的税收来选择高报、少报甚至不报服务费用,更有甚者,将境外企业发生的庞大管理费用摊销到境内公司,以此转移利润,规避税收。

而在不同的行业,还有更加多样的"逃税"花样,比如高科技行业跨国公司更经常采用的逃税方式就是无形资产的转移定价,主要是指获得专有技术、注册商标、专利等无形资产过程中的转移定价。跨国公司企业间通过签订许可证合同或技术援助、咨询合同等,以提高约定的支付价格,转移利润。

不仅如此,通过合法的关联方交易来减少企业的整体纳税支出也可以实现合理避税。例如,将企业的研发中心设在企业所得税税率较高地区的企业内,这样发生的高额的费用使该企业利润降低,所得税缴纳额下降,这是许多高科技公司通常使用的办法。

伴随着跨国公司利用"转让定价"进行避税模式的曝光,欧盟反避税指令(ATAD)设计了六项具有法律约束力的反避税规则。

一是限制利息扣除,纳税人净财务支出的扣除,以息税折旧摊销前利润(EBITDA)的

30%或100万欧元作为上限。

二是征收离境税，即允许欧盟成员国针对本国迁往另一成员国的企业或资产未实现的资本利得征税，以此来保护原居住国税基。

三是对转介条款作出规定，即规定纳税人取得的来源于第三方国家的特定收入，在第三方国家适用的所得税税率低于欧盟成员国所得税税率的40%时，必须在欧盟缴税。

四是一般反滥用规则，这一规则否定了纳税人通过不真实交易安排获取的税收好处。

五是受控外国公司规则，是指在符合条件的情况下，母公司需就其受控外国子公司取得的利润缴税。

六是建立反错配机制，以此来应对"混合实体"（hybrid entities）造成的税基侵蚀和利润转移。

尽管欧洲议会通过的反避税决议还仅限于一些原则性的规定，对于具体的实施措施还有待细化，但对于正在不断走出去的中国企业来说，必须提起足够的警惕和注意，它将直接影响到企业的最终利润，甚至反过来影响企业商业模式的建构。

（资料来源：搜狐财经）

 ## 课后练习题

一、单项选择题

1. 凡从事生产经营的纳税人，实行独立的经济核算，并经工商行政管理机关批准开业和发给营业执照的，应自领取营业执照之日起（　　）日内，向当地税务机关申请办理税务登记。

   A. 10　　　　　　　　B. 15　　　　　　　　C. 30　　　　　　　　D. 60

2. 下列不属于变更税务登记的事项是（　　）。

   A. 纳税人因经营地点的迁移而要改变原主管税务机关的

   B. 改变法定代表人

   C. 增减注册资金

   D. 改变开户银行账号

3. 实行定期定额征收方式的个体工商户，需要停业的，应当在停业前办理停业登记，纳税人的停业期限不得超过（　　）。

   A. 2年　　　　　　　B. 1年　　　　　　　C. 6个月　　　　　　D. 3个月

4. 下列各项中，不属于《税收征收管理法》适用范围的是（　　）。

   A. 增值税　　　　　　B. 资源税　　　　　　C. 契税　　　　　　D. 企业所得税

5. 下列各项中，属于税务行政主体的是（　　）。

   A. 税务机关　　　　　　　　　　　B. 纳税人

   C. 扣缴义务人　　　　　　　　　　D. 其他有关单位

二、多项选择题

1. 根据税收征管法的规定，下列各项中，应当办理税务登记的有（　　）。

A. 从事生产经营的单位或组织

B. 企业在外地设立的分支机构和从事生产、经营的场所

C. 个体工商户

D. 只缴纳个人所得税的个人

2. 纳税人办理税务登记后,下列情形中,应当办理变更税务登记的有(　　)。

A. 改变名称
B. 改变法定代表人

C. 改变经营性质或经济类型
D. 增减注册资金

3. 下列各项中,属于纳税人办理注销税务登记的适用范围的有(　　)。

A. 纳税人因经营期限届满而自动解散的

B. 企业资不抵债而破产的

C. 纳税人住所、经营地址迁移不涉及主管税务机关变动的

D. 纳税人被工商行政管理部门吊销营业执照的

4. 除按规定不需要发给税务登记证件的外,纳税人在(　　)事项时,必须持有税务登记证件。

A. 开立银行账户
B. 申请办理延期申报、延期缴纳税款

C. 领购发票
D. 办理停业、歇业

5. 根据《税收征收管理法》的规定,下列各项说法中,正确的有(　　)。

A. 增值税专用发票可以由省、自治区、直辖市国家税务局、地方税务局指定企业印制

B. 增值税专用发票只限于增值税一般纳税人领购使用

C. 对发票保证金应设专户储存,不得挪作他用

D. 发票领购单位未经批准不得跨规定使用区域携带、邮寄、运输空白发票,禁止携带、邮寄或者运输空白发票出入境

三、判断题

1. 纳税人在办理注销税务登记前,应当向税务机关结清应纳税款、滞纳金、罚款,缴销发票、税务登记证件和其他税务证件。　　　　　　　　　　　　　　　　　　　　　(　　)

2. 《税收征收管理法》规定,增值税专用发票由国务院税务主管部门指定的企业印制;其他发票,按照国务院税务主管部门的规定,分别由省、直辖市国家税务局、地方税务局指定企业印制。　　　　　　　　　　　　　　　　　　　　　　　　　　　　　(　　)

3. 《税收征收管理法》规定,纳税人必须依照法律、行政法规规定或者税务机关依照法律、行政法规的规定确定的申报期限、申报内容如实办理纳税申报,报送纳税申报表、财务会计报表以及税务机关根据实际需要要求纳税人报送的其他纳税资料。　　　　　(　　)

4. 为进一步服务纳税人,《税收征收管理法》及其实施细则规定,纳税人采取电子方式办理纳税申报的,可以不向税务机关报送书面资料。　　　　　　　　　　　　　　(　　)

5. 对法律、行政法规没有规定负有代扣、代收税款义务的单位和个人,税务机关不得要求其履行代扣、代收税款义务。　　　　　　　　　　　　　　　　　　　　　(　　)

四、案例分析题

2016年10月,王先生开了一家快餐店,并到主管税务机关办理了税务登记证,月月按时

纳税申报。2017 年 4 月,王先生将店铺转让给了一位朋友,同时把税务登记证件转借给那位朋友。2017 年 5 月,主管税务机关突然找到王先生,下达了《限期改正通知书》和《税务行政处罚事项告知书》,要求王先生在 3 日内办理税务登记注销手续,并对王先生未按规定办理注销登记处以 500 元的罚款,同时又以王先生把税务登记证件转借他人为由,处以 2 000 元的罚款。

　　请问,该税务机关的做法对吗?